U0033496

讀裁讀儕的肚臍

tōo-tsâi

秘密讀者

Greatest Hits

第①號

秘密讀者編輯委員會｜編

序一

匿名之為一種生產

#唐捐

（詩人、文學評論者）

1

文友相聚，縱談名家新人之近製，好惡分明，褒貶互見。座中火力誰最猛？金臂詩孩唐某人。其明日也，為某報作書評，揚威助賣，惟恐不及，雖有微辭，絕無惡聲。我因此知道自己的書評，只是一種文章。黻黼文章，飾也，社交也，戴上面具說話也。

這是一個沒有惡聲的年代，彷彿領受了某大師的開示：「存好心，做好事，說好話。」我們常在私底下尖刻批評某名人堂大姊新寫路邊書之浮濫，某泰山北斗長流敘史之空疏，某老牌小說家、某碌碌詩人得某大獎之荒唐。一旦下筆評論，依然裝出一副梵音清澈、法喜充滿的樣子。

當代之報紙書評，究竟表現如何呢？關於那種配合出版社行銷而來的宣傳式偽書評，就不必多談了。書評版裡雖不乏精采之論，但敘交誼、空讚歎、純聊天的文字，也還不少——我不相信這是認真的創作者所樂見的。而一流的書評家，是要比詩人、散文家或小說家還要稀罕。

《秘密讀者》創刊之初，即高舉「誠實」原則，而自覺地採用「去名性」的操作。事實上，匿名或各種形式的轉名（化名、託名、偽名等），無論長久還是暫時，自從倉頡造字以來，始終是「生產文章」的一種重要方式。匿名，擾動了文字附著於作者的關係，製造了權力翻轉的可能。

你是路人甲，沒人鳥你；一旦成了網友乙，卻彷彿抽離了現實身分（及其高矮胖瘦貴賤賢愚），「話語」成了一種新的身體。你看新聞引述「網友說」時，好像是引用孔曰孟云那樣頻仍而且流利。我們時代裡最腦殘白目的話語，都在這裡。最無拘無束、直指核心的見解，也可能來自這裡。

還有一種體制化的匿名，也很無敵。在我生涯已接收過百篇以上，同時也生產了百篇以上這種審查意見書了。如我經驗，此間何止千人，那麼黑白沙粒早已聚成七層浮屠了吧？臺灣最精采好看、最坦率中肯、最混蛋阿達、最尖酸刻薄的學術「評論」，或許都在這座秘密建造且持續增高的沙塔裡。

必須去名，才能激出強力的「我」（多見解、有好惡，能作高下與是非之論斷，勤於指謬攻弱，敏於感受與回應，有時懷恨善忌、公報私仇，那樣的一個我）。具名，則無。這很理所當然，也很奇怪。像黃錦樹那樣的人，猛放其辭，作案何須戴頭套？（抹個綿羊油，或亦難免）可能不會理解我們身為「覆面子」的哀樂吧？

當我說，匿名造成翻轉，言下不無讚歎，又不無哀傷。從前上官世家，廢話也是箴言，放屁都香，現在只能回家抱乃翁了。婉君自強，只要講得入理、扣到關捩，居然比什麼碗糕大師都更吸引人，這是一種權力鬆動。有人讀匿名審查書，歎曰：二軍審我一軍，外行評我內行。果如其言，這不也是一種脫序嗎？

仔細想來，「匿名」並不能保證批評的深刻與精準，「誠實」也不能。（至於兩者之間，更沒有絕對的因果關係。）如果一個人識見有限，或判斷力薄弱，品味差。在匿名體制、在誠實態度的輔助下，亦無可觀。然而寧淺陋，不撒謊。滌除了繁文縟節與虛情假意的文章，本身即是功德。標榜誠實，或許也就批評了現存的書評格套。

2

每個時代都有新世代反覆崛起，他們的集結或聲張，大多先以「創作」為主。因為創作後面的美學思考或批評意識，通常需要更高階、漫長而艱難的形塑過程。世代之間，無論有意或無意，總須也總在進行著對話。但新世代在取法舊世代之際而能同時進行批評或反思且形諸文字者，並非常見。

《秘密讀者》雖然是一份雜誌，但其實不無社團的意味。它擁有一群固定的編輯委員，每期卷末則會出現略有變化的「編撰名單」。許多期一路看下來，就能發現其間的重複與變化。因此，個別篇章確實是匿名的，但整體而言，他們又是具有輪廓的「特定之一群」。

我認識其中少數人，知道他們是富於思辯能力的年輕創作者。因此，我有時進行整體性的閱讀，由《秘密讀者》考察特定世代文學主體的癥候或狀態。我還曾給自己開立過一個題目：「太陽花世代的詩與詩學」。心中默默思惟，感覺時移勢轉，必有些我一時難以說清的板塊大變動正在悄悄醞釀。

評論之發動，不再來自大型報刊主導者的邀約或策劃，而是由群組自行集結，發為一善思而能動的刊物型態。這樣內部同儕之相互砥礪，就更優先於前輩之認可或看重。

也只有這樣，才能少些寃枉路，更快更強地建立自己的主體性。如硬要從歷史上尋一相近的案例，一九八〇年代的《陽光小集》或稍近之。

我的觀念比較保守，經常認為：一套美學體系的醞釀及轉移，總須較長的時間。因此後輩對前輩的美學抗衡，就像以迅速集結之義勇軍對抗運行有素之編制軍，常是以弱擊強。但找到後者個別的盲點與缺失，予以突破，取得局部的成果，就很有意義。逐漸積累，就能推動美學的遷移。

現階段而言，我並不認為《秘密讀者》一定比主流報刊上的名家書評還要深刻，有些文章甚至同樣殘存著一些既有書評的格套以及粗疏的論證或見解。所以我才說，匿名未必就更加能夠說出什麼名堂，揭名也未必都傾向於敷衍。這不僅涉及主觀上的自我要求，更涉及客觀的形式條件。

文學評論畢竟依靠學養、眼光、膽識與態度。素負盛名者（包含名學者和名作家）或許在前端上有其特出之處，但也未必。而匿名形式則有利於激發後端這兩個因素，從而逐漸養成觀點，乃至文體。因此，匿名只是不錯的輔助形式，並非書評的決勝點。

但報紙書評的黃金時代是過去了。先不講報紙沒落、網路崛起的老話。有實力的名家老手，似多抽身而去，大刊之權威漸降。世間既不重文化版面，主事者也不甚鄭重。

二三流的作家學者充當文學獎評審或書評版主力，居然為常態。這就給予年輕評論者自行開闢新園地，去除權威形式之輔助，而以觀點取勝的契機。

有些著名的學者，其實不懂創作。有些不錯的作家，根本就不會寫書評。書評就是與當下創作狀況對話。而所謂學術論文，則可以或可能繞著一個或數種理論團團轉，而無實際之評斷。真正的書評，從來都是直接進入書的內部，看重文本表現，懂得歷史脈絡，而又能樹立評者之主體性。

3

《秘密讀者》作為一個「大讀者」，會呼吸，能喜怒，不僅使我們重新找到書評的活力，同時也展示了當代文學言談的新可能。創作者總應能「寫」又善「讀」，有詩，也有詩學。他能夠讀出（自己內在的）聲音來，讀而生產出文字來。在這個層次上，讀就是寫。

有一種常見的說法，寫就對了（作品是老大），別說太多有的沒的（議論是第二義）。但我總覺得，不進行詩學思考就不是真正的詩人，不進行各種意義的「批評」，就不會有實質的創作。《秘密讀者》的能量，來自於他也就是「秘密作者」。因此，裡面自有這個世代充滿侵略性的「讀」法。

「他」跳開了人情網絡的糾葛，去除書評的裝飾性，彌合了檯面下私議與檯面上行文的分裂。有時不太「禮貌」，頗有少年頑劣之風。譬如對名家的短篇小說評分，列出最好和最爛的排名。對人家評過的文學獎，再作「季後賽」之比拚。都頗有惹事生非的趣味。

禮貌雖是本國之優良特產，不免泛濫，徒然維護了有害的秩序。其實，有禮相對容易，無禮有時更依賴不同於現狀的知識基礎、倫理反思、美學體驗之支撐。《秘密讀者》的部分專題有種捉到潮流的甜味，但多數專題都不避艱難，具有刺棘之力與探索之意。

依我看來，「他」比當下主流的文學雜誌更「學院」一些，更愛且更會提出「問題」，並尋求解答之道。他的資本較弱，能請到的名家巨擘似乎較少。他擁有許多正在研究生階段或脫離未久的成員，寫出來的文字，或許並不圓熟沉穩，卻比許多學者的論文更像是「批評」，至少更勇敢、更真實。

一個人的文學識力如何，試給一道題，限一千五百字以內說完。則平常好裝飾、善鋪衍、注腳連篇的老手反而易現窘態，無禮數而有見解的年輕寫手卻常能直扣核心。這就是書評所以不可輕侮，研究生可以勝過教授，而《秘密讀者》好看的原因吧！就此而言，他又比學院更具有「野性」。

近幾年來最有趣的書評，恐怕都在《秘密讀者》，或者出自「他」的作者群。其中幾支最精銳之健筆，已經形成了自己的美學系統或思維方式，甚至文體（書評作為essay之一種，也應看重筆調）。這些書評作者，與其說是匿名，不如說是「共名」，或者暫時去名。因為我想有一天，「名」就會跟上來。

匿名是評論生產的一種手段，但往往只是過程。它的作用不過是「提醒」或「逼迫」寫者達到足以匿名、最好匿名的深度。（不然，你說得那麼溫順美好，何須匿名？難道是寫得很爛，怕人知道嗎？）匿名，意味著說者身分與所說話語的暫時脫勾，但從來不是主體的消隱，反而是主體之裸露。

因此，這最終不是一樁秘密，而是一場公開的文學行動，朝向打破僵固的評價結構，更加直扣現時與此在。既是在揭示世界、社會、書本裡隱藏的秘密，更是熱衷於與人分享心中私藏的感應。因此，不斷以各種有趣的方式暴露自己的「秘密」，可能才是這位「讀者」真正的旨趣。

二〇一五年一月寫於龍淵刀割泥室

序二

除了扔在地上，你還可以……

#吳洛纓
（編劇家）

昨天我看完一本書，這本書不厚，兩百多頁，我足足花了十天。每天出門一定要揹電腦的沉重包袱裡，時時帶上它，得空便讀幾頁。那零碎的幾頁經常容易被忘記，於是睡前你又倒回去看那些你不確定看過沒有的文字。有幾次我到咖啡館專心的，希望在手沖咖啡的陪伴下好好把它讀完，但鄰桌保險專員與客戶的對話更吸引人。當然，關不上的傳訊、臉書很快分走我的注意力。對了，那並不是一本外文書。

我拿它一點辦法也沒有，就這樣進一步退兩步的把它讀完。在我堅持看完的前提下，我明白作者的意圖、我聽完作者說的故事，然後我終於可以對它說點什麼：這本書很糟，冤枉又可惜了那些樹。

十幾年前，我常常在寫劇評，雜誌、報章、電子媒體都有，都是約稿。即使不熟悉的類種，例如豫劇，還是得看得寫，那幾年幾乎得罪光各大劇團。演出團體提供給媒體的票多半都是最好的位置，希望劇評人在最好的位置上能看到（寫出）好棒棒的。某一次A團演出，B團的導演正好坐在我身後，開演前他特別探身，在我和另一個劇評人之間，輕輕地說了聲：不要又擺出劇評人那種機巴臉。

當然，首演完的劇評登上報，如果風評不佳，劇團製作人就會想盡辦法把報紙在演員化妝室藏起來，不給演員看，怕影響演員的心情。或者，貼在後臺最顯眼的地方，斬首示眾一樣讓所有人看到、記住，然後呢？會影響票房嗎？票都賣完了。要激出演員的潛力嗎？這招對專業的演員根本沒用。我的揣想是，他們不止要票房，還要「歷史定位」。如果你看過電影《鳥人》，就很明白在表演藝術朝生暮死的特質下，能留下來的只有評論，這是他們要的一個公道。我寫的每一個字，無論毀譽，我都能說出為什麼，而且撫著良心起誓。

直到我又繼續回到導戲，基於球員不宜兼裁判，我不再寫了，但我的劇團演出有一個特殊的「規則」，你可以看不下去離席，你可以看完找導演退票認為這戲不值，而導演應該知道為什麼，這是我給觀眾的「公道」。事實上，當我是劇評人或者導演的時候，我都想尋找一種「溝通」，更直接且毫無保留，因為在乎與真誠，才是「公道」。

有趣的是，在「我們那個年代」有些劇評或影評人用了筆名寫，因為都是師長前輩，本名不好說話。直到某一天集結成書，答案才揭曉。哦！原來這是你寫的。哦！原來這也是你寫的……。

如同那些以「這樣說你可能會不高興」、「這樣說可能有點冒犯」為發語詞的人，他用這樣的語言剝奪了你不高興或不被冒犯的權利，否則你就是不上道。你看完一齣戲、看完一場電影、讀完一本書，你不能退貨或者客訴。你經驗了「它」，即便不能再現它，但你不知道找誰、到哪裡去吐露感覺。當然你可以用「讀者回函卡」或者「觀眾意見調查表」看到一些匆忙留下的字句。而身為導演的我想知道更多，身為評論的我想把話說清楚。

不知從何時起，應該是報紙藝文版越變越小，你花在看書的時間比上網的時間呈倍數消長，在眾聲喧嘩中，你開始聽不見認真歌唱的聲音，訊息太龐大喧囂，創作者與評論者失去溝通或者喑啞。那個「為了什麼」而辯論而筆戰的熱切不見了。「誰說一定要為什麼？過了就過了。」是啊！時代數位化，一切都數位化，這世界只剩下數字沒有章法。我們被「河蟹」，還沾沾自喜於有蟹黃可以吃。火花去哪兒了？蟹到底熟了沒？

在創作中的無事生非才是補血的方法。

就如溫德斯的《巴黎，德州》裡那德樂維斯透過暗色玻璃看著珍落淚的時刻。不管愛或者厭棄，「其實你不知我，我不知你」。說真的，這樣也過得下去，事情不是要多方解讀嗎？沒有學會「解構」「後殖民」「文本」「場域」「脈絡」「語境」「符碼」這些基本動作要怎麼上戰場？但是，不管「謝謝再聯絡」還是「把它帶回家」總該有個過程，在反饋（又來了，你看看）的召喚下，我們不止手足無措，甚至找不到一席之地。

我第一次看到《秘密讀者》的時候，覺得這真像「男來店女來電」啊！丟開那些基本動作來一場誰都可以挑戰的自由搏擊，而從來都是閱讀者在書裡尋找自我，現在角色易位，當創作者閱讀了評論後，會不會也開始揣測起評論者的身分？開始有樣學樣的在評論中尋找自我。有沒有一種可能，這樣的結合文學才得以繁殖，那個撞擊的聲響才有機會迴音繞樑？

我時常擔任劇本評審，有時得看一整箱的劇本，最多高達一百一十二本，我不知道我究竟花了多少時間，為了公平起見，每一次睡前看的最後一本，第二天一定重看一次。

同樣的頁數，有些得花很長時間，看完重重嘆息，放回箱內。有些讓你想多事地告訴他，如果修這幾場就會很好了……這類的。但我們互不相識，我永遠沒有機會說些什麼，我只能吞下去，像自我洗版一樣層疊下去。覆蓋，以及一直覆蓋。

那本跟在手邊花了十天才看完的書，無論內容或文字都有很大很大的問題。如果不是可能有改編戲劇的需求，我肯定將它扔到地上去了。這十天來它沈甸甸的跟著我，睡前、公車上都是，它可能已經和我的電腦交上朋友。作者會知道我是如何看待他的書嗎？想解釋什麼或者想在書上簽名都來不及了，他已經過世了。

秘密讀者就要變成一個具體的存在，在你的世界裡毫不客氣地變成一個秘密。小心！秘密的火光可能會燒了你的包包，也許那正是換新包包的好時機。

二〇一五年三月二十一日

序二

反叛的殞落：在業配文綁架「書評」之後

#陳夏民
（作家、獨立出版人）

身為出版人，尤其是華文出版品居多的出版社，我偶爾也擔心自家書籍會不會被《秘密讀者》（一份專門提供書評內容的電子書月刊）批評。連我這個膽子大的，都會心跳加速，更不用提其他出版人或作家了，說不定真有人把《秘密讀者》視為恐怖分子，巴不得拿掃把趕出去。

如今的書市，文學書銷售慘淡（甚至連翻譯文學都失靈），一位作家花了數年光陰寫好一本書，誰不期待能遇到一個願意深度閱讀，並給予意見的讀者？說來哀傷，一本書能夠好好地被讀上一回，竟是如此奢侈之事。在多數狀況下，一本書往往上架就淹沒於書海，彷彿未曾出生。想想，那些被《秘密讀者》批評得最慘的作品，或許未曾遇過一個如此認真的讀者，比起其他那些無人聞問仍在等待讀者的書本，說不定比較幸福。

與作家或編輯聊天吃飯時，經常在席間聽見同行對於某作品「非常誠實」的評論，同桌其他人或許同意或者反對，更多針對作品的對話、討論於焉展開，比起純粹打屁抱怨銷售量，這樣的批判討論更能夠啟發性靈，說不定也讓許多創作者、編輯得以朝著更好的方向前進。然而，當我們離開飯桌或是咖啡廳，打開電腦、報紙或刊物，為什麼彷彿就進入了一個只有好話而沒有批評的世界？經常聽見有人抱怨《秘密讀者》批評得太狠，但老實說，他們比起我曾親耳聽見的評論，根本是小巫見大巫。

反過來，我們必須先問自己一個問題：如果《秘密讀者》的文章太尖銳，為什麼很多書評讀起來那麼可口，那麼甜？

雖說網路時代，媒體百家爭鳴，但在副刊篇幅逐漸萎縮、文學刊物經營更趨不易的今天，可以想見文學將持續式微。各家刊物、副刊編輯們仍努力在公司獲利的夾縫中，想方設法讓新書曝光，畢竟這幾乎已經是文學曝光的最後（也可能是唯一）一站，然篇幅有限（光是副刊篇幅就一直被壓縮）、資源有限，實在也只能先求「推廣」，而無暇發展「深度評論」。

現實殘酷，也著實令人感嘆。當我們回頭觀察近年來的臺灣文學環境，除去推廣性質較強的書評，以及偶爾才會出現的論戰（如散文的虛構、寫實，以及衍生而出的疾病書寫、文學獎評審制度等）之外，真正擲地有聲、批判性較強的書評少之又少，就我印象所及，近幾年有印象的書評，只有一篇〈文學史的憾事〉，那是出版前輩隱地評論馬森《世界華文新文學史》的文章，刊載於《聯合報》副刊。

除此之外，或許只剩下《秘密讀者》了。

挑釁的《秘密讀者》？

《秘密讀者》剛推出時，在文學圈引起一陣討論，可惜受矚目的並不是雜誌內的精彩評論，反倒是匿名這一件事。匿名制度的確帶有挑釁氣味，容易讓人產生迴避責任的聯想，但當我們回歸編輯專業，回頭審視這一個列出編輯團隊姓名、每篇文章都必須經過評審委員審稿的刊物，將發現《秘密讀者》的內容可說是十分到位，也由團隊負起全責。無論我們是否贊同其論點，光是閱讀這些文章的過程，便能理解《秘密讀者》並不只是純粹為叛逆而叛逆的一本刊物，更不是每一篇文章都是針對書籍的「負評」。

那麼，《秘密讀者》為什麼如此執著於書評呢？對他們而言，書評又是什麼？從他們網頁上，可讀到「對於沒讀過某書的讀者來說，書評起碼要是可以信任的良心推薦，它要能夠指出某書屬於哪一個類別、到底表現得如何；對於讀過某書的讀者來說，書評應該能夠刺激他/她再多想一些，並且縱橫連結到其他類似的作品上。但這一切能夠成立的前提，卻被整體文學環境的某些問題拖沉了。最後，這些書評也日漸失去了威信，變成一種類似於業配文的文類，終而使得文學環境少了一塊可以著力之處。」

由這一段來看，的確是很有理想的團體，從收錄在期刊中的書評也能看出其用心，有些甚至是小論文等級的著作。然而，出版、文學圈或一般讀者對於《秘密讀者》的刻板印象幾乎無法解決，不只是剛才提到的，匿名所帶來的挑釁以及推卸責任的聯想，更因為《秘密讀者》以電子書形式出版，姑且不論目前讀者對於「購買」電子書閱讀的習慣尚未建立，光是對那些他們想要溝通對話、對於網路世界可能較不熟悉的作家而言，這一本刊物的存在，的確就是一個等同於「V怪客面具」的存在：那些秘密讀者一定懷著反動思想，準備隨時朝自己開槍。

是啊，我們對於未知的物事往往容易懷抱畏懼，進而生出敵意。

朱宥勳曾在訪談中提到「一篇批評大老的書評可能喪失發表機會，甚至遭惡意攻評」。這大概說明了《秘密讀者》為什麼一開始必須採取這樣的方式與讀者見面，老實說，那句話雖未證實，但的確不假。

臺灣文學環境的確有些問題，以數量繁多的文學獎為例，當我們越是想透過文學獎培育「多元」環境，找出更多新銳作家，反而更加深創作者的階級，讓少數作家決定了一整個世代的文學面貌，讓新人為了得獎而開始研究得獎公式，反而一個接一個成為他人的分身，彷彿《駭客任務》中的史密斯無限增生，面目模糊，但成就的永遠不是自己。

無法容忍批評的時代反叛者

為了迎合掌聲與鼓勵，慢慢失去自己的樣子，這不只是文字創作者，也是各種類型創作者正在面臨，卻不一定有所意識的質變。如果每一個創作者都必須是時代的反叛者，那麼我們必須捫心自問，曾幾何時，為什麼許多創作者（無論資深或年輕，有時候我們也在其中）那麼在意掌聲，而無法容忍批評，甚至畏懼孤獨……

在臺灣，高喊「多元發展」永遠不會出錯，但當多元成為顯學，反而突顯環境有多麼單一。我們的政治、社會環境單一，而文學環境亦然。若我們期待文學環境得以改善，讓作家不再(害怕孤獨而需要)互相取暖,就該鼓勵更多秘密讀者的出現,讓他們讀、讓他們寫,讓他們總有一天得以安心褪下「秘密讀者」的面具,以真面目示人(當然若《秘密讀者》維持著相同風格,以團隊編輯的方式取代署名制度,繼續出版也是好事一樁,重點是,必須長期存在)。說不定,「書評」不再被「推廣文」綁架之後,評論將走進生活之中重建作者、讀者與出版人(編輯與行銷等)的品味,那時,臺灣的文學環境或許會稍微健康一些,而回過頭對作者與讀者都更友善一點。

身為出版人,我衷心期待那一天的到來。

本文編輯:許伯崧

序四

在缸裡放幾條怪魚

#朱宥勳
（《秘密讀者》發起人）

有一個經常被轉述、不知道真實性幾何的故事是這樣說的：有一個公司要空運觀賞魚，每次都大批大批死在運途中。後來，他們在魚缸裡面放入一條牠們的天敵，整群魚於是鎮日戒慎緊張，雖然偶爾也會被吃掉幾隻，但大多數都因而安然運抵目的地。

如果說，《秘密讀者》自二〇一三年創刊以來做了什麼，大概可以用「在缸裡放了幾條怪魚」來說明。一開始，我們提出了「誠實」的概念，為了改善文學書評迫於人情壓力而無法有話直說的處境，我們匿名刊載所有文章，讓有所顧忌的部分評論者暢所欲言。一年多來，針對許多名家新作最有力量的負評，都出自於《秘密讀者》，有時甚至是市面上唯一敢言的負評。此外，我們每個月都策劃一次專題，邀請對某一領域有所專精的評論者編寫，取向多元、開放，開發了許多傳統文學觀念桎梏外的新視點。除了本書收錄的三個「人氣專題」之外，亦有深度評析如「在邊上看海浪生態圈：中國詩人」專題、或發想新穎，討論電玩遊戲的「遊戲的敘事」專題、當然也有直截了當點評大批作品的「《短篇小說》排名賽」專題。

不管是銳利的負評還是自由發散的專題，我們知道這是其他文學版面受限於各種結構因素，不能或是不願做的。但臺灣文學這缸魚正在搖晃顛簸，再不扔點什麼下去嚇嚇人，恐怕迎接我們的會是安穩的死亡。這本《讀裁讀儕的肚臍：秘密讀者 Greatest Hits 第 1 號》正是《秘密讀者》創刊第一年裡，最兇殘或最奇妙的幾條怪魚。這是從一百二十餘篇評論當中，透過讀者投票、編輯團隊多次審議精選出來的二十六篇，篇篇鋒銳，而且不只認真處理純文學作品，也戮力細讀大眾文學；文字風格也隨評論者、評論對象而有多元的表現，既有純正而不玄虛的學術語言，也有熱血迸發但理路清晰的高聲談論。

本書書名由三個關鍵字組成。我們希望能夠提倡敢於下判斷的評論風氣，讀者有話直接說，作者也能從真誠的意見交流中獲益，遂稱「讀裁」。而從編輯團隊到作者群，我們恰好都是二十到三十多歲之間的青年評論者、寫作者，已有相對完整的知識訓練和讀寫經歷，但包袱仍輕，還能放膽一拼，形成一輩「讀儕」。年輕世代的文學愛好者，長久以來被譏為「肚臍眼文學」，只關心私我情緒，依此邏輯，這本書大概也是我輩「讀儕」的「肚臍」（tōo-tsâi）書；然而諧音不等於同義，讀者讀過便知，本書評論在文學技藝、社會關懷和情感內核之間權衡遊走，對於世代之間的偏見，就用實際的書寫來釐清吧。

不過，雖然這本評論精選集經過層層編選，仍有部分遺珠，在此推薦給大家。例如〈文學獎，能更合理嗎？——決審制度的批判〉（二〇一三年十一月號）經過嚴密的數據模擬，指出現行文學獎決審制度本身就是不公平的；而〈難道是資料庫攻略了我的心？〉和〈電子情人夢〉（二〇一四年三月號）對電玩敘事的評析十分精到，可惜適逢三一八運動期間，未得到太多關注。我們會將這些遺珠文章，另外編成電子書版本的「別冊」，本書讀者可以徑自從本書提供的 QRcode 連結處免費下載。《秘密讀者》雖然是從電子書創刊，但一直持續思考實體書與電子書之間如何互動、共榮，本書「搭載」電子版別冊亦是此類嘗試的延伸。

最後，雖然《秘密讀者》刊物本身的文章是匿名刊載，但出版實體書便是希望能夠和更廣泛的讀者、研究者對話。因此為了學術引用的便利性，經過作者首肯後，本書所有文章均會附上姓名或筆名。如果往後《秘密讀者》還能繼續出版實體精選集，也將保持此一體例。非常感謝前衛出版社願意給我們這個機會，出一本純粹由書評組成的書；也感謝鄭清鴻、陳夏民、羅珊珊、陳怡慈等一路上來給我們許多意見和幫助的前輩、朋友。我們會繼續培養奇怪的魚的。

精選書評

情愛不可恃：男人當怕《後宮甄嬛傳》

#蔡宜文

書目
書名：《後宮甄嬛傳》
作者：流潋紫
出版社：希代
出版年：二〇〇九年

《後宮甄嬛傳》（以下簡稱甄嬛傳）電視劇在臺灣熱映，至今仍重播不斷。當然，演員的演技以及劇組對於細節的要求，讓這部電視劇可說是繼《金枝慾孽》之後難得之後宮劇經典，甚至有人寫劇評，就可以躋身暢銷作家的行列。[1] 而在這裡，我們將會以原著為主，來推論甄嬛傳何以造成如此的旋風。

七本甄嬛傳原著看完，我發現這七本的劇情盤根錯節，竟呈現出一種通俗女性革命教科書之感，當然本文無意討論流瀲紫惹人爭議的行銷手法或是書中隨處可見「致敬」歷史、紅樓夢跟張愛玲的痕跡。除去上述爭議，將甄嬛傳作為一個當代具有影響力的大眾文本，並不算對本系列的過譽，雖然就我個人的評價，流瀲紫目前書寫中的《後宮如懿傳》無論在文筆、結構以及劇情上都更成熟、完整，不過如懿傳畢竟尚在連載且其中心概念多半承接自甄嬛傳，本篇仍以甄嬛傳為最主要之分析對象。

我在職場上，不只一次聽到較我年長的男性提到甄嬛傳一劇，並大肆抨擊其描繪女性勾心鬥角、教壞囡仔大小或是充滿了對於人性的不信任等等，前同事甚至直接告訴我：「我最討厭的就是這種戲劇。」就連郝毅博都要在老外看中國的節目中說自己還是喜歡溫柔的中國女人。[2] 甄嬛傳造成的效應還包含了後續中國一些衛道人士對於此劇中「勾心鬥角」的批判，廣電局對於後宮劇的消極不鼓勵。[3] 是什麼，讓這群男人這麼怕後宮甄嬛傳？看完原著七本，我更加肯定，確實——

男人當怕後宮甄嬛傳。

是誰在「勾心鬥角」？

首先，讓我先從小說分類開始說起，一般書籍的分類中，必然會把甄嬛傳此類後宮小說放在愛情小說類，但我認為這完全不適用。甄嬛傳（以及與它同類的小說們）應以政治小說，而非愛情小說觀之，這七部當中唯一主角算是在談戀愛的部分，嚴格來講只有第一部、第二部極小的篇幅，除了第四部中後段、第五部前段篇幅較大外，其他即使是類似感情的戲分，也僅為爭寵的劇碼。後宮小說就是政治小說，裡面的女性爭的是寵，但同時也是權力——政治權力，也與自己家族的政治權力息息相關。為何皇后永遠都爭不過華妃？為何安陵容不愛皇帝，卻要為了自己的父親而必須十八般武藝樣樣精通？為何甄嬛即使對皇帝死心也要施計復寵？都是因為她們家族的政治權力與自己的受不受寵息息相關，可以說爭取自己的寵愛、家族的政治權力才是貫串甄嬛傳的主軸，在這之中，情愛只是手段而已。

這也是我對於為何「勾心鬥角」這個印象總是只放在後宮劇上感到不可思議，《大漢天子》、《康熙帝國》這些政治劇就不「勾心鬥角」嗎？男人的政治鬥爭總是被賦予了正面的意涵，也因此他們可以大剌剌地進行鬥爭，而女人不行，女人必須無知、天真，把所有的鬥爭掩藏在情愛背後，所以當甄嬛傳這種後宮劇把情愛背後的面目猙獰給描繪出來之時，也難怪男人們會如此畏懼。

甄嬛傳的劇情多且複雜，也並非章章佳作，所以我將會緊扣著我的主題：為什麼男人要怕甄嬛傳？

但在這之前，為了多數沒有看過原著的讀者，我要先簡述一下甄嬛傳，以及我將會採取怎樣的論述方式。

甄嬛傳是第一人稱小說，以虛構的大周朝為背景，起於甄嬛十五歲被選入皇帝玄凌後宮，終於甄嬛成為皇太后。我們以甘露寺出家此一劇情為分水嶺，分為前後期，前期劇情包含選秀、避寵、初次得寵、失子失寵、復寵、扳倒前期大魔頭：華妃、生子失寵（第一到四部）。分水嶺為甘露寺出家、與小叔玄清的戀情（第四、五部）。後期為再度得寵回宮、施計固寵、扳倒後期中魔王：安陵容、扳倒後期大魔王：皇后、玄清去世、扳倒來亂的：胡蘊蓉、扳倒隱藏版大魔王：玄凌（第五到七部）。

我在此先建議大家把甄嬛傳當成是一部宮鬥 RPG 來看。甄嬛是「玩家」，裡面其他女人，除了是 NPC 及大小 BOSS，同時也都是甄嬛（玩家）的可能結局之一。打個比方來說，如果甄嬛不爭不鬥，可能就會像眉莊一樣依附太后，避寵無人在意中度過一生；如果甄嬛恃寵而驕讓家族權勢扶搖直上，可能最後也會像華妃一樣受到皇帝忌憚，最後撞牆而死。可以看出甄嬛之所以為甄嬛，除了來自其背景，但最終仍然是因為「選擇」。

當然背景及自身條件仍然是重要的，家世及外貌、才學容貌皆不出挑的安陵容的選擇，明顯就沒有甄嬛來得多。

愛、寵、權

甄嬛傳中所有人都在爭，嬪妃爭寵、爭愛、爭協理後宮的大權，[4]皇帝自己也在爭，爭奪政治權力、上一代皇帝的父愛……，因此，愛、寵、權可以說是貫串甄嬛傳的三個關鍵詞。不過，並不是所有嬪妃都一次爭三個，像一開始的甄嬛，爭的只有愛與寵，寵未必等於愛，但愛可以確保寵。正如同第一部中玄凌說自己之所以專寵甄嬛，是因為甄嬛對於他的「情意」，這個情意便是對於浪漫愛純粹的想像，只為了愛而要愛，為了愛而爭。而甄嬛確實是如此，不然也不會在因失子過度傷心失寵，又重新施計復寵後，對玄凌有愧疚之心。但皇帝的愛是稀薄且困難的，特別是玄凌早認為自己一生只愛純元皇后一人，其他所有的愛，都是在人群之中尋找純元皇后的身影，也因此，在劇中所有爭愛的人，都沒有什麼好下場，所以在這邊先暫時不談愛，讓我們談寵跟權。

寵是什麼？雖然皇帝認為寵就是愛，但明顯地，無論在女角心中，或是在皇帝心中，寵跟愛從來都是兩回事，正如同安陵容在自身陰謀被揭發後對皇帝說：「你寵我，跟寵一隻小貓小狗，有什麼差別？」寵是一種權力的展現，藉由寵與不寵之間，皇帝掌控了這些嬪妃的生活，越是符合他口味的越得寵，也就過得越好；越不讓皇帝喜愛的，越不得寵，那些不得寵的嬪妃甚至連奴僕都不會給好臉色看。為了生活好過，為了能夠爭口氣，就要費盡心思地去「爭寵」，爭求男人的寵愛。被網友稱為大清蔡依林的安陵容，要學會唱出跟純元皇后一樣的歌聲、調配迷情香、嗓子壞了以後還要學舞，正是因為在毫無家世、美貌又沒有玄凌的愛的情況之下，要在後宮立足，就只能爭「寵」，最後安陵容頹敗的快速，也可以看出，單爭寵是無用的。甄嬛甘露出家時遇到上一代受先皇獨寵的舒貴妃，在先皇去世後，被現任太后逼迫出家，其子玄清也為此要自甘淡薄的舒貴妃是這樣對甄嬛說：

「你要保住自己、腹中胎兒和你父母兄妹的性命，只有進宮承寵一道，這是沒有錯的。但是，光有帝王的寵愛是遠遠不夠的。你曾經被貶出宮一次，自然比誰都知道當今這位皇上和先帝大是不同，光他的寵愛是極不可恃的。**——你只有將天下至高的權力牢牢握在手中，才能保護你想要保護的人，擁有你想擁有的一切。」**

「我在隆慶一朝佔盡風光寵愛，唯獨從未沾染權勢，以致到最後不得不任人宰割，無還手之力。**嬛兒，我窮其一生才明白，帝王的寵愛並不可恃，唯有權力……**我出身擺夷，自然不能染指大周之權。而你，卻不一樣！」（甄嬛傳，第五部，第五章）

舒貴妃與先帝的故事，是一般言情小說中「君主只愛一人」的神話，正如兩人將彼此合奏的樂器命名為長相思、長相憶，先帝對舒貴妃專情，導致後宮對於她充滿妒恨，甚至最後讓先帝為此廢后，但，在先帝死後，得到「一心人」與後宮三千失色的寵愛後，卻是這樣殘破不堪的結尾。正如同我所講的，這故事中每個人都是甄嬛的NPC，但也是可能的結局之一，倘若甄嬛當初未得知真相出宮，在宮中聖寵不衰而從不沾染權力半分，或許在玄凌死後，甄嬛就跟舒貴太妃現在的結局一樣。君王的獨愛都無用，更何況只是寵，甘露寺出家的劇情，並不在於玄清跟甄嬛那偶像劇般的戀愛，而是藉由玄清與甄嬛那完全符合愛情神話與甄嬛最初夢想的愛戀，更進一步點出：男人的情愛不可依靠，無論是真心或假意，唯有靠自己，「唯有權力」才能傍依。

男人的情愛不可恃，重點是「權力」。後期的甄嬛，爭的是寵及權，寵不過就是固權的手段。能否看破愛與寵，了解權力的重要，是贏得後宮戰爭的第一步，但即使認清權力的重要，卻不代表能夠看破男人的情愛。華妃，就是一個最好的例子。

華妃（書中名為慕容世蘭）一角是甄嬛傳的經典，作者成功塑造了一個囂張跋扈、惡事做盡，卻又讓人討厭不起來的初代大魔王。華妃仗著自己的家世與皇帝的寵愛，潑辣蠻橫，誰都不放在眼裡，把整個後宮仇恨值全都累積到自己身上，華妃碰政治，要寵、要愛也要權，更要皇帝的獨寵及專一。從她懂得重用曹琴默，懂得用自己在後宮勢力幫自己的家族鋪路可看出，華妃並不笨，她知道該怎麼做——卻總是因為愛而讓自己無法這麼做，所以她只能重複妒恨、跋扈的劇碼，而當他父兄的政治權力無法再幫自身固寵後，她對於皇帝再強烈的愛，在男人間的政爭中都顯得微不足道。整部甄嬛傳，真心愛著皇帝的人不多，初期的甄嬛、華妃、皇后、以及與初期的甄嬛極類似的徐燕宜，但這些人沒有一個有好下場。華妃千算萬算，未算到自己深愛的枕邊人就是算計自己最大的那個人，華妃千爭萬爭，卻沒有發現自己爭的寵愛，原來只是皇帝的政治手腕。等到其看破，發現自己不孕竟然是遭受到枕邊人算計後，撞牆自盡。華妃的命運點出兩點男人應該要怕後宮甄嬛傳的理由：

第一，女人之間的勾心鬥角，罪魁禍首是男人。

第二，男人的情愛不可恃，不愛的女人才可能有好下場。

甄嬛的命比較好，一個華妃讓她早就看破這點。華妃初亡後的甄嬛仍然是愛著皇帝的，只是抱持著遲疑與哀傷，但這時的甄嬛還是有某種倖存者心態：或許這不會發生在我身上、或許是她不好、我不會重蹈覆轍。

但愛著皇帝的甄嬛最後生女、失寵，進入甘露寺修行。

就像我說的，書中愛著皇帝的人多半沒有好下場，雖然這並不代表不愛皇帝的人就會有，像是甄嬛的好「姊妹」——沈眉莊跟安陵容。

姊妹情誼

沈眉莊、甄嬛、安陵容是甘露寺出家前劇情中三個互相結盟的角色，從秀女待選時夏氏對於無身家背景的安陵容撒野的劇情中，可看出三人之間的差異：甄嬛的謀略、眼光、不想進入後宮以及「愛惹事」——主角必備特質；對應到眉莊有著大家閨秀良好的規範、不喜惹事、以及可憐兮兮的，不惹事事也會來惹你的安陵容。

在選秀過程中，沈眉莊被詢問看什麼書時，回說了《女則》、《女德》，並說自己並不常看書、略識幾個字而已。但在後期劇情中可看出，沈眉莊的才學並不遜於甄嬛多少，也就是說沈眉莊這時是在扮演她認識中的大家閨秀的樣子。相對於甄嬛一見面就用一首詩詞來描述自己的名字，甚至對自己的父親說自己是「女中諸葛」都可以看出，兩個人在性格上完全不同。

甄嬛跟眉莊都是對自己充滿自信的人。甄嬛來自一個較為平等、家人之間情感連帶明顯、不會要求女兒犧牲的家庭，所以她好計謀、孤芳自賞等特色，以及對於進入後宮並無過大的興致，或是選秀當時刻意不打扮等，並不影響她對於自身作為一個女性的評價。但眉莊的自信來自於認為自己「更能符合他人對於女人的想像」，這樣的自信，也是日後眉莊悲劇命運的原因之一。從皇帝曾經表態喜歡或愛過的女人看來，皇帝並不特別喜歡這種典型的大家閨秀，無論是會與皇帝議政出策的甄嬛、跟皇帝賽馬的慕蓉家姊妹、從頭臭臉到尾的葉瀾依、還是詩琴書畫技能點都點到滿的純元皇后等，都並非像眉莊或是皇后這種會刻意隱藏自身才能，表現出大家閨秀氣度的人。

眉莊對於一個值得被愛的女人的想像，是一種凡事依附於男性，受到其無微不至的呵護，並且按照世俗的禮儀規範的想像，過度奔放的情感或是個性的表達都無法被包含在其中。這個策略並不笨，玄淩雖然初期愛甄嬛，但從未想要把「權」給她。對於眉莊雖然僅有「寵」，卻在開始之初，玄淩就願意讓她學習管理後宮之事，並預言要將後宮協理之權分配給她。故事中有一段，玄淩叫甄環彈琴給自己聽，甄嬛說眉莊的琴彈得更好，玄淩卻接著說即使琴藝眉莊高出甄嬛許多，琴中的情意卻遠低於甄嬛，以琴喻情，由此可看出玄淩並不特別喜歡像眉莊這樣善於隱藏，符合規範的女性，甚至無法感受到對方的情意。這樣的策略或許可以得權或爭到寵，卻難以爭到愛。好在眉莊憑著家世背景跟如此個性，受到另外一個掌權者的喜愛，那就是太后。所以後期，眉莊在刻意避寵的情況下，也能夠立足於後宮之中。

安陵容則不同，受限於家世背景，以社會學家喜歡講的「慣習」來說，安陵容在才學或是「大家閨秀」的培訓上，皆遠遜於甄、沈二人。這也是為何安陵容無論想選擇走眉莊或是甄嬛的路，都是不大可能。有趣的是，安陵容試圖維繫的那種形象（無論到底是真是假），正是多數愛情故事中的「女主角」形象，楚楚可憐、受人欺負、不擅於言語上的交鋒、需要他人保護……，這也是為何安陵容是本書中最強大的反派之一。在前半部，她看起來與甄、沈二人姊妹情深，把自身縮小到不能再小——「小家碧玉、柔順乖巧」——是她得寵的原因，同時也是她最可怕與陰狠之處。安陵容的崛起與背叛，可以說是甄、沈二人一手造成的，也是讓兩人吃最多苦果的對手。如果不是甄嬛把自己的飾品給安陵容，她就不會入選，自然沒有後續的劇情；即使安陵容入宮，如果甄嬛跟沈眉莊沒有寵冠後宮，與她們交好的安陵容自然不會連帶受到華妃的攻擊，自然就不用百般爭寵以穩固家中平安；若甄嬛沒有因為沈眉莊失寵拉拔安陵容，照安陵容原訂計畫，一輩子只想著一個人在後宮寂寥過一生，或許安陵容就仍然只是一個在皇帝死後話當年的白頭嬪妃。安陵容的故事，可以說諷刺地展現了甄嬛的謀略最終回到自己身上的結果，同時也體現了安陵容此角色一生的身不由己。

有趣的是，當初一同進宮、「情同姊妹」的三人，在劇情最後竟沒有一人是愛著皇上的。眉莊發現了自己所期待的關係無法從皇上身上得到後，愛上了細心呵護自己的溫實初，安陵容一輩子愛著甄嬛的哥哥，甄嬛在甘露寺與玄清相戀，這其中，安陵容一輩子的愛無望，眉莊最後得到短暫的瘋魔一次，甄嬛至少還有一段不短的相許時光與盼望，但大抵上，這三段「婚外情」仍然呼應了「情愛不可恃」的主題，無疾而終。男人的情愛不可恃，什麼可恃呢？

這就又回到了男人為什麼該怕甄嬛傳的脈絡之下了。

甄嬛傳給予了這些因為男人而被迫要鬥的女人們幾個解決的辦法。其中之一就是姊妹情誼以及女性的團結。

……眉莊的目光落在我身上，宛然生出幾許春水般婉漫的關切，亦有幾絲沉沉秋水般的自責，「從前你生朧月時我不能陪在你身邊，在甘露寺受盡委屈時我也不能陪在你身邊，如今我若再不能，豈非辜負我們自幼的情分！」

……「嬛兒，我一直在這裡陪著你。」

痛楚的輾轉間，腦海中驟然清晰浮起相似的話語。這樣的話，近在身前的溫實初說過，一門之隔的玄凌說過，紅牆阻隔外的玄清亦說過。然而此刻，卻是眉莊的言語最貼心貼肺，十數年情誼，總比拗不過命運的情愛更不離不棄。

多年隱忍的不訴離傷，多年習慣的打落牙齒和血吞，此刻終于鬆弛了身心，把臉貼在她的手心，低低呢喃：「眉姊姊，我很疼。」（甄嬛傳，第五部，第三十三章）

這段話是甄嬛因受到驚嚇早產時，眉莊前去陪伴的對話，這段對話徹底展現出男人的情愛無法依靠，唯有姊妹之間的情誼才是可靠的。對於甄嬛而言，無論愛她的、她愛的，最終都比不上姊妹間的不離不棄，也因此最後甄嬛才終於鬆口，表達自己的情緒。作者如斯價值觀在續作後宮如懿傳，女主角如懿與好姊妹海蘭的對話中則更明顯：

「……母子也好，夫妻也罷，這種到頭來或許都會疏遠的感情，比不上我們姊妹彼此風雨多年的情感。姊姊，或許哪一日，永琪有了自己的親人，皇上也徹底不再寵愛，**那麼只有我和你，繼續相伴深宮歲月，一如從前。**」海蘭的語氣裡有深深的依賴，然而如懿的心思卻在細雨綿綿中飄搖著疑惑不定：「海蘭，我從未問過你，為何你對世間的情愛，這麼不能相信？」

「……再相愛又如何，到最後因愛生恨的太多太多，與其如此，還不如不曾恩愛如許。**世間的男歡女愛，不過是皮肉交合，實在是不可依靠的。**」（後宮如懿傳，第三部，二十三章）

本書所描述的姊妹情誼大抵上分成兩種。第一種便是那種男人所期待的，妻妾合瑟，如同姊妹一般侍奉夫君，不爭不妒，當然從歷史中我們難以得知後宮實景，但小說及坊間雜談的描繪中，這種「姊妹情誼」多半只是虛偽的假象，就如同我在前面提到，一種天真、單純、毫無鬥爭的表面用以隱藏背後的爭鬥，在甄嬛傳中最經典的自然就是安陵容與甄嬛的關係、兩位皇后之間的關係，以及舒貴太妃及太后之間的關係，這種虛偽是一種為了討好男性的手段，同時也是男性把因為自己而生的糾紛，又再度轉嫁回去給女性自身的「德性」（后妃不妒，姊妹情深）解決的展現。第二種便是像眉莊與甄嬛此種相知相惜，共患難之姊妹情誼，有趣的是，無論是眉莊、甄嬛或是續作中的海蘭、如懿，她們最終都是在看開情愛之後，領悟這樣的關係才是可依靠的。也就是說，真正要做到男人所期許的「不爭不妒」，反而是在看破男人的情愛後才有可能。

或者是，把矛頭轉向了男人才有可能。甄嬛在後宮最終的獲勝，來自於女性之間的結盟。[5] 甄嬛終於理解，這無止境的爭寵、爭權，其源頭仍然是皇帝，也就是男人本身。所以要能夠永久地保持地位，寵權不衰，重點是要自己以及與自己結盟的女性都獲得權力。這也是為何甄嬛最後會勝過皇后，皇后因為妒恨而殺死自己的親生姊姊，即便是屬於自己陣營的人，也不讓其懷孕生子；皇后對於皇上的愛，讓她不願意對皇帝施計，也因此她的狠毒都只針對跟她處於同樣處境中的女性，所以當她無法獨得權力與寵愛時，也就是她失敗的時候。甄嬛則不同，甄嬛回到宮中的同時，早已沒有對於玄凌的愛，因此她並不計較將恩寵均分給自己陣營之人，即使她個人短時間失寵，也能夠藉由擁有恩寵、權力的隊友的扶持而不至於一敗塗地。甄嬛敢，甚至可以說是樂於對皇帝施計，像是利用香藥讓安陵容在與皇帝發生性行為時流產。這種會對皇帝造成巨大傷害及影響的計謀，皇后是絕不可能使用的，但甄嬛會，皇后對於皇帝的愛以及獨佔慾，讓她無法跟其他女性結盟及瞄準真正的敵人，也因此造就了兩者不同的結局。

男人最害怕的報復及奪權方式

總結一下上面提到為什麼男人該怕甄嬛傳的原因，主要就是因為，甄嬛傳是一本教育女性如何在即使最為封建、壓迫的性別結構中，也要跟男性爭奪權力的書籍。首先它明確地指出，男性掌握權力是讓這些女性不得不勾心鬥角以互相爭奪寵、愛、權的原因。其次，要解決在男性掌控權力，女性互相爭奪男人所給予的權力此一困境的第一步，就是要看破「情愛不可恃」這個貫串全文的重點之一，並且透過女人之間的結盟對男性進行奪權與報復。而這裡，我將提到，甄嬛傳中應該最讓男人害怕的三種報復及奪權方式：情慾的溢出、血緣上的混雜、弒夫奪權。

正如同我前面說的，直到最後，最初入宮的三位主角，竟然沒有一個真心愛著玄凌。

甄嬛傳中，嬪妃裡或情或慾或兩者兼具的出軌並非特例，甄嬛、安陵容、眉莊就不用再提了，後期玄凌寵的葉瀾依本來就不愛玄凌、瑛嬪江沁水與宮中的羽林郎育有一女、兩位位分低的嬪妃分別出軌甚至懷孕等，這些都可以看出，甄嬛傳所描述的後宮中，這些嬪妃面臨情慾上的壓抑，仍然有溢出的渴望以及行動。[6] 帝王未必要給予妻妾們愛，但他擁有這些人「愛」的所有權，而確實，這對他而言是重要的。安陵容被抖出對於其他嬪妃做的種種惡事時，皇帝尚未發怒，但一聽到安陵容對自己並無情意，甚至還自行用麝香避孕之時，皇帝怒不可遏。更別提最後給重病中的玄凌重重一擊的，就是兩位位分較低的嬪妃「私通」一事。

在甄嬛告知玄凌，某位較低位的嬪妃與人有染時，玄凌要她描述對方，她自述如此：

> 若是清秀瀟灑的翩翩少年，或是才子英雄，只怕玄凌還好過些，綠雲蓋頂本是男人最難堪的事情，偏偏君王寵妃，卻與個不能與他比上分毫，極猥瑣卑賤極不如他的男人私通，不知此時玄凌心中是如何激怒欲狂。（甄嬛傳，第七部，第八章）

從這段話中可以看出，甄嬛是理解的，某種程度上她確實是玄凌的「解語花」，她非常能夠理解玄凌的猜忌、無法忍受他人不愛自己，即使那個女人，玄凌可能連名字都不記得。因此她能夠用這種方式來徹底激怒玄凌。

也因此在甄嬛傳後期，情慾的溢出、血緣上的混雜、弒夫奪權是環環相扣的，藉由情慾的溢出，部分女性得以在宮中安穩地了卻一生（像江沁水），或是如同甄嬛藉此認清情愛本質，而找到自身的主體性。當然，必須要有情慾的溢出，才可能造成血緣上的混雜，當便宜老爸，或許是不分古今男性最深的夢魘之一，對於血緣的癡著執迷一直以來都是父系傳承的傳統。甄嬛最後讓繼承大位的人並非玄凌的親生兒子，甚至連一點皇室的血統都沒有，確實是對於玄凌乃至於故事中的父權及皇權（在這故事中可以說是糾纏在一起的）最大的報復。對於玄凌而言，他所奮鬥、努力爭奪的一切，最後都拱手讓給了「非自己血緣」之人，也無怪乎他會被這個消息給氣死。但氣死他，只是甄嬛復仇的部分，更重要的是政治權力的剝奪，甄嬛雖然無法自己得到（朝廷上的）政治權力，但卻將玄凌一系的政治權力轉到其他人的血脈之中。

玄凌是清楚的，即使他一開始並不知道繼承大位的眉莊遺子予潤並非親生，他仍然清楚，隨著自己的去世，大權旁落，這天下就要落到他人手上，所以當他懷疑自己與甄嬛的孩子是否為自己的之時，他所要的其實已經不是這小孩是否為親生的答案：

他略略遲疑，終究問了出口：「他……究竟是不是朕的孩子？」

我抬頭，看著他因緊張而散發異彩的渾濁的目，無聲無息的溫柔一笑，恭謹道：「當然。天下萬民都是皇上您的子民。」

玄凌不料我這樣答，一時愣住，良久才愴然長笑出聲，「不錯！不錯！」目光如利刃鋒芒直迫向我，「**這天下都是朕的，不過很快就是你的了。**」

九展鳳翅金步搖微微一晃，珠光金芒絢爛映照于牆，如凌凌而動的碧波星光，玄凌頹敗的容顏在這絢爛里愈發模糊不清，仿佛隔得那樣遠，遠得叫我想不起他的樣子。唇際泛起凄楚微笑，「**是。這天下很快就是臣妾的了**，只是……」我低低道：「臣妾要這天下來做什麼，臣妾要的始終都沒有得到。」

玄凌若有所思，帳幔輕垂逶迤于地，靜靜隔開我和他。他苦笑，「朕這一生所求或許曾經得到，然而如流沙逝于掌心，終于也都沒有了。」他的胸口起伏著，似一浪一浪狂潮，「**嬛嬛，你已經很久沒叫過朕四郎了，你，再叫朕一次，好麼？**」（甄嬛傳，第七部，五十四章）

這段對話道出了三件事：第一，玄凌早就已經知道天下（政治權力）終將轉移到甄嬛手上，於此他雖然緊張頹敗，但大抵上已了然。第二，甄嬛深知自己將要掌握政治權力，但又回到最初的——甄嬛並不想要權力，甄嬛要的是愛，這點玄凌自然是清楚的，否則不會在這段劇情後問甄嬛是不是因為玄清而恨透自己。第三點，最終皇帝要的是「情」，也就是回到第一部那個一心一意愛著皇帝的那個甄嬛對於自己的情意，即使他知道甄嬛在情慾、血緣、政治權力上的背叛，最終他要的仍然是「有被愛過」的肯定。可悲的是，甄嬛因為不愛了，所以才有辦法得到政治權力，而玄凌反而是因為愛了，才無奈地被奪去政治權力。這兩種交叉不僅僅是時序上相愛的錯過或錯付，更是回到最初我所說的「情愛不可恃」竟同時成為男女的結局寫照。

為什麼要看甄嬛傳？

總結一下我前述的論點，男人該怕甄嬛傳的原因有三：首先是甄嬛傳清楚地點出後宮女人的鬥爭，元兇是因為男人；其次，它明確地點出男人的情愛不可依靠，當不愛男人的時候，才有真正獲得權力的可能，並且體認了女性結盟的必須；最後，它提供了幾個狠毒的策略描述即使在最封建的狀態下，亦可能成功對父權奪權與報復的手法。

甄嬛傳的火紅是否與當代女性對於父權的不耐與反擊有關，我並不清楚。甄嬛傳並非唯一點出女性爭風吃醋，勾心鬥角元兇是男人的作品，像蘇童的《妻妾成群》點出元凶、提出批判並且更為真實；描繪封建父權如何壓迫女性的小說，無論是古代、現代或當代，從《京華煙雲》到《袋鼠族物語》，都較甄嬛傳真實。但甄嬛傳的優勢便在於它不真實，它虛幻且充滿了女人自我安慰式的膨脹與幻想，女人需要一個對於至高無上的男人挑戰及報復成功的結局，正如同那些在學校被排擠的男孩們需要一個幻想，想著自己某天被變種昆蟲咬到之後，成為可以拯救世界的英雄一樣。那些在職場中明明職位比較高、能力比較強卻還是要負責庶務的女性、那些被預期要裝傻蠢笨的女性、那些遇到矯情的賤人（或本身就是個矯情的賤人）的女性、那些回自己原生家庭居然要上Marriage版問「一年回娘家幾次才合理」的女性、那些工作與家庭蠟燭兩頭燒或被逼迫要作選擇的女人……都太需要這場勝利。

歷經了無數次妄想「有天早上在路上撞到總裁戀愛結婚生子，Happily Ever after」，我們才發現，我們需要一種妄想是我們幹掉總裁，變成總裁。千秋萬世，一統江湖。

註

[1] 羅霖，《你沒看懂的後宮甄嬛傳》（新北市：人類智庫，二〇一三年四月）。

[2] https://www.youtube.com/watch?v=XQlc48WyyCI

[3] http://news.mingxing.com/read/83/248507001.html

[4] 就是可以管後宮其他嬪妃的權力。

[5] 這裡的結盟甚至包含了不同階級女性的結盟，從推舉身邊的大宮女瑾汐最後爬到最高位來說。甄嬛對於能夠往上「升職」奴僕，從不吝嗇舉薦，相對於其他嬪妃，對於宮女也明顯是相對拉攏及寬容的。

[6] 雖然我們都知道歷史中的後宮不大可能出現這種事情，因為在史實上越晚近所描述的後宮，對於女性的性管制越嚴謹。

「出格」作為一種詭辯——讀張大春《大唐李白：少年遊》

書目
書名：《大唐李白：少年遊》
作者：張大春
出版社：新經典文化
出版年：二〇一三年

#朱宥勳

在當代的文學創作裡面，「出格」一向是一種廣被嘉許的價值。作者、評論者與讀者對於一部作品新意的追求是如此地強，以致於「出格」的「新」彷彿就成為一種不證自明的價值。彼得・蓋伊（Peter Gay）在《現代主義：異端的誘惑》裡面引用了一個短句來點明現代主義精神：「給它新。」或許說明了這種觀念的起源。然而，有趣的是，在現代主義已經不再是文學創作唯一的、最崇高的美學規範的當代，對於「出格」的喜好卻仍未曾動搖，很少受到批判。這一方面當然鼓勵了創作者探索新的題材、新的表現方式；另外一方面卻很容易形成一種遁詞、一種詭辯：如果一部作品很明顯在某些方面有重大的缺陷，評論者和作者往往可以機巧地說「這是一種出格」，從而逃避掉了真正重要的質問——這樣的作品真的是好的嗎？

在我看來，《大唐李白：少年遊》正是這樣一部以「出格」為遁詞的小說。關於這本書的各種文宣不斷強調「不穿制服的小說家」（語出《印刻文學生活誌》裡張大春和吳明益的訪談，訪談本身很精彩，但最後一句硬要安插此語來定調，顯得非常刻意）、「打破中文小說框架」、「大膽挑戰西方小說」，「張大春創作卌年以來，最具實驗性與企圖心的小說」，在一定程度上，試圖導引讀者的詮釋方向：這本書跟一般人們習見的小說寫法不同，是一本出格之作。

這其實頗有幾分打預防針的味道，引誘讀者相信：如果我讀這本書的過程沒得到什麼愉悅或益處，那是因為我還不理解作者的「出格」，不是小說出了什麼問題。但從文本本身來看，《大唐李白：少年遊》其實是一部讓人困惑大於享受的蕪冗作品。作為系列長篇的第一部，這本書主要集中在李白早年的經歷，主要的情節僅有以下幾段：李白師事趙蕤的經過、刺史舉趙李師徒有道而不應、李白與慈元和尚出外遊歷、李白滯留蜀中而以醫術和仗義疏財成名、以及他第一次以詩文向朝廷大員干謁。相對於三百八十頁的厚重體積，這條情節線實在是單薄到可以。如果我們只抽出情節的部分來看，它可能只有不足百頁。那剩下的兩百多頁都在做什麼？在注釋。無止盡的注釋。以第五十二節〈無心濟天下〉為例，我們就可以略微觀察此書結構了。在第五十一節末尾，盧煥詢問李白最心儀的作家，因此此節開啓的一頁多，至「倒是由於愛慕……」一段，都是李白在內心思考這個問題，中間雖然同樣沒有什麼事件進展，但起碼還在情節行止的合理範圍內；此段以下，由回想過去與趙蕤的問答當中，引出的一小段史事補述/詮釋，到盧煥對李白的答案表示意見為止，也還在可接受的範圍內。但從本節第三頁「推本於故事」一段往下，整整五頁，全是李白所提的詩人的傳略（謝安、陶淵明、謝靈運、謝朓……），以及李白往後詩作中指涉這幾位詩人的地方，幾達情節本身的兩倍長度。接下來，盧煥和李白進行了大約一頁的對話，此節結束，餘事轉入第五十三節〈傳得鳳凰聲〉。

上述段落中嚴重失衡的結構，並不是此書特例，甚至也不是最嚴重者（比如第三十四到三十七節，基本上都是資料鋪排，而無情節推進）。單論頁數比例，或許失之僵硬，我們可再進一步觀察內文組織的方式。對我來說，最重要的問題在於，這些注釋固然豐富，但我們找不到為什麼要把它們寫在這裡、為什麼非得寫這麼多的理由。它一來對情節沒有幫助，二來對我們理解角色的境遇與情感也沒有幫助（或幫助甚微），三來雖然張大春的文字功力仍屬上乘，但資訊負載量實在太大太瑣碎，這些半論文半說明書的文字被塞爆了，反而失卻了他平素矯健的機鋒。這些段落，在廣播這樣可以凸顯作家語言魅力、或臉書這樣每天讀一小段的載體上，或許別有一番風味，但形成一本長篇卻顯得笨重。如第三十九節〈禪室無人開〉，在連續介紹六頁唐代佛寺財產變遷的歷史之後，第二一三頁的最後一段終於轉回李白的視角，第一句話是：「李白對此等事業則懵然無所知覺；他隨身行篋之中除了月娘給備置的一個布囊、趙蕤交代的一封書簡和幾包草藥之外，無多衣物……」這當然是一個輕巧的轉場，屬於小說家圓轉如意的敘事技巧；但問題就在這第一個短句：如果李白此前、此時、此後都對佛寺財產的這一切無知，如果李白往後也不會花太多力氣去涉入慈元和尚的理財任務，前面這幾頁到底算什麼？如果一切的敘事動力在此都被廢棄，而且並不是為了鑽探某種人心的特殊狀態（如許多前衛的小說實驗曾經做過的那樣），為什麼讀者必須讀這個段落？因為小說家覺得我們「缺乏古典教養」，所以趁機多教養我們一些嗎？

這種「教養」的態勢，其實牽涉到作者與讀者如何看待彼此之間的關係的問題。作者預設了什麼樣的讀者才「夠格」？讀者是否有責任進入作者的預設當中？這裡的預設，包含了知識準備、美學品味、對閱讀這件事情的認真程度（例如王文興著名的「橫征暴斂」說）……當這兩個互相抵住的問題作用在同一文本上的時候，我們很難明確地劃出一道界線說：到此為止，雙方都不應該要求對方多妥協一些了。在某些文本裡，我們會覺得讀者理所當然要自己做點功課（比如電影《賽德克．巴萊》）；在另外一些文本裡，我們卻覺得是作者沒有能力巧妙地組織資訊，讓讀者能夠欣賞。此中判準，其實很大程度上顯示了整個社會、乃至作者與讀者的意識型態基礎——作品是作者所下的一個判斷，作者說出了他覺得值得說、也值得聽的故事；而當讀者與作品扞格不入的時候，正是在問：為什麼我們需要去理解這部作品、這個作家、這段歷史、這種人物的面貌？於是，《大唐李白：少年遊》所不能迴避的一個問題就是，如果讀者們全都這麼需要這些「教養」（或者根本是連古典教養都談不上的古代生活基本細節），以致於作家必須連篇累牘地鋪排材料才能讓讀者讀懂，那二〇一三年以後的臺灣讀者為什麼需要讀這本書？這種敘事方式無疑是非常折磨讀者的，而且並不是一種智性的折磨。讀者被折磨了沒有關係，但總得在掩卷的那一刻感覺到某種回報吧，感覺到原來這麼艱困的書寫方式是有其不得不然的因素，這個故事非這樣說不可。《大唐李白：少年遊》似乎認為，讀到這些東西本身就有其自為的價值，但我認為要求讀者能夠進入或享受這些細節，確實是有點撈過界了。關於這本書有一些常見的說法，其中之一是認為此書「難」，然而必須指出的是，「難讀」跟「難」畢竟是兩個不同的狀態。這本書一點也不難，因為它從不相信讀者自身有理解小說情境的可能性，所以不斷地注釋，力圖說明一切。而就在這樣的史料總匯的書寫方式下，小說本身並沒有什麼文學性的秘密、或敘事上的複雜度可以「難」到哪裡去。除非作家期待所有讀者都有一定程度的考據狂，願意去挑戰每一則引述的真偽，但這樣的「難」是真的離題太遠了。

當然，我們必須自問：以上的批評，是否是因為我們已經被西方的小說結構規範給馴養了，以致於不能欣賞這種不擇地而出的岔題和史料性陳述？或者在那些看似客觀的史料當中，其實藏有許多小說家暗中借力使力的虛構？這些說法在前述的張大春與吳明益的訪談中已多有提及，從理論上來說，都是可能的、言之成理的。但問題在於，《大唐李白：少年遊》是否真的回應了訪談中的期待，不但利用且跳脫西方的「萬流歸宗」的小說結構、也立基在中國美學「條條大路互相貫通」之上，開展出一種新的小說寫法？我認為這成果是十分有限的。原因在於，其實這本書從未真正「出格」，反而向我們展示的是一種極為素樸的面貌。它的「出格」是建立在「不與時人談同調」的前提上，因為當代沒有人這樣寫小說，因為當代沒有人在乎這些題材，因為當代沒有人處理這種「教養」或「詩」，所以它出了當代的格。但我們若抽離一些，用卷首呼告的那種「業餘的文學讀者」——他不在乎小說是什麼、應該像什麼，也不知道作者是誰——的眼光來看，這會是一本什麼書？這其實就是一本李白的傳記，特別是偏重詩的傳記。這本書有翔實的考證（業餘的讀者是沒有辦法分辨此書中何處為虛構的；事實上專業讀者應該大多也都不能），有別出心裁的詩句詮釋，以及非常大量的歷史背景交代。限制在當代小說的格式來看，它當然是出格的，但從一個廣泛的文字作品的角度來看，它卻顯得平凡無奇。如果我們相信這個樣子就是一本「打破小說框架」的書，我們相信這本書創造了新的中國小說的樣貌，那就意味著我們同意這個荒謬的結論：小說別寫了，我們就去寫本（結構失衡的）傳記吧。雖然骨子裡的邏輯可能是完全不一樣的東西，但這種小說理論（？）很可能導向的結果就是，我們又回到了那種最執著、最缺乏文學感性、相信只要「忠實重建現實」就完成小說任務的寫實主義風格。我們如果相信這樣的資料堆疊是「出格」，相信「重建現場」真的是值得稱道的小說價值，就等於我們同意了馬華作家方北方對自己的小說《花飄果墮》雜亂剪輯了一大堆新聞、評論進入小說的辯解。他說：「小說是沒有固定表現的方式，在小說表現多樣化的今天，創新已是一種進步的潮流。」這聽起來是否有點耳熟？

「新」「舊」概念本就是辯證性的，俄國形式主義者早就告訴過我們，「陌生化」的效果要看語言被使用的脈絡，一百年前的陳腐很可能是一百年後的新穎。但一個負責任的小說家不會只是順手拿點舊時代的東西來眩惑當代；畢竟當代很窄，「非」當代很寬，純粹是與時尚逆行，實在算不得什麼文章大業。若真要評估此書的狀態，我會比較傾向將之視為一種還在進行中的實驗（如果它真的有實驗意圖，而不只是粗陋地以古為尚的話——那真的就是「捉鬼的被鬼捉去了」），目前不算有功，不過失敗永遠不會是浪費的。《大唐李白：少年遊》只是第一部，作為一個曾經被小說家的創意和爆發力深深震撼的讀者（當然，是那些小說家此刻不一定認同的作品了），我衷心期待以上的批評只是我們還沒讀完整部作品的錯謬意見。在我的想像中，這部小說要再往前拓展版圖，最需要的可能是一股統合諸種矛盾的力量。目前為止，這是一本充滿矛盾的小說，它在主題上不斷強調詩卓然獨立的美學價值，但其書寫方式卻更偏向乾枯的史料鋪排；它嚮往中國小說（書場？）奔放分歧的野性，但文體卻過於中規中矩；它試圖營造一種特殊的漢語語感，卻在文言、白話、文白夾雜之間依違難定，使得文字風格互相扞格（當然，我們也可以輕巧地說「扞格」亦可成為新語感——但這會不會太輕易了呢？）；它有時強調個人心靈創造力量的絕對，但卻不斷沉浸在一種對古典教養的絕對敬意裡。這些矛盾，恐怕都將是讀者會在小說閱讀的過程中會不斷地感到困惑的，只回答「不穿制服」是不夠的，是逃避問題的詭辯。制服當然可以不穿，但為什麼要改穿這件？

這或將追入一個很基本、所以很難的問題：我們憑什麼要覺得這是小說，而且是好小說？張大春無疑可以說是臺灣史上最聰明的小說家之一，但聰明畢竟是有很多種的。在走過大唐李白的一生之後，讀者將在終點感受到小說家的妙手翻天，還是只能遺憾地矛盾以終？那就要看我們能不能在最後一刻終於覺得，不需要再拿「出格」這個詞來遮在小說的前面了吧。

「已被接枝、插種過的人種」：國民黨政權下的安全技藝、指導官，與我

#elek

書目

書名：《島上愛與死：施明正小說集》
作者：施明正
出版社：麥田
出版年：二〇〇三年

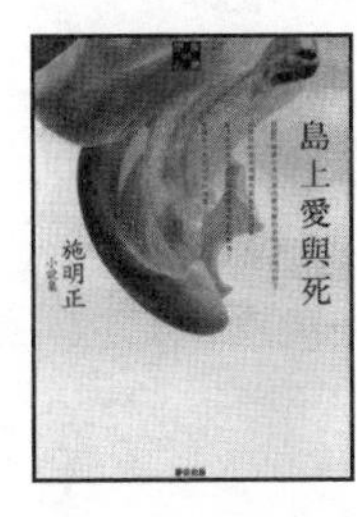

0、提問

施明正的〈指導官與我〉的文體，首先讓我困惑。其句冗長，而且句子往往失去建立主詞與述詞的關係之功能，幾個逗號便有些許歧出，彷彿抗拒被連貫、一致地閱讀

——抑或無能如此？托承這種特定的說話方式，施明正描述自我的語言也有強烈的反差。卑微而自慚形穢的一面是這樣的：

- 羅織成囚，因而能從那個生命的分水嶺，這一豐脊滾下恐怖的深淵，變得非常可恥的懦弱、邋遢、屈辱、無能、貪生怕死。（p.298）
- 膽小得遠比一隻小老鼠還不如地見笑。（p.298）
- 生存在這種男不如女的時空，我是非常不適合於生而為人，尤其是生而為小男人，畏縮了的生之標準——在此時此地。（p.298）
- 類似我的這一已被接枝、插種過的人種。（p.299）
- 心靈的殘廢者。（p.299）
- 豬狗不如的廢人。（p.299）
- 癟種族類。（p.299）
- 扁扁的一塊餅加了發粉成為一座澎澎的麵包。（p.300）
- 像獵物的貨物（臺語諧音：意為廢物）。（p.301）

另方面，追憶服役時期，那時他是「未被完全孵出巨蛋卻已衝破石殼冒出雛形凸出於石中的石筍」，「白玉筍般挺直的美男」（p.320），即便被捕、坐監之後，仍會描述自我如是：「一直到被抓為止的施明正，在哪一方面都是頭目級的領導人物，從小學、中學、士校，我早年參與的生涯我都以領導者自居並被視為理所當然。」（p.328）從私人這一面來說，自我具有此等鮮明反差，而其中「已被接枝、插種過的人種」，甚至「多到可以自成一種族類」，以致有公共的性質。

我企圖以本文追溯與重建的遂是那「接枝、插種」的作法當中，一套圍繞著「安全」的技藝。這套技藝當頭罩在國民黨政權統治下的臺灣，我設想它打磨了不只一代人，使戒嚴的效果跨越解嚴延展至今。規訓勢必以懲罰為後盾：軍、警與特務，監獄與馬場町，都是指導官權力深植人心的前提。指導官權力是外來政權銜接在地權力結構的重要環節，因為武力（如槍桿子）「不長眼」，只能綏靖包圍官署、毆打警察、示威遊行等的民眾，卻不能事先辨認甚至屏蔽「有害思想」。相較之下，課綱、選舉辦法、恩庇侍從體制則更能限定視域、左右人認定「可能」與「不可能」的判準，從而限定了行動。經過一九五〇年代瓦解、屠戮中共地下黨的風聲鶴唳，一九六〇年代末參與全國青年團結促進會（下簡稱全青會）的劉佳欽，已認定選舉是改變政治體制唯一途徑，一方面是因為選舉時「聲音很大」：

> 他把臺灣的教育文化經濟社會，包括這個司法，等等，他很深入的分析，為什麼不對、為什麼這樣下去會完蛋、為什麼國民黨這樣做下去的最後，一定會被共產黨吃掉。因為你自己這樣做的結果，臺灣自己內部就爛掉了。他們很客觀的去分析，為什麼這個教育這樣不行、經濟這樣做不行、產業的這樣做不行，那麼司法這樣做不行、警察治安這樣為什麼不行。所以我覺得這個是非常重要，對年輕人的一個啟發。啟發。真重要。（「全國青年團結促進會」案，劉佳欽先生的訪談，未出版）

但另一方面，非選舉時期的重重監視與管控，更凸顯選舉時的充滿機會與行動空間。當然，即便是在全青會一案中，同仁的想像往往也有出入。與劉同案的顏尹謨，一九六七年帶著彭明敏的介紹信，跟後來瓦解全青會的國民黨特務陳光英，一道去日本找史明。史明回憶當時自己的判斷，憑藉（地方）選舉扳倒國民黨，他是不看好的——直到一九七五年《臺灣政論》發行，他才決定中止暴力破壞路線。[1] 此外，在史明的記憶中，顏尹謨、劉佳欽、林水泉等全青會同案是「嚷嚷著要接受我們的革命訓練，回臺灣進行武裝爆破行動」、「不斷向我表示想要在臺灣進行爆破」。[2][3] 行動者對於當下行動的選擇，未必認識得特別清晰，何況在不同策略之間曖昧游移，本是實作常態。以事後之明觀之，全青會同仁在臺灣的行動還是圍繞著選舉，其後的走向，暴力破壞趨於零散，而從政論、出版、選舉等著手「圍事」的作法則抬頭。

臺灣的政治抵抗史選擇了這樣的走向，指導官權力是一把推手。這套安全技藝所應對的問題是槍桿子與警棍不能直接觸及的思想，乃至於先行挑選出值得投資監視資源的對象。更重要的是，它給人對可能與不可能的判斷，設下規定，使人監視自己、強制自己，令權力增殖。二戰後的國民黨政權，在治理過程中逐步對社會的不同網絡測試、套用、挪用各種「安全」的技藝。訓導與輔導之於學校，指導官之於軍隊（乃及經歷過軍隊的生理男性），而教育學、精神病學等學門則供給「說詞」、為之背書。本文所論之圍繞指導官的權力乃是其中一環。

1、施明正出生於一九三五年，父親是南臺灣奇人施闊嘴，母親是父親五十歲時干犯天主教教規而娶的妾。一九五五年於海軍士官學校受訓，一九六二年被捕。施的世代位置與全青會的參與者，如林水泉（臺北）、劉佳欽（嘉義）、黃華（黃明宗，基隆）相同，不過社會位置明顯有別。後者因緣不一地皆曾參與選舉，施明正則熱烈懷抱藝術家的志向，與紀弦來往。於是，他們走進臺北市青島東路三號的軌跡也就不同了。全青會同仁的（準）組織遭特務滲透，但施明正卻是迂迴地經過弟弟的人際網絡，被咬了一口，羅織入案。

在全青會案當中，陳光英這個特務是行動夭折的主因，他一邊蒐集、一邊造就明確的「犯罪事實」。這是一九五〇年代以來國民黨特務組織逐漸完善的工夫。施明正的際遇不同，從〈指導官與我〉看來，他的「安全資料」與其獲罪息息相關，甚至可以說是反過來，從安全資料回頭建立「該獲罪的犯人」。這裡有兩種安全技藝，一種關於滲透、破壞、誘導、蒐證；另一種則詢問、善誘、威嚇、暗示。前者用來瓦解組織，後者則傾向桎梏個體。在社會的常態當中，前者處於逐漸連結、凝聚的狀態；後者則是獨特的——這個個體自有一種抵抗被平均夷平的力量，一時還無法確定其危害，故有必要監視，盡早將其行動框限住。能令其自我監視、自我審核，那就再好不過了。

這種圍繞安全資料的權力佈局，施明正了然於心。〈指導官與我〉第一段就提到「安全資料的施設」，續而明白點出：

這些建立安全資料的無名功臣，基於維護秩序所加之於某一社會、人物所產生的因果、命運，跟其運作過程的形形色色，無寧是構成傑出小說的題材。（p.298）

因此，施明正立意將指導官權力納為素材。這一句話可能暗示：敘事者很清楚〈指導官與我〉是一篇小說，[4] 行文遣詞的躓礙與突兀，本身就有凸出指導官權力的功能。這同樣的高度自覺與自嘲，多見於本文，譬如施明正敘及「四弟的同學的同學們」如何將他羅織進來：

後來才曉得他們中的一兩個職業學生，其實正被刻意地培養在細作網的整個可大可小的運作中，經由他們的亂咬，而被獎金的魅力所動的某些獵人集團所編導，我，一個脆弱的人，只好按著他們的編排，陷入自供的自白書之編寫。無風自抖地，俯視面前的官長，跌入追溯我的生涯中，某些可能會被或已被列入安全資料的回憶之流。（p.302-303）

而偵訊時，敘事者一邊發揮「從電影、文學、戀愛，以及先父教我如何從萬物的形意裏，探求國術自我修煉所得」的「動作表情術」，「解讀」正翻閱自白書的書記官的表情動作，「因此在他每一抬頭視我時，我總對應著他，如投手與捕手；更像知友們、戀人們似地，我盡可能發揮我從小習得的形意國術，以求得與他取得和諧，進而產生共鳴和默契」。在這番對（一九六二年在青島東路）訊問的回憶中，書記官與敘事者之間拉扯著卑微的張力：後者嘗試以身體迎合前者（未經問話，他不能開口），而前者不過是權力的末梢神經。

施明正在此記述了一處重要細節：

「你知道安全資料對你的命運很重要嗎？」「……」我憂苦著俊臉。搖了半下頭，然後驟然點了下頭說：「是。……」一種頗像漏氣的輪胎，發出的無奈回答。他微乎其微地泛起了些許憐惜吧。他又低下頭，手翻我的安全資料。也許感染到我的搖頭，他竟也酷似意欲揮走什麼思緒地搖了三分之一的頭，繼續閱讀下去……（p.302）

兩人的身體動作各承載不同意義，像是被一條權力關係之線扯動，沿著安全資料來回抽動數下，終於在那「搖了三分之一的頭」的瞬間——「突然，我全身發軟，恐怖的寒意，遍布全身」。「半下」與「三分之一」是高度任意的，其間的數量差距標定出權力關係，同時也象徵運使權力的任意；然而那任意的身體動作引發的恐怖，卻跡近絕對，全身一軟，萬劫不復。此種圍繞著安全資料的權力能生產恐怖，恐怖展現於身體。

權力本來是一種媒介，讓一方的觀點、看法等促成另一方的行動。運用物理暴力（槍枝、警棍、拳頭等）來運使暴力，固然通常都能得逞，成本卻很高。而且，控制了一階，譬如以軍警控制人民，又迎來控制第二階的問題：誰來控制軍警？如何可能？「暴力可以證成，卻永遠不會正當」[5]：物理暴力僅是手段，講得出理由，訴諸「平亂」、「維持秩序」等必要，則可以被證成，只是所訴諸的必要狀態離現在越遠、越不可見，那麼能夠證成的程度也越低。因此，塑造正當、爭執正當與否，始終是維持穩定權力關係的日課。

這項日課主要發生在語言層次。支配邏輯，運用修辭：或是口頭上擠兌人，限縮其行動空間；或故作殷勤，與人為善，實則讓對方的行動發生在可以預期的方向與範圍；或紆尊降貴，令對方不察其無能為力的實情。不過，國民黨殖民臺灣的辦法，首先是將北京話以外的語言貶為不正當，先廢一支胳膊。其次，對付「國語」運用裕如者，「恐怖」這一苗種很管用。恐怖之所以管用，是因為人與人的信任溶蝕，建立社會關係的基礎腐毀，人至多能在私領域有一些穩定的期望，若堅不同流合污，在社會上就要面對鋪天蓋地的不確定，遑論在公領域，怎麼可能「大範」（tuā-pān）得起來呢？人家一挑剔，就變成「漏氣的輪胎」，甚至「全身發軟」，行動自然而然消弭了。

〈指導官與我〉的主軸是回憶做兵和交往女尉官的第三到八節及其「檢討」，穿插與指導官交手的經驗。其中簡短的第五節值得注意。前後文充斥「那道疤痕乃是集時代控制人的巨掌所形成的威力，時時總會以其多樣式變體的魍神飄忽不定」、「我們的足跡，像被無形的可長、可短，但是總以其堅韌無比的繩子似的約束力，制限在園主容許的極限之內」等句子，紮根於身體的恐怖以及人際關係破產，相較於此，第五節卻運用身體，展現了小小的抵抗。好友Long被罰剃光頭，敘事者為了挺他，只好捨棄諸位女友，一起落髮。

> 翌日，土撥鼠似的指導官以訝異的神色看著我的光頭。〔……〕「聽許聰敏的指導官說：他又賭博又打架，才罰他理光頭。那你理光頭，到底是為什麼？」「……」我赧然地漫應道：「友情吧！」（p.308）

2、讓恐怖得以生效的「道具」是安全資料（或稱安全紀錄）。為有別於此種資料本身，我將施明正刻劃的安全資料的特徵，概括稱為安全敘事。安全敘事的特徵有二：曖昧／張力（既肯定又否定）和收束因果關係的意志。

安全資料大抵就是黨國之眼所觀察到的人的生活總體。生活就是迎向雜多，在不同觀察者看來，同一個個人可能會有多樣的生活，高度複雜。不過，無論個人的生活單調或多樣，黨國之眼具有將生活「定調」、「歸於一統」的功能，這是因為它必須化約個人生活的千頭萬緒，否則無從處理。透過情治系統、警察、線民和安插在人民之中的特務、職業學生等，一與公領域接軌，人就無從確知自己此時此刻是否被觀察、紀錄著：「不斷湧來的日常生活中，處處有著他［指導官］的屬性的人物一再降臨，以保護著未被關起來之前，我們深愛的『安全』，乃是這一類無名功臣之賜予，卻是千真萬確的吧！」（p.335）。奉黨國的安全之名，犧牲個體存有的安全：

> 由於安全記錄是絕對不可能讓當事者過目，和知情的，因之我終於無法針對我毫不知情的事態，與執筆者對事物的反應——憑其甚為主觀的、已呈官樣模

式的，剛由當時之前八年，民國三十八年大陸淪陷的慘痛經驗，這血肉橫飛的新鮮傷痕所得的教訓所擬定而訓練出來，鞏固復興基地清除赤禍，因此過度敏感地演變到視文藝（反共八股式的東西除外）為蛇腹蠍手，加於本能的排斥；抑或利用其為宣揚政令視異己為魔鬼加於無情的猛擊的工具——也無法以我不知執筆者到底以何種心態猜測我的心態所建立的安全資料，提出任何辯駁、更正，以閃避不知在何時何地就會被引爆，或繩之於法的無奈。只能像所有的人那樣把自己的生命，盲目地交給所謂命運。（p.323）

施明正以其經歷，經驗了兩種不同層次的安全之間的弔詭。這組弔詭也賦形於安全敘事，也就是個體支應黨國對安全的需要而發展出來的一種故事（「描述某數目的人所為或經歷的行動與經驗序列，真實或想像不計」）。[6] 我之所以要區分安全資料與安全敘事，在於敘事不但是一種故事，更牽涉「可否追隨」和「賦予情節」。「賦予情節」是指把行動者、目標、手段、互動、情境、意外、結果等異質的因子兜在一起，讓故事有了某種格局，而不只是單純的一事接著一事。[7] 賦予情節若是成功，整個敘事就可追隨，接收者能夠（至少是模模糊糊地）掌握故事中行動者的意圖、行動的取向，乃至整則敘事的「所思」（這到底是一則怎麼樣的故事）。

已經有不少臺灣文學作品，致力於描寫安全敘事對個體（政治犯所遭受的社會隔離）、私領域（家庭、家族）乃至公領域（競爭、逐利，沒在關切公共議題）的戕害。不過，這些作品及其評論，一方面指出安全敘事的虛妄和真實的苦難，同時也會產生一種效應，亦即安全敘事無非虛妄，無非「時代的錯誤」，尤其牽涉補償金與／或政治利益（特別是族群政治）時，安全敘事也隨之貶值。我們集體付出的代價，是輕縱成就安全敘事的黨國暴力，乃至安全敘事本身的邏輯。這種安全敘事對兩、三個世代的品格造成何種危害，我們反倒忽視了。甚至，危害是否延續至今，也無從評估起。

相較於黨國動用本該屬國家轄制的軍警、情治單位等資源來建立與維護的安全資料，安全敘事是行動者支應黨國對安全資料的需求所生產的敘事。安全敘事不僅有這樣的實用價值（但實用與否泰半取決於情治單位，即上引文「所謂命運」），更有界定自身（即認同）、引導自身行為的功能。國民黨的殖民工作，其對人民的接枝與插種，手段之一就是安全敘事。區別兩者，是為了更突顯安全資料是怎麼搜、怎麼撈的，而安全敘事又是怎麼「兜」或「兜不起來」的。

3、回到本文的提問。我認為施明正「特殊的說話方式」（那真的是一種美學意義的「風格」嗎？），還有自卑與自大的強烈反差，可以視為安全敘事的效應。

首先是曖昧/張力，或說肯定與否定同時升高。第六節，敘事者跟指導官針對床墊下的藏書交了手。指導官宣稱已讀過敘事者的安全資料，點出「俄國小說」，敘事者首先就自白看過哪些俄國小說，接著強調「證明我們中國人不僅只有《紅樓夢》，和五四的那些作品」，當指導官問及文學作品對革命的影響，敘事者立刻將政治與文學一刀兩斷：

「我不喜歡政治。我從未就文學作品與政治的因果，做過任何比較。我的一生，是注定要成為一個最純粹的文學藝術家。政治就讓喜歡政治的專家去處理吧！」（p.311）

一方面肯定創作世界一流文學的意志，另方面壓抑對政治的一切興趣；肯定與否定同時升高，其功能在於將生活的雜多強行揑塑成純粹的事物。這種斧鑿的純粹，回應著安全資料的定調需要。安全資料是偵測危險與平圎風險的機制，它需要認知個人的危險類型與程度。敘事者縱然有更複雜的想法，形諸言語的部分絕不能不純粹。

按敘述順序來說，施明正先讓讀者看到青島東路三號的書記官「速讀」敘事者的安全資料，而使讀者產生有形、可觸的設想；稍後這段床墊風雲，指導官則只有在口頭上提及「看過你的資料」。有意思的是，安全資料始終可以處於「虛擬」（virtual）的狀態：指導官宣稱他看過，敘事者無從驗證，同樣，敘事者也不知道書記官速讀的那疊紙，究竟是為這次辦案特設，還是早已在島上某一處檔案櫃中默默積澱。只有一本嗎？還是有紛紜變體？這也是研究行政權力運作限度的一處切入點。

根據業已查閱過的安全資料，指導官繼續追問敘事者怎麼看待某些傳記書籍的政治色彩。這是個好問題，敘事者不得不暫且放下撐張力的策略，轉向曖昧：

「我是把他們當做傳記文學來看的。本質上，我不是以政治的角度去看他們。而是把他們當做某一個時代裏出現的人物，去看他們，並沉思如何會有那樣的人，活在那種時空裏，他們又用什麼方法去處理他們自己與他們的國家和同胞，而不失做為一個人便應像一個人那樣地恪遵做人應有的德行……。這是很有趣的，讀這些傳記充滿了異國情調的浪漫感受，就像我們在電影上，看過的傳記片那樣深受感動。」（p.311）

這段自白有許多理路兜不攏的地方。敘事者所謂「處理他們自己與他們的國家和同胞」何曾不是政治，末句又陡然轉向異國情調與浪漫感受。「可以是這樣、又可以是那樣」，模稜兩可，或維持兩可而不下判斷，即我所謂之曖昧，在這段話當中展現得很清楚。

為什麼前一種訴諸張力的策略在這個問題不管用？那是因為指導官指出了對象本身多方面的牽纏，間接指控敘事者的認同或行動不純正，在言語上擠兌住了敘事者，他不得不改採曖昧策略。安全敘事值得注意的一項特點，正是它容許這兩種敘事策略並存。

施明正接著讓指導官「嚴肅地正坐」，拋出一句：「你有沒有夢見過國父？」（p.312）

4、

對敘事者而言，「這些回憶怎麼說也不能壞到哪裏。」然而，施明正要說：「你「敘事者」的安全資料，雖然很糟，**不過你空洞的自白書更糟**。」（p.323，粗體為我所加）

安全資料跟安全敘事的對張，在第九節淋漓盡致。安全資料已經寫便便，讓「從高雄押解我們三個獵物的牛爺馬爺……不時地看著翻閱**他們所創造的劇本**」（粗體為我所加），但黨國還要尋求安全資料與安全敘事一致。在此我們看到安全敘事的第二項特徵，亦即收束因果關係的意志。指導官問敘事者是否夢見過國父，因為他期望因果關係由彼流出，像水循環一樣，復回歸彼處（施明正自己也作了宗教的比喻［p.333］）。不論叛亂意圖是真是假，都牽扯太多不同層次、時間各殊的因果關係，黨國的安全可無暇顧及，黨國只要你出入都路由黨國的網絡，做不到的話，家裡供奉「三位聖明的玉照」，那也交代得過去。到了一九七〇年代末乃至美麗島事件時，施明正的安全敘事已經琢磨得爐火純青：「我坦誠地把我自己弄成一個在太陽底下不管從那個角度看我都會是一個透明的人那樣地任由想要蒐集我安全資料的人一目了然。」（p.334）

一九八五年發表〈指導官與我〉，施明正讓敘事者公開自白：「我非常抱歉無法告訴來訪的指導官……其實我一直都在想著美女、詩、畫、小說、推拿，因之我到目前不曾在夢中，而是曾在白天或夜晚，心靈極度恐懼時頻頻呼喚哀告過那位他所崇拜的偉人。」（p.332-333）安全資料與安全敘事已經「同步」得平滑無痕，意識才得以透明如斯，抵抗的可能竟然只剩下無意識作功而成的夢——

5、

這麼說恐怕言過其實，不過，〈指導官與我〉行文的特異之處，誠然可見施明正窮力抵抗安全敘事——張力策略、曖昧策略和收束因果關係——對他自身的效應。然而我們也必須承認：安全敘事的效應的確起了作用，將這篇小說塑造成我們所見的模樣。敘事者不吝惜讚美自己的外貌與才華，又大肆批評自己的卑懦囁嚅；一方面抬升與Long的美好回憶，同時著墨於黨國權力假指導官、審判、監禁所帶來的恐怖，尤其身體反應。這是張力策略。

對於國民黨政權的殖民，施明正選擇曲語、婉言，選擇寫不易理解的長句。既將身為階下囚所見識的、圍繞安全資料的部分機制寫出來，將他蒙受的苦難寫出來，可是，敘事者對於指導官乃至於整個政權，卻無法不表示「感謝」（第十節）。這種曖昧源於作者施明正與敘事者「我」之間的曖昧，亦即文學的抵抗總有一部分發自這個抵抗著（或逐步被安全敘事收編的）作者。作者施明正有他身為政治犯的日常生活（「可是這幾年來，我們已經不勝其煩，也許單位之多，來訪者之眾，問話的千篇一律地無味，加上線民素質、態度的惡劣，委實使我們頗感不勝其超載之苦。」），有他不得不以女人、酒、宗教等方式與之共存的日常生活，而〈指導官與我〉的「我」，畢竟只是這廣漠雜多的日常生活畢力凝聚的一份採樣。作者施明正與他的作品無法兩斷，也無法在其中一者中真正企及純粹的美學或純粹的政治（作夢也夢到國父）。我認為這份採樣不但高度代表施明正此人，更具有觀照整個時代、前後三代人的公共性質。

6、

安全資料與安全敘事的媒合，之所以能生效，仰賴黨國動員國家資源，去破壞個人的社會關係，使其在社會各場域無地立錐。

施明正費了不少篇幅寫信任的瓦解（林天瑞、柯影帝、陳三興咬人與被咬），因為當社會關係漸次腐蝕，人的自我敘事能夠紮根的土壤也越來越畸零。最後，安全敘事成為主導認同的敘事，既是不得不的選擇，也是物理與象徵暴力下難以避免的結果。容我岔開來對照兩則敘事，以闡明這一論點。

一九四二年生於苗栗通霄的英傑，剛結婚時落腳臺中。[8] 一九八〇年代的五年間，在異性戀婚姻之外，他還經營一段同性伴侶關係，對象叫博智，在某同性戀出入者眾的咖啡館認識的。博智很貼心，英傑也將妻兒帶去咖啡館，介紹雙方認識。英傑之妻也教他怎麼照料胃不好的博智（英傑妻不知兩人關係）。英傑經營雙重生活，而在他的自我敘事中，他援引「男人對家庭的責任」來證成自己的行為。他強調對家庭的責任以及讓老婆安心等基本原則，強調「情」跟「愛」的區別：前者是猜疑的豎心旁，而且總是「青」、不會「熟」；後者的寶蓋宛如屋簷，底下是一顆由「友」支持的「心」。他知道「越界」但自覺還沒有玩得過火，支持他的「論據」是他將兩邊都安頓好，盡到「丈夫」的責任。

訪談前文提及的全青會案當事人劉佳欽先生時，我聽聞另一則敘事。假使史明的回憶可信，那麼全青會並不如劉佳欽先生所言，完全致力於選舉一途，而是也曾考慮暴力破壞等戰術。不過，劉佳欽先生在訪談中強調漢移民渡臺「從無到有」的建設艱辛，「不好毀掉」，所以跟國民黨動刀動槍，他們是不願意的。如前所述，不論全青會同仁當時的共識或各懷的心思為何，我們可以理解，在二十一世紀的臺灣，劉佳欽先生更願意鞏固「全青會是選舉路線的先鋒」這樣的歷史判斷。重點在於這個判斷得以成立的條件，是漢人艱辛渡臺、開墾、建設的敘事（原住民呢？）。這則敘事仍然在社會關係當中流轉，固有效力，儘管受到挑戰、逐漸褪色，但他已經追不上那些挑戰發展的速度了。總而言之，「選舉路線」的自我敘事，可以建立在「漢人渡臺開墾」及其所牽繫的社會關係之上。

相較於施明正的狀況，受訪時的英傑雖是老年男同性戀，他仍然可以援引「家」與責任的敘事來證成自己的雙重生活，因為他成功維繫了雙重生活牽涉的社會關係。劉佳欽先生跟施明正一樣，都曾坐過政治監，他撐到今天，於是有機會參與自己和全青會所受到的評價。他的說服內容，也即他（與全青會相扣）的自我敘事，則建立在族群的神話上。

或許是易傷，或許宗教上的罪疚感與責任感較強，或許是他四弟（一九六二年被迫羅織自己弟弟的痛苦〔p.327〕，以及一九七七年以降施明德坐監十五年出獄後，旋即又投身黨外運動），施明正似比上述兩位更為孤寂，如王德威序論所言，「獵人與獵物成了親密的夥伴」（p.19），安全資料與安全敘事若何符節。然而，我們不該輕忽文學場的緘默與施的控訴：

> 文藝家們自私、苟且地躲在安全地帶耽樂於空靈、美色、甜膩的官能之追求；不顧同胞與人類良知、格調的喪失帶給人類最大的死對頭，那可怕的、巨大的、無形的、無所不在的，應該面對而不是逃避，因之愈躲愈糟，愈怕愈是助紂為虐的極權之迷信等等追逐與歌頌。（p.330）

社會關係的瓦解，更在於沒有社群的支持。施明正絕不是什麼勇者烈士，只是時無英雄，他這個豎子竟比余光中之流高貴得太多。然而在二〇一三年的今日，兩類人（而不是這兩個個人）在文學場中的位置，容或漸漸會透過評論、研究等，得到詩的正義，但若說起臺灣人認識兩者的程度，恐怕仍少了點轉型正義，而這豈不是文學場中人該當仁不讓之事？

7、

本文承〈「第六病室」、柏拉圖的洞穴寓言與在臺灣的我〉之餘緒，意向於尋覓與自身具有歷史親近性的心靈。本文著墨於安全資料與安全敘事之區分，主張其為〈指導官與我〉的主導區分。一階而言，我們可以從〈指導官與我〉歸納出安全敘事的特徵，以及生產安全資料的部分條件；走到二階，則可以將這組區分運用於〈指導官與我〉本身，回答提問當中所困惑的文體問題，可視為施明正本人「消化」安全敘事的表現，卻也透露出他的抵抗。

如何認清自己身上的施明正，如何走出更寬廣大範的路，如何從殖民者手中奪回公共領域。我認為這是〈指導官與我〉的歷史性提問。

註

[1] 史明口述史訪談小組，《史明口述史二：橫過山刀》（臺北：行人，二〇一三年一月），頁一〇六。

[2] 史明口述史訪談小組，《史明口述史二：橫過山刀》（臺北：行人，二〇一三年一月），頁一一四、一一六。

[3] 史明的口述史跟我們訪談劉佳欽先生所呈現出的行動方向，頗有出入，值得蒐集更多資料核對。不過，人都是看人、看時局說話的，因此我不會將史明與劉佳欽說詞的出入，看成真實與謊言的差別。假使全青會同仁為爭取史明的支持與資金，在他面前多提暴力破壞，而多年之後接受後輩採訪則強調從無破壞臺灣之意：縱令我們認此為矛盾，也不應完全歸因於個人誠信。

[4] 承接二〇一二年鍾怡雯引發的散文紀實性質爭論，以及二〇一三年黃錦樹捍衛「抒情散文」的「情感本真性」等兩次論辯，如果本文的敘事者「我」就

是作者施明正，那麼本文何以不是抒情散文？此篇小說（！）中，難道沒有一絲施明正的「情感本真性」嗎？而我們將本文歸類為小說，僅僅是因為施明正如此宣稱嗎？因為施明正是詩人、小說家，但恰好不是散文家？這種「知識考古學」式的提問，其實頗為無聊，惟此間仍有這許多人，不特別質疑敘事者「我」之是作者某某，遑論拆解這個「是」之所以能夠成立的社會條件，那麼，三不五時廢話幾個問號，也只是剛好而已。

[5] Arendt, Hannah. 1969. “On Violence” in Crises of the Republic. pp.151f.

[6] Ricoeur, Paul. Time and Narrative, Vol.1 p.150.

[7] Ricoeur, Paul. Time and Narrative, Vol.1 p.65.

[8] 以下敘事來自未發表的田野筆記。本段提及姓名均為化名。

倫理的包袱：讀黃錦樹《南洋人民共和國備忘錄》

#詹閔旭

書目

書名：《南洋人民共和國備忘錄》
作者：黃錦樹
出版社：聯經
出版年：二〇一三年

前兩年，和朋友聊到，好久沒讀到黃錦樹小說。距離上一本《土與火》出版，一晃眼也五年多，無消無息，心想，他該不會不寫小說了吧？後來私下探問，得知他正著手進行馬共題材。過不久，新書篇章陸續在各大報章雜誌密集曝光。我對黃錦樹即將出版的以馬共為題材的小說無限期待。黃錦樹榮獲時報文學獎短篇首獎的〈魚骸〉，正是以馬共為題材，犀利地諷刺大馬華人的政治冷感及其歷史背景。當年評審之一的陳芳明，相當激賞這篇小說，認為它帶領臺灣讀者走進陌生的東南亞左翼歷史情境，陡然拓寬臺灣文學視野。我也私心期待，馬共這豐富的歷史素材，能夠提供給黃錦樹寬闊的舞臺，繼《由島至島／Dari Pulau Ke Pulau／刻背》之後，再攀寫作高峰。

《南洋人民共和國備忘錄》共收了十一篇小說，一篇序，兩篇附錄。書裡的每一篇小說都相當有意思。〈父親死亡那年〉寫女主人公追憶她與父親的相處，有怨懟，有愛戀。這一篇小說以非常淡的筆觸描寫馬共，捕捉馬共如何成為政治陰影，籠罩著。〈悽慘的無言的嘴〉借自陳映真的小說篇名，寫一名馬共叛逃者如何深陷在背叛同伴與強暴女性的雙重自責，呼應陳映真小說常見的主題，記憶的纏繞，良心的追索。《南洋人民共和國備忘錄》雖是短篇小說集，每一篇小說人物卻若有似無連結，隱隱呼應，意象層層疊疊，這或許是小說家刻意為之，又或許是馬共的生命困境大抵相似雷同。

然而，讀畢《南洋人民共和國備忘錄》，卻總覺得少了點什麼，意猶未盡。問題或許出在寫法。時而抒情的筆觸，時而歡快的嘲諷，黑影開槍到不知伊于胡底，這些技法似曾相識，在前一本，前前一本書，都出現過。黃錦樹在該書自序〈關於漏洞及其他（自序）〉，坦率承認：

> 我自己也不喜歡現在這種寫法，好像老狗玩不出什麼新把戲。但如果要掌握這一想像藍圖的全景，這種寫法可能是最簡潔、經濟的。如果依通俗文學的路徑，也可寫成七大冊的《南洋人民共和國烽火錄》、《吸血鬼降臨南洋人民共和國》；或者依大河小說的思路，可寫成《南洋人民共和國》三部曲兩千頁，【革命紀】、【建國紀】、【亡國紀】。

這一句「最簡潔、經濟的」，究竟指的是什麼？是對馬共來說，這種寫法能最有效地標示他們的處境與歷史定位？抑或對作家來說，這種寫法是最簡便完成一本書的權宜之計？而我們又該如何評價這種寫作美學的重複？

劉淑貞收錄在本書附錄的論文，或許是思考的起點。這一篇論文以黃錦樹為個案，探討中文現代主義如何從美學走向倫理。這裡所謂的倫理，指的是離散華人去國離鄉，仍必須持續回應失落而破碎的中華文化與語言，藉由重寫，贖回失落之物。與西方現代主義的美學旗幟不同，中文現代主義對於語言的斟酌，對於創傷場景的重複書寫，並非全然出自美學考量，而有其倫理承擔。倫理傾軋了美學。

劉淑貞這套說法，同樣也適用於理解黃錦樹書寫馬共的動機，以及為何選擇這種寫法來呈現馬共。黃錦樹提到，「華人普遍過上中產階級生活之後，就把活在森林裡的馬共給遺忘了」，小說書名的「備忘錄」有其自我期許，遺忘與備忘之間的辯證，正彰顯這本小說集背後所肩負的倫理承擔。當倫理承擔成為小說書寫的動機，對抗遺忘，召喚自森林裡遊蕩出來的歷史邊緣人，成了小說命題。〈森林裡的來信〉採用書信體，一封一封不斷自森林裡寄發的馬共訊息，像是對話，又像是喃喃自語。〈尋找亡兄〉的敘事者則深入田野，調查從森林走出以後的馬共。〈還有海以及波的羅列〉的敘事者也長期追蹤馬共，他訪談的馬共並沒有困在森林，而是從小不具任何身分證明的街頭藝人，在國與國之間穿梭表演，無所歸依。除了馬共，小說也著墨受牽連的人民。〈父親死亡那年〉裡因為尋找父親，遭到強暴的女主人公，堪稱絕佳說明。遭受強暴的女主人公一邊走，一邊咒罵：

> **爸爸你去死吧。去死吧。**
>
> 隨即又為有那樣的想法而驚恐，而嚎啕大哭。當淚水遮蔽了視線時，沒避開該避開的石頭，又摔了。另一個念頭浮起：
>
> **他死了。死定了。不會再回來了。一起去死吧。**

這一篇小說將父女之間的情感描寫得相當深刻，字裡行間，不無折射了馬共與無辜受到牽連的馬華社群之間的幽微情結。

換言之，《南洋人民共和國備忘錄》以「最簡潔、經濟的」面貌呈現，或許不能簡化為小說家便宜行事，按照劉淑貞的說法，那是小說家有「非寫不可的理由」：寫什麼是首要考量，至於如何寫，只要滿足基本美學條件即可，不必過於拘泥，也無須精工雕琢。

我在閱讀《南洋人民共和國備忘錄》時，不時閃過倫理傾軋美學的念頭；或者，更精準來說，這本書在許多小說形式可以大加發揮之處，都遭到倫理的牽制，一併犧牲掉的是文學的奇想，技藝的操演。這本小說集的最後，以潘婉明的馬共歷史研究作結，藉此提供馬共歷史的基本認識。從文學走向歷史，再次呼應本書所立基的倫理關懷。潘婉明在這篇文章以歷史學者的立場指出，黃錦樹所書寫的馬共有惡搞之嫌，但這本小說的惡搞對我來說，卻是意猶未盡。在馬共議題最大的顛覆，或許只是誇大了他們勃發的性慾。我總希望這本小說更多一點奇想，與馬共的距離更遠一點，包袱更輕一些。

這本《南洋人民共和國備忘錄》最吸引我的，是離歷史最遠的兩篇奇想小說。〈那年我回到馬來亞〉寫馬共如願以償建國，大刀闊斧清理種族問題，小說主人翁的父親由於反對偏激的政治行動，終生遭到軟禁，終生不得外出。這篇小說似曾相識，彷彿是《刻背》內〈阿拉的旨意〉的鏡像文本，暗暗嘲諷，即便華人當政，恐怕也與馬來政權沒有太大差異？另一篇〈馬來亞人民共和國備忘錄〉則以老金的遺著，拼湊出馬共的建國大夢。在那份充滿奇想的筆記本，老金以小說家姿態權充上帝，歷史顛倒，天地赤化，馬共所幻想的大同世界終於如願以償。然而，世界如何大同？華人、馬來人、印度人等各色種族、土地、資源、教育等分配問題，動輒得咎，衝突難以避免。老金的筆記本塗塗抹抹，共和國之夢也搖搖欲墜。

這兩篇小說看似惡搞，其實深具倫理關懷：其他諸篇把倫理定義為「再現馬共」，著墨馬共與馬華之間的微妙關係；這兩篇小說卻把倫理議題轉化為自我批判，重新檢視馬華、馬共與馬來人之間的關係，從別出心裁的角度理解當今馬來西亞的種族政治。這樣的見解，源自黃錦樹多年來鑽研馬華研究的成果，其批判性力道與寬闊眼界，少有人望其項背。但他的觀點卻未能在《南洋人民共和國備忘錄》多有發揮，甚為可惜。

當愛正面迎擊——讀鯨向海《犄角》

#陳黎黎

書目
書名：《犄角》
作者：鯨向海
出版社：大塊文化
出版年：二〇一二年

《犄角》作為鯨向海第四本詩集，雖然在二〇一二年出版，仿效了唱片文案強調新作加精選。然則在編排上從「不老的妖精」以降，整本詩集的編排策略對於新作的強調與舊作的稀釋，不免也回到了鯨向海在《大雄》後序所言：「重返樂園是不實際了，也許我們可以重組樂園。這些詩在部落格發表時，最初原是另外模樣，經過長久鍛鍊，終於合體變身為絕跡的樂園——宛如那些散逸大氣之中的靈感與意象，從未失去，端賴我們晝夜操勞將之組合辨識成詩。每首詩皆是樂園；我輩在其中探照逡巡，充血耍冷，又復被逐出樂園。寫詩是對樂園的永恆追尋，每次的動念通感都是對樂園的一次重組冒險；我們建立無數樂園，以逼近真正燦爛不可能的那一個。」《犄角》這本詩集在鯨向海的脈絡內，無疑是其近年來基於「重組」論所產生的另一部實踐作品。

由於鯨向海在新世代中的影響力，這幾年不乏有學者討論，比如學者詩人楊寒以現象學角度提出鯨向海在《大雄》採取「巨大化」的詩歌修辭策略。在以《犄角》為單位的討論內，我們不如回到鯨向海的序詩來重估鯨向海詩歌的美學構造與其巨大化或是誇飾的美學根源。但對於臺灣現代詩的讀者們，多少是熟悉楊牧在《北斗行》的〈獸〉：

孤獨是一匹衰老的獸
潛伏在我亂石磊磊的心裏
背上有一種善變的花紋
那是，我知道，他族類的保護色
他的眼神蕭索，經常凝視
遙遙的行雲，嚮往

天上的舒卷和飄流
低頭沉思，讓風雨隨意鞭打
他委棄的暴猛
他風化的愛

孤獨是一匹衰老的獸
潛伏在我亂石磊磊的心裏
雷鳴剎那，他緩緩挪動
費力地走進我斟酌的酒杯
且用他戀慕的眸子
憂戚地瞪著一黃昏的飲者
這時，我知道，他正懊悔著
不該冒然離開他熟悉的世界
進入這冷酒之中，我舉杯就唇
慈祥地把他送回心裏

在楊牧的詩學中，孤獨與老衰是有其特殊意義的，往往與創作謬斯有關。但在世代的影響接續以及經典形塑，「獸」常常出現在許多創作者間，在鯨向海重新編彙的《犄角》的序詩便是一例——獻給／所有升出水面之犄角／我跟你們共用了／同一隻獸。誠若鯨向海本人在序文的解釋與定義：「犄角，除了是『動物的角』，也有『角落』的意思，是身（心）的邊境。」雖然詩人本身偷渡與擴大「犄角」的內涵，無論是怎樣，一方面《犄角》作為原作《通緝犯》的後生之物，一方面這裡我們看到楊牧的詩學浮現，無論是不是種孤獨而祭酒之行已輕灑進詩的升階。犄角，除了這點浪漫之外，或許犄角更為真切的是，保留了這幾年來鯨向海對於「有梗」的強調，更超出羚羊掛角之意，然而我們在〈警鈴〉，或是在《大雄》〈藍馬店〉中：「那日的觸角盡情伸出／電訊奔流宛如亞當之指／幾乎就要接觸到上帝」的「突出物」，在這脈絡內就有了崇高莊嚴之解。另一方面，突出物作為一種性徵的表達，詩歌的青春期。

無論如何，這本詩集，還是典型的鯨向海詩集。鯨向海詩歌中的情色感，如他宣稱「最最隱私的所在／永遠只出現了那麼一次／卻使我們終生變得色情」或是「任何意象，都可以變得色情，不管他原本是多麼莊嚴，這就是我們這個時代最神秘的視野」。但更真切的描述可能是九〇年代後臺灣社會所帶來的自由帶來鯨向海詩歌的可能。從八〇年代情色詩的大量出現，到二〇〇一年五月二十日《自由時報》副刊全版刊出陳文發攝影的陳克華裸照。這段期間，文學場域中所產生最初的情色，並不直接投射到美學的享樂，或者是它有一種工具化的傾向，在文學場中帶著政治意圖對抗。但並不像莫里哀用猥褻（obscenity）的再出現挑戰著審查機制的邊界，鯨向海的作品所呈現的猥褻與幽默，反而像是抗議場域內合理後的行動，如莫里哀對於新聞人這一詞條的描述：「有此專業的人物乃是所知世界所有事物的進展及揭露各種類型的新聞公諸於世。」回到九〇年代報刊解禁的語境與新聞人暗示的新，對文學家根本的影響，可能是將當代主題聚焦在次文化的追迫、網路當代語言的使用。在這樣的時代背景下，鯨向海在臺灣當代的語境內，是猥褻的再發明者——打開某些場域在出版空間的合法性。而猥褻的美學空間有賴於新聞與警察系統的審查，正是當代臺灣國家轉型的特徵，才得以形成。幽微的修辭如警鈴會造成如此震撼的美學效果，就如 D.H. Lawrence 所言：「這些語言一開始就如此震撼，過一陣子才會消散……只因文化與文明曾教過我們舉止不只是思考。」

在這本《犄角》中詩作分為三部分，一是大學習品、二是近作，其中還有部分可特別劃分出來是同儕與後進競藝的作品，比如〈熊熊〉、〈一貫性〉、〈我們就去莫斯科〉、〈偽文青〉、〈在那種很晴朗的天氣裡〉、〈勞動者〉等。細心的讀者可以在閱讀中，發現鯨向海詩歌在發展中口語與發聲詞的減少以及同儕創作者在其寫作的外在因子，讀者可以閱讀吳奇叡的〈村落之光〉、陳牧宏〈熊族〉、楊佳嫻〈在一個晴朗的周末〉、〈午讀〉或是同詩題的其他年輕創作者作品，來發現作品中的互文。在閱讀鯨向海的詩歌，有些作品，比如在《大雄》中的〈大雄〉與〈靜坐〉實則更牽涉到一些創作社群的競藝活動，有如當初五年級世代〈上邪〉的現象。唯有更細心地看待詩歌創作隱性的互動，批評者才有機會理解鯨向海在創作過程的謙虛所形成的影響力。

〈在汽車旅館〉這首詩，鯨向海也用某種方式總結了他詩學兩種特徵之一的情色——藏匿的身體-景觀-事件的慾望三角關係，鯨向海慣用突出物、胸坦或變形的土石流來對情感或社會事件正面迎擊。

我也曾經年輕，忠誠
若無其事抖腳，遙控電視
反覆打開冰箱
卻一罐都不取
像是生態保護區清晨的巡邏員

瞇眼窺視透明衛浴
歌聲迷霧溫泉暴漲
你嘩啦啦現出獸的原形

然而這種情色的經濟學（Erotic Economic）如John Vignaux Smyth所言「情色審美效應來自於個人在特殊歷史時空由可認知的語源特色所決定的一種不明確性」，或就是我們所說的曖昧。

Smyth就曾將這種困境用認真玩（workplay）指稱，在他意義的使用上，「認真玩，一開始雖然有所意圖描述為人類活動落於外邊的框架，並用這工作（work）與玩樂（play）的對立……來回復到一種自然非意志力的狀態。」Smyth後來亦用這個關係來描述羅蘭巴特的文之悅，無疑這種互動關係也恰好符合六年級詩人時興的遊戲論——「玩詩」。同時，在此處我們再次看到鯨向海的詩歌中由「犄角」延伸的概念，猶若拉岡稱為「碎片化身體」（fragmented body）或是「局部客體」。我們可以分析為鯨向海在《犄角》中一種無法回到幻覺的自戀主體在真實域的碎片。但我想如果用更容易理解的方式，或許就是Guy Debord《奇觀社會》所說：「奇觀就像是現代社會，時而一體時而分離。

就像社會在分裂的基礎構築了整體。但矛盾當它出現於奇觀中時，就轉而靠著意義的倒轉也消解了矛盾，進一步地分裂的部分呈現整體性，而展示的整體也帶著分裂的特質。」

比如〈我的一票投入光影之隙〉中：

多足的臺北街頭
風景默默以動
我也在其中

我也蠕動著，也掙扎
開始茂盛了臉上的鬍根
又能怎樣
有人在耕種民主這嘆詞，譬如
啊民主

或是在〈健身房〉：

我的靈魂我的肉體
城市方圓百里的戰火裡
這是唯一的磐石和迫擊砲
在優雅的滑雪跑步機上踢正步
彷彿千萬里路
才起跑也就是終點了
彈性地板上的集體遊行

或是〈徵友〉：

今在此沿海岸線徵友
你鋒芒而來
我將粉身而去

個體與群體，在鯨向海的詩歌靠著敘事維持著共同經驗，同時鯨向海實則判斷與塑造一種社群面貌，隱而不宣的默契。

誠若鯨向海在〈在汽車旅館〉中所回憶的生態保護區清晨的巡邏員，讓人想起鯨向海大學時代的賞鳥社經驗。在他的作品中出現許多鳥類與自然景象，其實就是他真實經驗的呈現。在《犄角》之中，讀者也可以發現日後這些意象的象徵化過程，如同詩人曼德爾詩塔姆在論及博物學家時提到拉馬克：「把自然視為恆定不變的系統這一概念被一種看法取代，這種看法認為存在著一條有機生物的活鍊，它永遠在運動總是在朝著完美奮進。……拉馬克的分類系統多少有點是人工的，把各種最多采多姿的現象，都像一面網，向所見一切撒去。這位博物學家接著除了像以往一樣體驗狂喜之外還能幹什麼？然而那種狂喜已不再是由孤立的、個體的自然現象所引發，而是由一個個根據逐漸發展的次序排列起來的範疇和組成所引發。」審美結構有時會反映出作者本身的平等主義，想像秩序中的天真、自我封閉的（self-enclosed）是這本詩集在重組之後更努力維持的。

在《犄角》之中所呈現鯨向海詩學的另一個特徵，無疑是〈分類之物〉與〈雨使這個城市的線條起了變化〉所呈現的一種分類或界線，如〈分類之物〉：

夜晚簡單地分為有做過和沒有做過兩類
早晨分成拉出了什麼呀和什麼都拉不出來兩類

笑聲分為猥瑣的和不猥瑣的兩類
憂鬱分為有癒合過和沒有癒合過兩類

美麗分為有效和沒有效兩類
醜陋分為是可忍和孰不可忍兩類

北極熊分為很會滑雪和不會滑雪兩類
擁抱分為燙傷和凍傷兩類

詩人分為有愛過和沒愛過兩類
愛人分為寫詩和不寫詩兩類

年少分為被阿過和沒有被阿過兩類
人生分為有爆炸過和沒有爆炸過兩類

死分為有罪和沒有罪兩類
有時候又僅僅是爽和不爽兩類

雖然這裡的分類原則毫無理由，正投射了一種詩人本身幻想中對慾望加以框架與構造。它構造慾望，構造我們如何要與為什麼要。你所要的總跟別人的需求有關。因此，慾望是互為主體性的（intersubjective），跟別人的慾望與別人對你的要求有關。在另外一首詩〈雨使這個城市的線條起了變化〉：

雨使這個城市的線條起了變化
我不再動用那麼多字句
撐傘到浪漫的地方去
尋找相愛的原因。
關於在旱季我們沖涼，

吃飯，睡覺，隱隱作痛
用剩餘的時間做愛
關於陽具形狀的冷氣機
高級再生紙的燈罩
一瓶葡萄酒在床上枯萎了
有人不經意又化成一隻蝴蝶
停在電腦深處

慾望的相互主體性在鯨向海的詩歌中有一道互不侵犯的界線與張力。慾望本身是因為有所欠缺才有的，任何具體東西滿足不了慾望，只能暫時的滿足。詩人所呈現出的幻想老是指出慾望對象間不可能的關係（the impossible relationship with the object of desire）。也因此鯨向海的詩歌裡頭，線條空間比他的同代人都來得明顯，也因為在情色的描述中那種生命趨力處在一種張力之中，也許是視覺引導的身體曲線、也許是颱風帶來土石的奔流、也許是句式帶來的矛盾歧義，保留著詩歌中的張力。

雖然在詩集中，鯨向海直言：「希望每首詩都延續了寫詩者的生命，帶來了不朽的幻覺，故而我的詩鮮少註明創作日期，希望他們能夠穿越那些被創作出來的片刻，穿梭時間。」然而眼尖的讀者仍可發現鯨向海的語言口語化的刪除、意象上的經濟以及象徵語言的頻率增加，當然與時空變換，網路用語 download 的使用就很容易成為某種斷代標準。當鯨向海不斷說：「色情是戳破這個偽神聖世界的重要法門。」我想到鯨向海的一篇散文〈我們小心養大的小孩〉中引用英國浪漫派詩人華茲華斯（Wordsworth）說：「小孩是大人的父親。」也許是巧合，當我們看著希臘早期小說的愛神（Eros）都是孩童形象時，鯨向海詩學中期待的永恆，也許是等待愛進入時間的循環，化為來世，為了一個更好的世界。

余華的第八天：讀《第七天》

書目

書名：《第七天》
作者：余華
出版社：麥田
出版年：二〇一三年

＃黃崇凱

《兄弟》之後七年，余華推出長篇新作《第七天》的消息突然發佈，中國各大城市的書店貼出海報預告，號稱預購訂單超過七十萬。當年開始銷售電子書的中國亞馬遜網站終於等到票房巨星的話題新書，正好大張旗鼓打出獨家電子書販售，一時熱況堪比年初村上春樹在日本出版小說《沒有色彩的多崎作和他的巡禮之年》（實體書迅速賣破百萬本、日本亞馬遜網站強打電子書）。小說家余華的聲勢和魅力，比起中國首位獲得諾貝爾文學獎的莫言，可能有著更強大的市場號召力。而將書籍的市場銷售實況放在《第七天》尤其耐人尋味：這正是本以大量中國時事、苦難現狀為基礎的小說。

荒誕的（娛樂）小說

打開《第七天》，余華送上的是《舊約．創世紀》的句子：「到第七日，神造物的工已經完畢，就在第七日歇了他一切的工，安息了。」對照小說分章結構，工整地以第一至第七天娓娓敘述。小說敘述者楊飛採取「死後」觀點，一一講述自己四十一年的人生經歷，同時交融生前死後遇見的人物、事件（因而被戲稱小說可改名「頭七」）。

從余華前作《兄弟》來看，尤其在下冊，他積極迎向中國當下的現實，汪洋恣肆地將已發生、正在發生和將發生的中國式荒誕轉為小說材料。這與他近年抱持荒謬現實早已超過小說家想像的觀點一致，而他的辦法很直接：讓大批怪奇詭異、荒唐乖誕的新聞事件進入他的小說內容。這個書寫方法招惹了不少惡評，特別是許多讀者認為作者面對這些事件過於淺白，而觀察或思考可能還不及《南方周末》的新聞報導深刻。

出道三十年的余華直到《兄弟》上冊，寫的內容舞臺幾乎都集中在六〇到九〇年代間，這是八〇年代出道的同輩作者群最擅長描繪、操作的時間段，其中又以文革十年為大宗。余華寫出集文革（亦是個人暴力書寫）殘酷血腥之大成的《兄弟》上冊，而篇幅超過上冊兩倍的下冊則直截了當地與文革年代告別：他與時俱進地進入中國當下。可當代中國層出不窮的詭怪異事充斥了《兄弟》下冊，這是目睹中國改革開放以來怪現狀大雜匯，小說變得炫奇綜藝，小說家像是雜技團藝人拋出令人目不轉睛的飛盤或彩球，一樁樁怪誕現實列隊展演，令讀者絕爽地大呼過癮。

余華在《兄弟》下冊的嘗試，鮮明地把自己與其他同輩創作者區隔開來。那是個頗具張力的畫面：幾乎所有人的目光都耽溺沉迷在過往的歲月，身體卻老老實實插在此時此刻的中國，而余華轉身加速邁向現在，意圖穿刺謎渺難測的中國當代（少數的嘗試者還有同為先鋒派的格非）。因此在招式逐漸用老的中國黃金梯次小說家，余華在《兄弟》之後的嘗試格外引人注意：到底他會回歸最擅長的六〇至九〇年代時空，還是繼續跟隨時代前進的速度？《第七天》的出版就是他的回答。但余華這次被更怪奇的現實徹底俘虜了。

現實的肥皂泡泡

小說出虛入實或出實入虛，不管是怎樣純然地依賴想像虛構、篩濾現實，作者都是在肉身限制的特定時空中寫小說。小說的紀實與虛構可粗略地分兩類：有人堅決抗拒現實隨意入侵小說，有人則認為小說應當反映現實。按照這兩種觀點推演，前者是意欲維護作品藝術性和純粹性，後者則企圖以虛構介入現實或以現實編織虛構。對小說家的實際操作來說，現實時常在可見視野的眾多新聞事件中溶解為龐大又漫無邊際的模糊代名詞，因此要透過挑選、鋪陳、排比，也需要加以轉化融合，重新鑄造為小說家所營構的世界基礎或片段。讓大批現實事件進入小說儘管便利（以如今訊息取得的方便和數量），也意味著更需要加以選擇和裁剪。這種寫作手法最極端的展示，就是張大春在九〇年代後期一系列的「新聞小說」：包括《大說謊家》、《沒人寫信給上校》、《撒謊的信徒》在內，張大春在報刊連載的小說內容時常來自當日新聞事件的重新融造。這些小說由大量的現實為基底，要求讀者對小說所指涉、影射或使用的人物及事件有一定程度的了解，才能明白小說究竟為何事所發、所延引，乃至於小說到底在嘻笑怒罵些什麼。若再擴大追溯，這是「嘲諷小說」分類標籤的特色之一：讀者必須具備解讀或解碼的能力，才能領會小說的言外之意。

《第七天》沒張大春那些小說這麼瘋狂，小說含有許多被稱為「微博熱點」的新聞事件，中國網民甚至可一一指認，還能針對余華所寫的內容進行糾錯，但只要開始陷入「這樁新聞事件跟小說寫的不一樣，實際上是……」、「還有比這更慘更誇張更荒謬的……」這類糾葛，套句臺灣鄉民的話：「跟他認真就輸了。」余華終究是小說家，不是微博明星——那些所謂的新聞事件仍經過處理，剪除了枝蔓蕪雜或過於複雜的解釋，在《第七天》出現的任何事件都在書中得到相對應的說明（主角的失敗婚姻、商場失火的內幕、失蹤的嬰屍、為了山寨手機自殺的年輕女子、下棋對奕的冤家、賣腎買手機的男友等），在小說敘事鋪展過程中，一樁樁事件獲得一個個相互嵌合的緣由，而其中缺少一些讓讀者停下留連的路障，讓讀者迅速通過這些故事，接著就是快速遺忘這些故事。如此簡化事物複雜性的寫法，看似與他以簡練著稱的風格有關，卻又不盡然。

余華的小說作品接近劇場式的簡樸，雖有些許可供辨認具體時地的線索，但一向不是他小說作品的重心，浙江海鹽之於他的虛構意義遠不如高密東北鄉之於莫言。他常以曖昧空疏的時空背景鋪陳他的小說，這在《第七天》也不例外。故事情節可以發生在中國南方任何一個有鐵路通過的城市，那些新聞事件可以發生在中國的任何地方——在在回扣到余華以簡駕繁、以一馭萬的簡練風格。余華的簡練時常讓小說像個巨大的括號，留下許多空間讓讀者自行補足甚至讓讀者把自己填進去，從而使小說和讀者產生連結共感。《第七天》雖然匯集不少中國特色的新聞事件，貌似豐富多元，實則在處理手法上流於單一成因的荒謬性解釋（如為了買不到正牌高級手機而尋死），因此面對《第七天》真正尖銳的提問可能是：扣除荒謬事件的描寫，小說還剩下什麼？又或許這本小說不能這樣問，因為扣除之後只剩下溢出來的多愁善感——簡稱為濫情。

從余華三十年間的小說來看，我們更能明白所謂「風格」，乃是種歷經時間洗刷、雕整過後剩下來的事物。余華過往的小說，特別在中短篇的表現是節制而冷冽，長篇小說則多少散發著濫情的跡象（比如他自承原本寫《許三觀賣血記》是打算寫成中篇，沒想到一發不可收拾寫成了長篇；《兄弟》也是類似的情況）。由於余華下筆一向簡約經濟，濫情的缺失並不明顯，肥皂劇的泡泡尚可被壓抑下來；但面對浮躁的中國當下，漫無邊際且時時刻刻刷新的荒誕不斷被壓縮成微博，那麼當余華使用越多的篇幅描述荒誕，也就吹出更多的肥皂劇泡泡，一個比一個大，到最後小說能提供的閱讀樂趣只剩下怪胎秀般的獵奇快感。小說家的想像力確實在這個荒謬的時代受到巨大考驗，但小說並不僅是想像力的競賽，還有很多別的部分值得琢磨（好比識見的洞察力、思索的深度、語言的鍛造、詩性的延展……）。《第七天》單挑巨大的中國現實，似乎再次證明中國式荒誕的嚴峻堅硬和龐雜難測，讓它打算達到的「一葉知秋」成了「以管窺天」。

誠如王德威在臺灣版《第七天》序言所說：「平心而論，《第七天》寫得不過不失。但因為作者是余華，我們的期望自然要高出一般。」確實換了其他作者寫出這樣的小說，可能不至於招致大批惡評，但最可能的狀況卻是得不到什麼反響就被默默忽略了。

我想起另個中國作家李銳的近作《張馬丁的第八天》，主角張馬丁的墓誌銘寫著「你們的世界留在七天之內，我的世界是從第八天開始的。」或許余華過去創造的世界太迷人，使太多讀者都留在那過去的七天了。

中間狀態——關於《花街樹屋》的思索

#Mori

書目

書名：《花街樹屋》
作者：何致和
出版社：寶瓶文化
出版年：二〇一三年

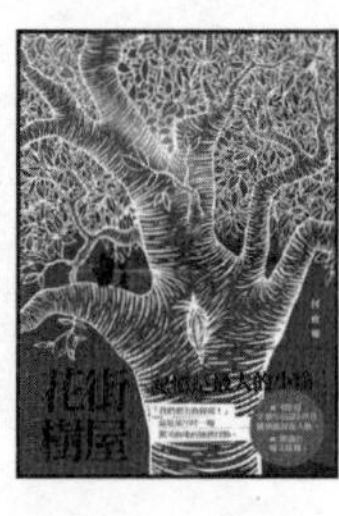

讀完《花街樹屋》，是在一趟旅行回程的飛機上。登機後我在座位上就開始閱讀，直到飛機回到臺灣的機場，降落、滑行、停妥為止。讓我印象深刻的是，一開始飛機還停著的時候，我展開的閱讀就好像已經起飛了一樣，因為小說用了相當精彩的方式作開頭，從「我＝博鈞」被當成小偷、被家人責罵的第一個記憶敘述起，而在這短短的段落裡，也已包含了整本小說幾個重要的元素，比方說對「探討記憶」這個主題，還有何致和在這本書裡使用的特殊敘事腔調（詳細後述）；但是，當我闔上書頁，飛機已經結束滑行，小說又彷彿還停留在半空中，和開頭那樣子的高度沒有差多少。這也就是說，在我的感覺裡，《花街樹屋》是一本從開頭就已經起飛了的小說；可是同時也是一本到了結尾還沒有要降落的小說。話先說在前頭：老實講，我沒把握這種對小說的感覺算不算是準確的，因為或許正是在飛機這樣特殊的空間裡才形塑了我的這種閱讀經驗；然而，當之後重新回想這本書的時候，這樣子的印象的確是越來越鮮明。所以，我想用這個經驗為基礎來談談《花街樹屋》，在這裡就暫且將這種感覺稱為「中間狀態」吧。

「中間狀態」是什麼呢？它不是介於兩者之間，不是「不高不低」、「不上不下」這種「不……不……」句型的另一種較中性的說法；恰恰相反，它倒更像是一種「既高且低」、「又上又下」式的、同時涵蓋了兩種極端，最後所呈現出來的一種狀態。舉一個最明顯的例子，就是小說的整個場景設定在萬華一帶，尤其是華西街（也就是那條「花街」），所有的描寫、敘述、特徵等，也通通都清清楚楚地指向這裡（若對這一帶有些許了解的人相信都不難看出），這也使得整個空間帶有了十分具體的現實感；可是，整本小說卻又從頭到尾都不明白地告訴讀者：「這裡就是萬華／華西街」，也因而使得那股現實感，還伴隨著一股隱約非現實的飄浮感。關於這點，在書後附錄的對談〈隱藏的小說密碼/高翊峰vs.何致和〉也有觸及，何致和提到：「我自覺想逃避這種代言人的身分，**便決定把背景模糊化，讓這個無法精確指涉的背景產生漂流性，可以與任何城市的舊社區與風化區產生置換**。」（p.284-285）——然而情況沒有作者自述的這麼簡單，我想要指出的正好是：背景並未因此而「模糊」或具「漂流性」，相反地，在何致和通篇精準的描繪之下，華西街、萬華，乃至整個臺北，那種地方空間獨特而無可取代的光影、氣味、音響、身體感等等，其實都被清晰地描繪了出來；唯一真正被模糊的，只有這個地方的名字而已。但這與其說讓人有刻意為之或造作的感受，不如說更像是身在一種「絕對不能說」的遊戲之中，如果硬要戳破這層「絕對不能說」的規則，彷彿也就打破了整本小說的成立。小說裡也有這樣一句敘述：「我很想向杏娟解釋我的想法，**但事情講明白就沒意思了**。」（p.19）——這就是我所謂的「中間狀態」：事情很明白，但偏偏就是不能講明白，「講明白就沒意思了」。

除了上述部分之外，還有許多類似的地方，前面提到的「特殊敘事腔調」也可算是其中之一。說「特殊敘事腔調」，原因之一是我不太確定這樣的文字能否直接當成是何致和的「腔調/風格」，畢竟它同樣介於「有風格」和「沒風格」之間，乍看是非常直白的文字（相對於其他中文創作的字句雕琢或文字煉金之類；然而何致和也不是屬於「乾淨」的那種），但是細究起來卻也有獨家特色（或許是何致和從翻譯工作中吸取養分的緣故？整體看來他的語言十分「整齊」：整齊地應對著中文語法，有一種按部就班的規則感，甚至有些許歐美翻譯小說的敘事傾向）。另外，在敘事方式的層次，《花街樹屋》的敘事者不時閃現以非常透徹眼光看待現實的時刻，從而寫下接近格言的佳句段落；這佳句段落和那種廣為讀者喜愛的張愛玲式譬喻不同，它靠的不是藉由類比兩種毫不相干之物的相似來令人感到意外與驚奇，而是以一種冷靜、理智分析、具思考性的傾向來構成。這種解析式的寫作模式通常會連結到精煉、簡約的性格，以此展現出寫作者自身的聰慧與從容；但是《花街樹屋》又再次與之相反，它多少屬於濃稠、凝重這一側，往往是反覆以各種方式重述同一件事，彷彿深怕讀者還有一丁點不明白，同時，又藉由這種反覆、堆疊，醞釀出難以形容的幽默。一個值得拿出來談論的是小說靠近結尾的幾節，特別是最後一節（三十八節），在開始敘述故事以前，敘事者整整花了三大頁（p.271-273）的篇幅來思考、自我詮釋、反省、或是「正當化」自己的回憶行為，但是呈現出來的仍帶有上述的反覆特質，並且，這樣的反覆辯證好像也沒有得出一個有力的結論和驅動，更像是回歸到一種模稜兩可的情況，也多少有點解釋得過頭而留給讀者參與的空間大幅減少。

說「特殊敘事腔調」的原因之二是，這很可能是敘事者「我＝博鈞」的個性塑造。這是一個三十幾歲、曾在大學教授「密碼學」、如今失業在家帶女兒的男性，書中對他個性最明白的描述是：「安教授說密碼學的研究讓我成為最典型的懷疑論者」，而「懷疑論應該是指一種判斷上的中立態度。對於事物所顯示的表象，懷疑論者不隨便贊同，也不輕易反對。」（兩段話皆在p.91）這樣的角色設定反映在上一段所提到的各種特性之中：高學歷的身分對應到解析式的敘事，而懷疑論者的性格則對應到那種敘述的反覆（不斷詢問、猜測又推翻自己的「中間狀態」）。小說整體而言是「我＝博鈞」的追憶之旅，越到後半，小說就越呈現出質疑、猜測、問句，還有更多的「我不知道」。有趣的是，如果對比那種彷彿看穿世事的透徹眼光，有時這些提問和「我不知道」就顯得突兀、幼稚，好像那是故意裝糊塗的姿態。可以說，這裡頭包含了某種不願／不敢面對的抗拒情緒，也在小說故事上起了延宕的作用，讓敘述繞道再繞道，轉了好幾個彎，最後才回到原先的地方。或許小說結尾的這段話也可作為這種情形的註腳：「我不知道現在她心裡在想什麼，在關於生活的一切前提都沒有改變的情況下，這個笑容的訊息有點難懂，像一個構造簡單卻極其難解的密碼。當然，也許這個微笑像在泡泡中旋舞的小女生一樣單純，**是我自己替它加了密，想得太複雜了。**」（p.280）回過頭來，敘事者的這整趟追憶之旅，是由於難以理解一件事情（翊亞之死）內所蘊含的訊息而展開；但是這段敘述也某種程度暗示了敘事者「自己替它加了密，想得太複雜」的傾向，換言之，它可以沒有什麼意義，可以是謎底空白的謎面，但是敘事者從一開始就「堅信」（或許也可以說「懷疑」）它其中藏有什麼尚待挖掘、「懷疑」（或許也可以說「堅信」）自己是受它影響而產生情感的波動。不得不說，引用的這段敘述是危險的，它距離整個敘事／整本小說的自我消解非常靠近，可能只差一步它就會讓整個故事頓時失去意義（「原來扯這麼長，結果只是敘事者想太多？」）。

《花街樹屋》最終沒有掉進那樣的危險之中。原因在於，藉由整個敘事與結構的安排，那個解答被烘托得十分明顯。首先是小說中各種意象有十分清楚的意義對應，例如紅毛猩猩「毛毛」隱喻了幼時翊亞不自由的處境，而那段童年拯救猩猩卻以遺憾收場的行動便暗示了翊亞的人生自此走進囚錮的深處，最終成為他自殺的某種解答；同時，翊亞、阿煌、博鈞三人「解放」猩猩行動的大時代背景，則是黨外運動努力將臺灣從威權「解放」的時期。藉由小孩解放的失敗，某種程度暗示了大人解放表面上（社會形式上）看起來成功，可是誕生在世界上的每一個生命一旦涉入社會，終究是陷入一不可脫離的羅網之中。生命的真相是悲哀的，因為真正的自由是不可得的，這便成為敘事者「我＝

博鈞」最終的領悟，也是小說在「記憶」之外另一個沒被敘事者自己清楚談論的大主題。另一個呼應的意象便是那「樹屋」，尤其是題目所安排的「花街」「樹屋」的並置。這在書後附錄的對談同樣有觸及，何致和這樣說：「『花街』和『樹屋』有對稱關係，他們住的地方其實都是很低矮破爛的房子，附近還有妓女林立的花街。樹屋蓋起來後就成了一個比較高的地點，可以讓他們看見生活環境外面的地方。所以樹屋也代表了一種想脫離原本生活局限的渴望。」（p.298）可我還想再補充的是，這個「脫離原本生活局限的渴望」如果從故事的發展來看，到底是未被滿足且永不可能被滿足的渴望。生活永遠在本質上有其局限，而這局限便來自生命永遠無法觸及的真正自由。於是再回過頭來看這書名，它可以是「花街樹屋」，實際上卻也是「樹屋花街」——雖然是高於整條花街的樹屋，但樹屋離不開樹，樹離不開花街，於是，樹屋終究是在花街上的樹屋；就好像是擺放在蔚藍天空底下的巨大鳥籠，鳥在裡面飛，卻永遠不是飛在天空。

然而，我覺得就是在這裡，小說暴露出自己的優點與缺點：優點是，各種精準的調度清晰地刻劃出了主題，故事情節與意象使用也十足發揮效用地與之呼應，這充分顯示出何致和身為小說家的功力深厚；但缺點是，這個主題太清晰地被刻劃出來了，就很像是小說中另一個重要關鍵「密碼學」（解碼，把訊息逆向回復）。在「密碼」的背後其實隱含了一個預設：密碼底下會有正確的，清晰的答案。小說的兩大主題，「記憶」與「（生命／心智的）自由」，前者幾乎被敘事者敘述殆盡，後者則被各種小說零件給刻劃殆盡；於是，主題成為答案，答案等同於意義，既是明確的，卻也是稀薄的，彷彿就是這樣而已了。小說的核心不是歧義的、不是情感豐沛的、不是啟發人想像的、不是那種文學最誘人的豐饒，反而是十分清楚的、過度明晰的概念。——但這裡還不是結論，正好相反，我並不是要由此來批評這是一部失敗的小說；我要說的是，拯救這部小說免於失敗命運的，正好是前面所述的：場景設定的中間狀態、腔調的中間狀態、敘事的中間狀態等等。中間狀態包含了兩種極端因而極具張力，替這樣單薄的核心覆上了不單薄的肌理，讓這趟解碼過程的重點從作為目的地的答案轉移到過程本身，使得一件明白的事情在不能講明白的狀態裡仍保留住了些許意思。再往後一層，同時包含了「不具張力」與「極具張力」兩個部分的《花街樹屋》，這種構造本身的兩極性，也形成了小說最大的「中間狀態」。這或許，便是「中間狀態」在我反覆回想小說時會那麼鮮明的緣故吧。

附記

為了相應於我閱讀《花街樹屋》的感受，這篇文章也算是努力在呈現一種「中間狀態」，我試著讓它包含非常私密的閱讀感受，又同時算是一篇能夠成立的小書評；我也盡量試著在給作品一個明確的美學價值判斷之後，卻不讓這個判斷成為對這作品本身價值的判斷。我一向覺得，每個讀者閱讀任何作品之後的評價，其實很大一部分來自於個人口味喜好和閱讀過程中的滿足（簡單來說，是情感上的「喜不喜歡」），很少人（好吧，至少我是這樣認為的）是真的只憑完全客觀、理性分析來評估作品的文字、技巧、精準、完整度然後再來說服自己「應不應該」喜歡上這部作品。一個作品裡最能打動人心的，往往是藏在文字背後的東西。在這一點上，我必須承認我個人對《花街樹屋》的態度，其實是很難完全打從心底喜歡上的——這和「討厭」、「不喜歡」、「反感」又有區別了，「很難完全打從心底喜歡」位在光譜的中間，很接近「喜歡」，但卻沒有跨越足以稱之為「喜歡」的閾閥。可是，在客觀上，我又完全能夠了解這是一部作者花了相當大苦心才經營出來的成果，並且作者的成績與這苦心相符，換言之它既有苦勞，也有功勞。這對我來說是一個十分剝離的狀態：在情感上我不認同它，在理智上我又清清楚楚理解它；並且，正是因為我理解它，所以我才難以認同它。講白一點，《花街樹屋》是坦誠的，它卻不是完全坦露的；它坦誠再多，都讓人覺得它還可以坦誠更多。它的誠實總給自己留下餘地，而我們（或退而求其次：我）卻比較能夠對某些極致的、大膽的、放手一搏的、不留餘地的情形，感到由衷的佩服與喜愛；或者也可以這麼說，我們會被所有突出的人格特質抓住目光與產生強烈的好惡，但我想真的真的很難找到一個死心塌地喜歡著懷疑論者人格的人吧。這樣的矛盾感覺是我寫作這篇文章的起點和動力，不過，也許作者不必太在乎我對作品的喜好如何，畢竟無論我喜不喜歡《花街樹屋》，最終都無增也無減於《花街樹屋》作為一部長篇小說，所達到的成就。

#附錄一

想像追憶友情是男人對女人卑微而絕望的反抗——回應十月份對《花街樹屋》的評論

對於技術分析上我沒太多意見，應該說我閱讀這書時並沒有動用到這麼多的分析，我也沒有這樣的技術批判能力。不過我忍不住想說的是，在相同的技術分析下，我的感受卻是恰恰完全相反的。簡單講，就是如果十月份那篇評論的推論是因為A所以B，那我的評論就是因為A所以負B。

因此，接下來要說的與其說是《花街樹屋》的評論，不如說是對評論觀點的質疑。一一列舉的話，如「腔調」。原文質疑其腔調是否有自成風格，但臺灣除了好到像朱天文或壞到像舞鶴王文興，蓋去名字真的認得出誰是誰嗎？何況，一定要有「文字風格」嗎？風格是只建立在文字上頭嗎？如同買蘋果電腦和用 iPhone 就算有風格嗎？結果滿街跑來跑去都是蘋果電腦和 iPhone 啊！

再來，原文從腔調的分析推導到一個比較重大論成敗的結論：其反覆辯證並沒有得出一個有力的結論或推動。但我就是喜歡這種把話講清楚的狀態，如村上春樹最新長篇《沒有色彩的多崎作和他的巡禮之年》。村上寫了三、四十年才終於學會把話說清楚，何致和第三本長篇就學會了，難道不夠好嗎？（其實我不知道何致和第幾本長篇開始學會，老實說我只看過他這本長篇。）

話不會因為說清楚就減少讀者參與的空間（物理學家現在已經用比魔法還玄的怪異理論在試圖理解宇宙，用的是最為精準的數學，可是越說得清楚，就越發現更多新的問題）。臺灣太多小說總是追求玄之又玄的隱喻比喻，敘事轉換，好像不如此不能進入小說的深奧幽微。但我要說這剛好相反，那也只是技術面上的深奧幽微而已，沒有相對應的情感或關懷，還不如就老老實實把話說清楚。對我來說，技術面的太過沉溺與情感關懷的相對薄弱，那才是不上不下的尷尬境界。花街樹屋，論理或許有限，不過恰如其分，好好做到能做到的事，這不夠好嗎？

雖然《花街樹屋》有著太多看似睿智精巧的論理及過場轉換等等，以致於太多行家如書末與之對話的高翊峰，或十月書評的作者，都一下把注意力放在技巧上的解析了。（昆德拉說：小說家談起別人的小說，說的都是自己。）但我覺得從這條線去追索《花街樹屋》，或許從一開始就錯了。

因為我是個外行，所以我完全無法理解十月書評後來那一大段關於小說如何成立或不成立的論述。（我相信這一定是殫精竭慮想出來的，很不簡單，不過對我來說完全看不懂。）而論述引導到結論：這本《花街樹屋》的核心不是歧義的，不是情感豐沛的，不是啟人想像的，不是那種文學性的豐饒時，反而是十分清楚的、過於明晰的概念。

在「反而」這個連接詞之前，有三個標準，歧義的，情感豐沛的，啟人想像的，「反而」之後只有一個標準，清楚的過於明晰的概念。這是企圖用堆疊的修詞，呼攏讀者的表演性論述。實際上，十月評論的結論負評只在這小說概念過於簡單清晰，對應的缺點應該只有它不是歧義的，勉強算上無法啟人想像（但我在一開始就反駁了，歧義與否和啟人想像無必然關聯）。而概念簡單和情感豐沛有什麼關係呢？

或許這本小說不是歧義的，但對我來說卻是很抒情的，我甚至覺得只有站在抒情的角度才能理解這本書，只是情感的呼應本來就是很見仁見智，我這種評論法也很沒學問很沒道理。但對我有感，所以我想要站出來說。

我覺得這本書雖然寫三個男人的反抗，但那只是一人三化，這種男人的友情及成長傷逝是類似武俠小說描述的那種男性浪漫，本質上就是清晰簡單（可是動人的，以我一個武俠小說讀者而言），但這種浪漫的本質不太能深究（武俠的成立前提是要有某種階級不安存在，不太能在當今現實成立）。因此若從這去看這小說，說他淺薄是當然的。

武俠小說是男人的浪漫，而我追索的線索反而是為什麼要寫這種男人的浪漫，難道不是在反面說著對女人的恐懼？反抗什麼呢？政治嗎？經濟社會嗎？不是，男人反抗的只是女人，那些他愛著或愛著他的女人。女人才是真心反抗政治和經濟社會的強者，男人只是反抗這些強悍的（而且往往是正確的）女人而已。男人很弱，要不就是勉強欺騙著自己生活，終於無力支持而選擇死去者如翊亞，要不如主敘者一般對很多事沉默以對（不是說穿了沒意思，是說穿了會傷人會有問題，別被表面敘事騙了），或從根本就捨棄愛，如阿煌。（佛曰：若離於愛者，無憂亦無怖。）

好吧，這樣說其實還是概念清晰的。不過我就是有感動啊，就像有些人看到流浪貓狗就不能自已，不行嗎？

另外有些其實和故事無關，抽離也似乎可以的小故事我很喜歡，如夜市吃仙草冰那段，但也有些我覺得太俗的段子，如大學拍戲那段，也有沒收完的線，如偷猩猩時誰暗中幫他們？（那個用眼神責怪他到花街的女孩？為什麼？）

所以，雖然我覺得這本《花街樹屋》還不算是得供上神壇的名作，但也絕非該淪落到只能用小說成不成立之類的技術分析來談的可悲作品。

附錄二

《花街樹屋》評論者再回應

無比感謝來函指出對拙論〈中間狀態〉的批評，同時也感謝《秘密讀者》給我回應的機會。不過我想說的話並不多，因為這篇批評讀完，並沒有什麼好辯論的地方，最大的差別就只在於該批評者讀完《花街樹屋》深受感動，而我的〈中間狀態〉，好像是讀完《花街樹屋》卻無動於衷。

在正式回到這一點的討論之前，我想先指出該篇批評可能連我的評論都沒有看清楚，或是理解錯誤的地方。

首先，是該篇批評說我「質疑」《花街樹屋》裡有無風格這點。我並不是在「質疑」，我只是盡我最大可能，企圖想要客觀看待這部作品裡面所呈現的語言。換句話說，「有沒有」風格，在我原文的脈絡裡，本來就跟「好不好」這種價值評判沒有關係，我只是試著找出屬於《花街樹屋》的「特點」。就如該批評所言，只要一和朱天文、王文興、舞鶴比較，勢必有許多人不同意《花》算是「有風格」；然而，重點在於我認為《花》並不是完全沒有風格，它其實還是有非常隱微的語言特徵，只是這特徵並不很顯眼地呈現在鍛鍊詞句或句法破壞等層次上。（題外話：該批評質疑「臺灣除了好到像朱天文或壞到像舞鶴王文興，蓋去名字真的認得出誰是誰嗎？」別的不說，光就與何致和年齡接近的高翊峰、伊格言、童偉格、張亦絢等人的作品，我想蓋去名字還是認得出來的。）

另一點澄清，我並不是「從腔調的分析『推導到』一個比較重大論成敗的結論」；我所提及那個我認為《花》在最後一節的小缺陷，是因為和腔調分析這個議題有關，所以才連帶在那裡談到。其實我認為那個缺陷並不一定是腔調本身所造成，但那裡確實大量展現了該書中常見的敘述方式。而我的意見只是認為，二七一到二七三頁那麼一長段的內心辯證，其實並非真的必要；如果完全刪去，直接用那種拉開距離的視點交代解救猩猩行動的結尾，會讓整個故事收束得更有餘韻。

最後是，我想該批評者最大的一個誤會是，我〈中間狀態〉提到的「說清楚」這件事情，在我的用語脈絡裡，它的對立面並不是「說得不清不楚」，而是「不說」。（又一個題外話，該批評者舉村上春樹最新小說為例，我認為十分不恰當，因為我認為村上春樹這本書寫得並不好，相比之下，我反而覺得何致和寫得好很多。）我真正的意思是，《花》裡面，有太多地方，說得太過頭了，它其實根本不必說那麼多、解釋那麼多，它可以選擇留白。而我所謂的「歧義的、不是情感豐沛的、不是啟發人想像的」，正是要在某種適度的留白當中才有辦法達到，而我認為，在《花》中缺少這種留白；《花》是迂迴委婉、正話反說，但那不是留白。

該批評還認為：「武俠小說是男人的浪漫，而我追索的線索反而是為什麼要寫這種男人的浪漫，難道不是在反面說著對女人的恐懼？反抗什麼呢？政治嗎？經濟社會嗎？不是？男人反抗的只是女人，那些他愛著或愛著他的女人。女人才是真心反抗政治和經濟社會的強者，男人只是反抗這些強悍的（而且往往是正確的）女人而已。」看到這一段時，我實在是非常驚奇，尤其是「女人才是真心反抗政治和經濟社會的強者，男人只是反抗這些強悍的（而且往往是正確的）女人而已。」如果不是該批評者行文倉促、表達不足，那就是該批評者的認知完全和我在不同次元，敢問當今哪個世界裡，女人會是「真心反抗政治和經濟社會的強者」呢？我但願只是該批評者的小小疏漏了。

最後，回到最初也是最大的爭議點，該批評說：「不過我就是有感動啊，就像有些人看到流浪貓狗就不能自已，不行嗎？」——感動當然可以，但我非常疑惑的是，我對《花》有所批評，又不代表我對那些讀了《花》而感動的人有所批評；我批評的是《花》作為小說的各種表現，而不是讀了《花》之後的情感。反過來說，難道，有人讀了《花》很感動，就代表沒有人可以批評，或是任何批評都會因為別人的感動而不成立嗎？這真是奇怪的邏輯。

該批評結語道：「所以，雖然我覺得這本《花街樹屋》還不算是得供上神壇的名作，但也絕非該淪落到只能用小說成不成立之類的技術分析來談的可悲作品。」然而，我認為如果只能用感動與否來談小說，那對於作品來說才是最大的悲哀，因為那樣只會淪為每個人各自不同的、表淺的意見而已，並不能回饋到作品本身。真要論感動與否，我難道沒有為《花》感動？當然是有的，不然我怎麼會有動力寫下書評？問題只是，這份感動裡面，我覺得還有可惜的地方、還有可以更好的地方，並且，就我寫書評之前的觀察，關於《花》幾乎都是一面倒的好評價，可是我認為，只是一面倒地好，並不能讓這本書更豐富，且當然，我認為這本書值得更豐富。

用「小說成不成立之類的技術分析來談」，至少在我的理解裡，這一點都不可悲；我認為這才是對小說乃至小說作者的最大敬意。

一點回覆。我十分期待看到關於《花街樹屋》這本小說本身的評述、闡釋、不同見解，而不只是和我爭辯「有沒有感動」而已。

再次感謝該批評，感謝《秘密讀者》。

那些「殺很大」的故事們——從《蒼蠅王》、《大逃殺》到《饑餓遊戲》

#黃致中

書目

書名：《蒼蠅王》
作者：威廉・高汀
譯者：龔志成
出版社：高寶
出版年：二〇一一年

書名：《大逃殺》（上、下全兩冊）
作者：高見廣春
譯者：楊哲群
出版社：木馬文化
出版年：二〇〇五年

書名：《饑餓遊戲》（全三冊）
作者：蘇珊・柯林斯
譯者：鄧嘉宛
出版社：大塊文化
出版年：二〇〇九年

標題並列了三部小說，但與其說三者之間有什麼文學或創作上的脈絡關係，不如說它們都曾在「某個特定時間點」主宰了部分臺灣讀者對著重於展露人性黑暗、那種「殺很大」的小說典型之想像。若同屬七年級前段的讀者，或許還記得當年《大逃殺》電影版引發的短暫熱潮。那時看過《大逃殺》可是一件很酷的事。同學之間推廣不說，還相約看片，一起隨著各種槍聲與血漿噴灑的場面齊聲讚歎，儼然是個拿「別人同學殺來殺去的故事」來聯絡自家同學感情的奇特景象。如果跟我一樣是個接觸文學較晚的人，或許也是經由《大逃殺》才知道《蒼蠅王》這部早它三十五年就寫出的作品。原因或許是某個文青朋友以不屑的口吻說：「《大逃殺》算什麼？《蒼蠅王》比它黑暗多了！」也或許是後來《大逃殺》的小說版，行銷文案就大刺刺地寫著：「超越經典名著《蒼蠅王》！」

於是，至少對那時的臺灣讀者而言，這脈絡彷彿就存在了。即使現在把兩部作品的名字丟上Google，仍可找到不少網頁談論這一部同時就要提一下另一部，好像它們真的很有關係似的。若你也是習慣提到這本就得提一下那本的類型，在此不得不誠懇地提個建議。

「別再這麼做了。因為這兩部作品根本一點都不像。」

嚴格說來，這兩部作品的相似點除了都發生在荒島、都有人死掉之外，就沒有了。如果這樣都可以把兩部作品放在同個脈絡分析，那我隨便拿一個《金田一少年之事件簿》發生在荒島的殺人事件也可以跟這兩者比。很荒謬對吧？那麼拿《蒼蠅王》跟《大逃殺》類比其實並不會比較不荒謬。這麼說來文案在騙人？這就是為何你正看著《秘密讀者》不是嗎？文案總是在騙人。這是他們的工作。說實話則是秘密讀者的工作。

先讓《蒼蠅王》退一百步再說

很明顯地，就文學的重要性論，《蒼蠅王》與《大逃殺》其實站不上同一個擂臺比拼。前者是橫跨了半世紀的名作，得獎無數，二〇一一年臺灣還翻譯了新版；後者頂多就是個年度暢銷書與話題作品，能否經歷時間考驗仍待證明。但姑且先讓《蒼蠅王》退一百步，諾貝爾文學獎抑或百大選書全都不提；單從讀者視角，乾乾淨淨的兩本書擺在面前，為何說這兩者不能類比呢？

先從構成作品的核心概念論。《蒼蠅王》提供的是一個幾乎沒有限制的框架，孩子們被關在孤島，但島上食物、飲水俱全，孩子們只要顧好自己、專心等待救援。《大逃殺》則是開頭就設定了一個難以擊破的遊戲規則，活下去的唯一可能是殺光除了自己以外的所有人；除了這個大原則，還不吝設計各種旁支規則加速遊戲進行。這差異從根本上決定了兩者所能抵達的深度。如果所謂的「黑暗面」能輕易被歸咎於某種怪異而殘酷的規則，這種過於方便的設定雖然讓故事易於展開，卻也同時易於解套。故事因而陷入類似逛動物園看生物奇觀的輕鬆感。北極熊好巨大、爪牙好尖、看來好殘暴，害怕嗎？別怕。別去北極就好。

也因此，維繫《大逃殺》衝擊力的主要來源其實並非人性的無底黑暗。讀者只看到一群被規則玩弄，無奈地舉起武器相互砍殺的高中生而已。書中角色們所謂的黑暗其實很容易理解：「因為我想活下去啊，混蛋！」每個人物都無奈又害怕地邊哭邊殺來殺去，讀者看一陣子就會感到麻痺。於是要維繫足量的衝擊感，只得加入大量的血、腦漿、內臟。與其說是人性的黑暗造成衝擊，其實更接近感官衝擊，基於大量露骨的殺戮描寫引發直接生理反應。與獵奇作品成立的理由類似。（但與真正的獵奇作品相較，《大逃殺》的尺度反倒又卡在不上不下的尷尬地方了。）

相對而言，《蒼蠅王》提供的則是標準的精神攻擊。我不確定半世紀前的讀者，以當年的閱讀環境而言，書中的殺戮情節是否能提供什麼額外震撼；但可以確定二〇一三年的當下，《蒼蠅王》所能提供的殺戮殘酷程度早已變得相當普通，大概就是個保護級電影的尺度。（開玩笑，只要不見血、畫面乾淨，我們甚至可以允許連續殺人事件變成普遍級電影耶。）這也是為何我認為必須在此打破這種無謂的「從《大逃殺》到《蒼蠅王》」的虛偽脈絡連結。因為這甚至可能會造成閱讀的妨礙。如果看過《大逃殺》，以類似的生理感官欲求去預期《蒼蠅王》的閱讀經驗，肯定會失望而歸。而那將是很可惜的事。因為《蒼蠅王》不用死那麼多人，卻能從更深沉的層面撼動讀者——如果他仍相信人性本善——並重新認真地考慮作者提出的論點：「人會產出邪惡，猶如蜂會產出花蜜。」

《大逃殺》：其實是本寫得不好的小說

從創作技法的層面論，《大逃殺》亦是個無甚可取之作。作者花了太多力氣去描繪不具特殊意義亦無深度的細節，意圖讓讀者「看字亦如看到畫面」，某個角色從這裡走到這裡，碰到了誰，對話，然後殺戮或者分開。無特殊意義的行動與對白讓人物也變得刻板而淺薄，甚至成了只有設定的扯線木偶。大致上的節奏就是人物出場，解釋完他的背景故事讓讀者認識認識，然後差不多就能死了。人偶之死，對讀者而言一樣只是「數字」，這樣的死亡是不會讓人痛的。

也不是非得像J・K・羅琳那樣埋梗埋好幾集，然後再一次死掉才叫痛快；《大逃殺》這樣的故事多數角色的性命撐不過一章，大量的「免洗」角色，有沒有可能讓人起深沉共感？有。即使是一回即死的角色，只要能順利連接讀者自身的生活經驗與閱讀經驗，然後在他們想不到的地方「背叛」，就能讓讀者感到如被撕裂般的疼痛。以《大逃殺》而言，最好用的就是「我身邊也有這樣的同學呢」。但瞧瞧它給出了哪些角色？這班級碰巧匯聚了天才駭客高中生、黑寡婦般的惡女高中生、受過嚴格武術訓練的武道家高中生、什麼都一學就會的超級天才兼腦傷患者……這根本毫無共感可言。到底要多低的機率才能把這群人全都放在同個班級？如果說《大逃殺》是大東亞共和國訓練青少年士兵的機制，那我只能說他們這次真的選對班級了。日本如果有未來的超級英雄，應該就是在這個班上沒錯。

作者毫無限制地放進各種怪物，剩下的凡人們就只剩一種屬性差別：相信人性的好人，與不信人性的殺戮者。上述的弱者們不斷出現，做些對大局沒啥影響的互信或互砍，然後被怪物吃掉。即使加上些薄脆的個人背景設定，這人是棒球隊、或宅男、或富家公子、或人妖……也無法給人認同或共感。而毫無魅力的主角與女主角就更別提了。男主角就是典型的正派，非常相信人性，但也因此無法真正做什麼骯髒的事，所以必須「有人去幫他做那些骯髒的事」才得存活。這種人物的說教想也知道毫無魅力。女主角則是超愛男主角，無條件地信賴他，又柔弱無力，如此樣板的設定讓她只可能有幾種典型爛尾：要不從頭被保護到尾、徹底花瓶化；或者為了證實她不是花瓶，結局就是為了保護男主角而死，或者保護了男主角然後運氣好沒死。無論哪一種都很無趣。

《大逃殺》的作者高見廣春也說了，這是他的第一部小說。而確實，他也毫不客氣地犯了許多初學者錯誤。角色的薄弱如上所述，而他也無法寫好場景與對白。在這本書引發市場熱議的同時，也出了電影與漫畫版。先講漫畫版，其重現度可說驚人，原作小說的細節幾乎完全不漏地化為漫畫格子。這有兩種可能：一種是漫畫家對原作真的非常有愛且手腕高明；或者原作其實並沒有做好「只有小說可以做好的事」，導致讓改編者能輕易地跨越次元之壁並完成改編。

以《大逃殺》而言，發生的狀況是後者。原作並沒有給改編者太多麻煩，比如因為原著小說內容太多以致必須忍痛揀選真正重要的細節；或因為小說與漫畫作為創作媒材的差異，必要時得費心將某些關鍵細節改寫，否則有些在小說成立的橋段，跑到漫畫就無法成立……上述種種，必須改編者展現手腕才得跨越的困難，在《大逃殺》漫畫版中並沒有顯著可察覺的跡象。漫畫家順順地就完成了改編，除了忍不住在「武道家高中生與天魔腦傷高中生」的大對決中加油添醋一堆十分莫名且多餘的內功武打橋段外，改編的完成度可說極高。甚至在與相馬光子這個角色相關的劇情線上，漫畫版的表現可說是優於原著小說的。

一部這麼不給人麻煩的原著小說，往往代表它自己的麻煩就大了。如果可以無痛改編，表示改編作品既完整地吸納了原著魅力，還能善用自身媒材的特有魅力去轟炸讀者，那我們為何還要小說呢？只要是夠好的原著小說，大抵拿改編作品跟它比都是不公平的，因為改編作品在起跑點上就不利。沒有人會期待任何一部金庸的改編電影或電視劇能勝過原著小說；也沒人會因為《魔戒三部曲》電影叫好叫座，就認為原著小說已無更多可看之處。反倒剛好相反，這些改編作品經常提醒我們小說真正的價值。因為小說雖然沒有即時畫面，但除了畫面以外的東西它全都能說得很好。可見的創作成本低（不用太好的NB，甚至有紙筆就夠，姑且不討論作者生命這類的無價之代價），又可獨力完成（無論漫畫或電影，單人創作都是極困難之事），所以它大可毫無顧忌地揮灑出自己的完整生命。而當它確實做好了「只有小說才能做到的事」，改編作品必須花費大量心血，才頂多能做到各擅勝場，無法相互取代的程度。

如果改編作品能輕易擁有比原著小說更高的魅力，那幾乎可說是小說作者本身的不足與敗北。而眼前所見的，無論是電影版或者漫畫版，都具有比原著小說更顯著的魅力。這無疑是因為作者本身太天真了。創作技法上的稚嫩已如上述，而書中對於軍國主義的批判也顯得淺薄。故事主要的假設是日本沒有輸了二次大戰，繼續其「大東亞共榮圈」的戰略思考，並持續對國民實行高壓統治與思想控制。至少作者是這麼說的。但裡面的每個人物都不像是從那樣的時空背景出生成長。每個角色所具備的依舊是現今我們所熟悉的日本人們可能會有的常識水平，整部作品因而說服力薄弱。明明是如此高壓而扭曲的時空，為何每個角色看來跟「戰敗後的和平日本」所呈現的樣態卻如此地無縫接軌呢？這正是作者的描繪力跟不上其構想之證明。這或許也是為何改編電影的導演．深作欣二會果斷地放棄原作的軍國主義批判。若把那天真的世界觀照著演出來，整部電影可能會垮掉吧。因而導演展現了改編者的巧思，直接把「BR法」定調為「世代間的衝突」。

新世紀之初，一個國家的崩潰。失業率突破十五%，一千萬人失業，八十萬

學生杯葛校園制度，青少年犯罪問題增加。成年人失去信心，因懼怕青少年，於是通過了一條法案：《新世紀教育改革法案》（簡稱「BR法」）。——摘自電影版片頭字幕

這或許是《大逃殺》電影版最高妙的改編之一。他將原作裡的大魔頭、造成一切扭曲與壓迫（而看起來卻有點可疑）的軍國主義，直接轉為血淋淋的「異世代間相互無法理解」，負責執行這遊戲的老師也從政府要人直接變成「自己班上的導師」。遊戲之內，是青少年們同世代的相互殘殺。遊戲之外，則是青少年與導師間的相互殘殺。衝突因此從原本平面的設計拉開了縱深，比原作具有更強烈引人共感的要素。畢竟即使在此刻的臺灣，學生與老師間相互看不起的狀況仍不少見。如果今天你所熟悉的那個、有點輕視有點討厭、感覺腦袋不知是什麼做的老師，突然站上講臺，冷冷地宣布自相殘殺遊戲開始，這衝突可比哪個政府官員說出一樣的話要來得更令人印象深刻許多。

在行銷上經常提到《大逃殺》曾參加一個小說獎，而評審們據說是因為「寫出這樣的作品實在太令人厭惡了」之類的理由把它踢掉。這傳聞無疑被出版商當作正面評價而大力宣傳，畢竟大家最喜歡看到的就是那些評審被激怒、特別是被那種他們腦袋無法理解的作品給激怒的劇情。而後續大大暢銷、又改編電影又改編漫畫，好像從另一層面證

明了評審們根本看走了眼。但其實整體而言，它被小說獎項踢掉的理由倒是很明確的——就只是寫得不夠好而已。

儘管《大逃殺》的小說版有上述種種問題，作者高見廣春依舊有些地方值得稱讚。他或許尚未在這部作品展露自己身為小說創作者的手腕，卻已展現出才能。這小說的點子其實是令人興奮的，一說出來就會讓人覺得想看。而他雖然還無法達到深度的描繪，仍有幾個場景相當不錯。比如燈塔那段，一罐毒藥導致信任瞬間崩解乃至後續的慘劇，這整段情節是閃閃發光的，個人認為是整本書最棒的情節之一。文字技巧方面有心就能慢慢錘鍊，有趣的構想卻不是錘鍊幾年就有。這部作品在二〇〇〇年左右確實造成了震撼，因為它領先了當時，至少是主流大眾的想像。儘管只訴諸生理衝擊的敘事技巧讓它註定將會在大眾口味越吃越重之後漸漸過氣；至少在那個當下，它確實是亮的，成功對這世界作出些許挑釁，比了個不甚帥氣的中指。而光是做到這件事，還是第一本小說就做到，絕非易事。光是這一點就值得稱讚。

（相較之下，走類似路數的《國王遊戲》就只是廚餘而已。）

《饑餓遊戲》：為什麼不停在第一部就好了呢？

從《大逃殺》到《饑餓遊戲》這條脈絡則是可成立的。因為兩者確實有相似之處，走的路數幾乎相同：特殊遊戲規則、殺到剩最後一個人、背後當然也有個難以抵抗的壓迫者在推動一切。兩者最大的不同之處在於，《饑餓遊戲》的作者是個老練而精於算計的大眾小說寫作者。在這三部曲架構的第一部幾乎可說是大眾小說寫作的範本，從劇情設定、敘事節奏、角色塑造全都無可挑剔。

它唯一犯的錯誤是後來又寫了兩部，然後越寫越難看。這種事情總是發生。這也是為何當它的第一部改編電影竟然拍砸了實在很令人感嘆。嘿，導演，你完全沒弄清楚作者大人的苦心啊。第一部要非常精彩，接下來才能一直拖戲騙錢啊。你竟然把最精彩的第一部搞砸，後來接手拍續集的人可就難過了呢。第二部小說本來就沒很好，又沒有第一部電影的成功來積累口碑。這比賽可不是從零開始，而是從負分開始啊。

傷感的事姑且不提，先說令人愉悅的第一部。整體設計合理而聰明。挑選富人與窮人的尖銳矛盾作為核心幾乎可說是大眾小說的不敗命題。過去窮人們曾試圖叛亂，遭受富人全面鎮壓，之後更開發了這種遊戲來證明自己的生殺大權。窮人必須上繳自己的青少年，每一年每個地區要交出兩人，一男一女，然後看自己區域的代表跟其他地區的窮人子弟戰鬥到死，最後贏家可以獲得英雄待遇，成為一輩子不愁吃穿的奴隸。簡言之就是羅馬競技場的高科技版本。有錢的城市公民觀賞比賽取樂，窮人則每年都藉此再次確認自己身為奴隸的事實。

作者並未浪擲太多力氣刻劃自己不擅長、或許也是小說這種形式呈現上本來就較為薄弱的「戰鬥」，而著重於呈現小說擅長的部分：刻劃角色的心理、描繪內隱而非外顯的衝突、以及彰顯荒謬。最高明的莫過於她直接跳過了可能冗長的戰鬥描繪（主角其實沒花多少力氣殺人，她的時間多半用來東奔西跑，躲避那些從小就受專業訓練的參賽者、以及遊戲設計師的變態殺人陷阱），而將戰鬥層級往上提升，變成遊戲場內與場外同時都在戰鬥。因為場外的贊助也會對遊戲進行造成舉足輕重的後果，這也合理了貫徹整個第一部的 slogan：「唯有愛上你的對手，才有一絲存活的機會。」

在一個擺明要「殺掉自己以外所有人才能存活」的遊戲裡，確實不會有比這個更偽善的了，而作者卻能說服你偽善是一個合理的解。因為有電視轉播，有觀眾的參與，這樣的偽善才得以成立。剛開始觀眾們確實是基於獵奇心理看著這遊戲，但是當遊戲突然浮現了「善」，而這個訴說愛與善良的劇本直接訴諸觀眾更深層、超越單純感官刺激的共感，偽善就成立了。觀眾會對這新奇的劇本買單，會想「成全」他們，在此同時其他參賽者的生命則顯得比原本更無足輕重。因為「愛與善良」，女主角與她同鄉參戰的男配角（這一部沒有男主角，所有男人都是配角）取得了較其他參賽者更有利的位置，而她也必須有意識地堅持這個劇本直到最後，儘管其實雙方並非那種關係，只是為了提升自己的活命機率而已。

也基於類似道理，作者安插了另一個明顯就是用來討讀者喜歡的小女生，讓主角去照顧她、締結互助盟約，並且讓她（相當方便地）死在另一組殘暴參賽者手上後，女主角掌握了這絕佳時機，再次成了人性光明面的代言，陪小女生度過了最後一刻。（女主角這回倒是真心誠意地對小女生好。因為大眾讀者容易接受一個有點心機的女主角，卻不容易接受一個太有心機的女主角。再次展現了作者的精心算計。）女主角因此在後續得到了好處，在另一次衝突場合裡撿回一命，只因為對手是跟那小女生同鄉參戰的男孩。男孩下不了手的原因倒不是對女主角產生好感（如果這麼設定，整個故事會瞬間格調大降）。只是若不放她這一次，他即使活著回鄉也無法面對鄉親父老。

另一個明確的偽善，這種「你的命暫時比我值錢」的荒謬邏輯，只有在眾目睽睽之下才得以成立。因為每個參賽者都明白自己的一言一行正被廣播放送，所以當女主角開始玩好人遊戲、還玩得相當成功時。即使放她一馬等於讓自己少一些生存機率，還是必須放她這一次。作者非常喜歡、也擅於諷刺這種「公眾形象」的虛假，從女主角進入饑餓遊戲的前置準備階段就不斷強調了，一切都是戲。即使是真心想對誰好，當透過粉飾、選擇與廣播之後，照樣會變成偽善。而在這種你死我活的遊戲場中，這種偽善將會被凸顯得淋漓盡致。而當它堆疊到最後，就是崩潰。當女主角確實贏了遊戲，順利與男配角回到故鄉時，為了活命而搭建的虛假愛情也在同時碎裂無遺，故事就停在這裡。很漂亮的收尾。

如果就停在這裡，該有多好。

但它繼續往下寫了。第二部只是將第一部未完的線頭繼續往下延伸，東拉西扯一陣，然後又把女主角硬是丟回競技場，原因是她在第一部玩得太成功了，造成統治階層困擾，所以必須用另一次饑餓遊戲殺了她。天曉得！作者既然深諳這種公眾形象的虛假，怎可能不知道這種形象同時是多容易被操控而毀滅？女主角完全沒有媒體資源可言，而政府掌握了所有的媒體。用大量醜聞攻擊她；或塑造另一波英雄浪潮轉移注意；甚至暫時假意讓步、給點甜頭平息民怨，等風頭過去再把女主角殺掉……極權國家要毀掉區區一個人實在太過輕易了。但這樣就演不下去，所以女主角必須跟一個看似聰明但其實很笨的總統對抗，他竟然笨到再次給女主角一個大舞臺，她的言行也將再次被完整公開播送；同時私下對她表示妳死定了，給她一個不能再好的動機全力對抗他。這總統根本找打啊！這是典型「過於天真」的設定。作者已在第一部展現了她並不是天真的人，在此刻被迫採取天真設定的理由只有一個：就是為了讓戲演下去，必須讓角色降低智商。而往往，這就是讓故事開始變得難看的第一步。

第三部，女主角又活過上一次的饑餓遊戲，加入神秘的地下反抗組織。至此女主角因為多次面臨生死危機而疲倦了，智商也開始降低，如果第一部的聰明程度是十，第二部大概剩七，第三部大概只剩三。只能因應身旁狀況反應，完全無法控管自己的情緒……其實這算是某種意圖寫實描繪的策略，但就像讓鋼鐵人得到創傷後壓力症候群一樣，雖然讓主角變脆弱確實是提升劇情張力的方法，但考量一下整體脈絡，先前累積的讀者們到底是因為什麼特質而被主角吸引……作者你確定這麼做好嗎？

但作者在第三部不想取悅讀者的意圖倒很明確。她要憂鬱、要衝擊、要像所有無良作者一般塑造令人喜歡的角色之後再把他們虐死。於是繼上一部總統陷入腦殘狀態之後，這一部的反抗軍總司令也陷入了智商降低症候群。司令一開始就與女主角陷入矛盾衝突，深怕擁有群眾號召力的女主角會在革命成功之後反對她，於是用各種不成功的下等謀略意圖把女主角逼瘋或害死。她的意圖明顯到即使智商降低後的女主角照樣看得出這傢伙想要自己的命，但沒關係，因為她其實也沒很想活。她只想跟總統同歸於盡。

於是整個第三部的後半段就描繪了一個災難性的、不成功的刺殺活動。女主角成功地害死了幾乎身邊所有隊友，還是沒有刺到總統。唯一收穫是眼睜睜看著自己妹妹在眼前爆炸，然後精神崩潰。因為女主角精神崩潰，讓總司令放了心，決定允許她實現心願：對「前任總統」執行死刑。但在此時！女主角突然靈光一閃地發現，妹妹會死其實也是總司令的陰謀，而且這總司令（現已是新總統）一樣嗜血，讓她上任照樣會是個災難。於是在那死刑場上，她弓箭一轉，就把在旁觀看的新總統射死了。（花惹發！）而邪惡的前總統雖然沒被射死，總之還是死了，據說是看到這景象後笑死了。（再次花惹發！）

而女主角雖然謀殺了總統，卻使用精神疾病為由脫罪，回到老家養病。最後與同是傷痕累累、第一部曾跟她一起奮鬥過的好人男配角結為連理。雖然第一部她真的不愛他，但經歷如此漫長的旅程，害死一堆人之後發現終究還是他，於是就是他了。可喜可賀，結束。

PTT的漫畫吐槽版有句名言叫「敘述劇情就是吐槽」，意思是有些作品甚至不值得你認真挑出它哪裡有問題，因為它本身就是問題。《饑餓遊戲》的第三部就達到了這個境界。

《蒼蠅王》：對於人性之惡近乎完美的證明

經歷對上述兩部作品的回顧，不妨回歸最早的、半世紀前就已存在的《蒼蠅王》，重新審視其在這充滿各種重口味的時代，是否仍舊能發揮其影響力？當單純展現殘酷本身已不再能即時攫取讀者目光，《蒼蠅王》是否也會像某些在當代可謂領先、卻註定漸漸被後續作品淹沒的經典們般，失去最後一絲光彩？

至少對我而言，答案是否定的。即使現代的讀者已不再會被自相殘殺的中小學生嚇到，因為新聞早已更加瘋狂；小說卻因此大可不必再追求瘋狂，而成為釐清人性幽微的明鏡。而《蒼蠅王》作為闡述人性之惡的作品，幾乎可說是完美地證明了自身的命題。

「人會產出邪惡，猶如蜂會產出花蜜。」

作者深厚的文學功底，賦予了小說明確而有力的象徵體系。有名字的大孩子幾乎都有其象徵與功能。有人因此將這篇小說比擬為寓言。但我必須說，如果只以寓言去看，未免稍嫌小看了它。因為這並不是個脫離了寓意就無法存在的作品。一架飛機墜落於荒島，數十名大小孩子雖然各種各樣，其中卻很可能有些孩子就是長相好看乃至一臉領袖樣的（拉爾夫），或者勇敢而桀驁不馴的（傑克），善良而靈性的（西蒙），聰明而容易被欺負的（小豬），陰沉而不介意殘酷的（羅傑），好相處而缺乏主見的（山姆、艾瑞克）……這種種人物並不只是為了訴說寓意而已，這就是我們日常可見的人性模型。其中沒有哪個角色會讓我們覺得太刻意，因為我們能輕易在成長歷程中找到類似的人物對應。只要看深一點，就會覺得自己彷彿認識他們已久。

當然，如果上帝把上述的屬性盒子搖一搖，把上述幾項美德融於一人之身，或許也會有人既是領袖臉、又勇敢、又善良又聰明。那就是故事裡常見的英雄，很能想像這樣的人必定可以突破一切困境，帶領所有的人撐過這種種的考驗。而這正是《蒼蠅王》想對抗的，也是它做得最好的一點：它讓所有角色都沒那麼好。有領袖臉的拉爾夫不聰明、關鍵時刻會軟弱、口才也欠佳。西蒙雖然靈性又富道德勇氣，卻沒有領袖氣質，只能在旁幫忙。傑克勇敢且口才便給，但既不聰明也不甚善良，因而雖然因領袖氣質而成了野人之王，背後卻彷彿有羅傑的黑影幢幢。而小豬聰明，但膽小，只要有傑克在，他就會喪失功能。

能以一己之力影響大局的英雄，一個也沒有。傳統的荒島冒險故事除了每個角色各有所長，往往還賦予他們一式一樣的高尚情操，因而即使漂流到無人荒島，還是能夠克服困境與歧見、互助合作並重建出文明。《蒼蠅王》的作者則無疑認為這樣的設定太過天真，事實上更常見的情況是人力有時而窮，所以我們總是在搞砸。而且當自己搞砸時總是缺乏自我檢討與改進的能力，當別人搞砸時卻又經常太過苛刻。於是一群能力普通的孩子跑上了荒島，雖然暫時跟隨根深柢固的文明記憶而豎起了如海市蜃樓般的文明幻影；當上述模式跑過幾輪，不斷產生錯誤而沒人能夠解決、積累挫折、產生矛盾、進而爭奪權力、排擠霸凌……最後那文明與理性之牆就會垮得一點都不剩。

也是經過這樣的歷程後才會明白，我們自認身處在文明世界，以為所謂文明已寫進血液而成為本能；我們自認已脫離野蠻，而愚蠢的相互獵殺不過是某種非日常狀態；但或許文明才是人類的非日常狀態。由少數聰明的心靈指出：「這樣比較好、那樣不好」，於是眾人學習了聰明人制定的遊戲規則，並以為人類本該是這樣。但當有天維護這規則的機制全都失靈，才會發現這文明的幻覺竟如此薄脆，而人類也將迅速退化成原本的野蠻模樣。

與上述兩個作品相較，《蒼蠅王》從一開始就沒有豎立規則的高牆，反倒預先將這舞臺抹得平整。一群孩子來到荒島，沒有人限時要他們自相殘殺，食物飲水也都不缺，他們只要設法管好自己，然後等待救援。而從開始的秩序到最終的野蠻，作者只用了兩個動機就將故事推向不可逆的崩毀。一個是那個死掉的戰鬥機飛行員碰巧迫降到這個島上（還是得吐槽，這真的太刻意了。太平洋這麼大，哪不好掉，就這麼巧掉到這座島的這座懸崖，還摔成這麼個特殊的、會隨著風吹動來動去的姿勢……），因而成了孩子們恐懼的明確化身：「野獸」的目擊證據；另一個就是那場大雷雨，讓所有孩子陷入被神秘野獸威脅的極端恐懼，打死了唯一知道真相的西蒙。（這場雷雨來得真是及時，早一天晚一天都不行。連風向都好正確，在西蒙被打死後，順勢一陣風把飛行員屍體吹到海上，至此孩子們再也拿不到「野獸不存在」的明確證據，因而只能繼續陷在恐懼裡。）

儘管上述兩個動機真的很刻意，或許也是這作品最容易吐槽的兩個點，但它們不算構成太大的傷害。因為整個故事的主線是極之自然地，像是跑著模擬程式，設定好應有的參數，一切就這麼發生了。拉爾夫與傑克註定不共戴天，不需任何巧合，把如此歧異的兩人放在一起就是會爆炸，打從一開始拉爾夫被選為首領就埋下了因子，因為傑克無法忍受居於副位，拉爾夫最在意的「得救」也不是他最在意的點。所以兩人衝突乃至傑克墮落都是必然會發生的事。而對「野獸」的恐懼也始終存在，只要黑夜一降臨，人們就會恐懼不知名的獸可能從各種地方出現，從森林、從海裡、從天上。為了避免恐懼，得讓自己化為另一種東西，比如畫花臉，取得自己已改變的錯覺；比如狩獵與殺戮，取得已掌握力量的具體證明；比如自己發明的宗教儀式，獻上豬頭以取得虛假的安心。這些都是隨時間推移，早晚就會發生的事。上述的兩個動機只是加速了進行，像把已經在坡道上緩慢滾動的巨石再狠狠推一把，讓它滾得更快；卻不是「沒有它們，故事就無法成立」的關鍵。

真正讓故事成立的關鍵，是自幼萌生的邪惡。邪惡藏在當自己立場不穩時，就慣性欺負無法反抗的小豬來轉移焦點。不只傑克這麼做，拉爾夫也這麼做。邪惡藏在羅傑看著遠方小孩玩耍，而後丟過去戲弄他的石頭。邪惡藏在三個堆沙堡的孩子，一個因為眼裡進沙哭了，一個立刻逃走，因為他還記得自己因為類似事件被罵；另一個卻覺得他哭得好玩，接著就刻意把沙子往那哭泣的孩子的臉旁潑撒……我們幾乎是不用學習就會這麼做，藉由本能地傷害周圍，取得自己彷彿真有能力能影響什麼的證明。《蒼蠅王》不厭其煩地描繪這種種細微的跡象，如蜂產花蜜般的丁點邪惡便藏在其中，彼此粘黏，然後漸漸淹開。

於是，它不需要殺害一堆人，也足以說完故事。利用最精簡的元素跑完整套人性模型，便達成了對人性之惡近乎完美的證明。有些經典是「開始」，提供一個未知而好用的框架，進而引發大量後續作品仿效，而它也將隨著時間風化喪失最初的耀目光彩，最終只剩研究上的意義；有些經典則是「結束」。本身已是被完成的句點，於是後續想走類似道路的寫作者只得向它鞠個躬，然後繞路走。《蒼蠅王》就屬於後者這種。儘管經過半世紀，真能在精神上承繼它、說得更多並說得更好的作品，或許仍未出現。

為什麼過於熱愛作家是危險的：商榷趙剛的若干陳映真小說論述

#朱宥勳

書目

書名：《求索：陳映真的文學之路》
作者：趙剛
出版社：聯經
出版年：二〇一一年

在近年關於陳映真的評論中，社會學家趙剛勤奮而貼緊文本的持續閱讀是非常引人注目的。他對陳映真深厚的情感，在一系列篇幅頗長的論述當中展露無遺，於二〇一一年結為評論集《求索：陳映真的文學之路》，二〇一三年又出版了《橙紅的早星：隨著陳映真重訪臺灣一九六〇年代》一書。雖然趙剛並非在前行文學研究的脈絡底下進行這些思考——他的論述絕大多數都是對作品細節的反覆「求索」思想意義，而稀有引述他人觀點，但他細密推敲文本，務求在字句細節之中找到意義的方式，卻能夠帶給文學研究者一些啓發，無論是值得學習還是值得戒鑑之處。

整體而言，我同意他貼讀文本，試著從中勾連到作家整體思想，以及更大的歷史問題的處理方式，這樣的細膩閱讀是我們的文學評論，特別是學院當中的文學評論裡十分缺乏的。但同時，在趙剛的陳映真論述中，卻有若干嚴重的過度詮釋之處。以他的論述作為案例，我們可以看見幾個值得反思的問題：當我們試著從文本細節中詮釋出更深層意義的時候，我們推論的界限在哪裡？走到什麼地步，我們會開始認為「這是過度詮釋」了？什麼樣的詮釋我們可以確定是論證充分的？分辨「作者的意圖」和「角色的意圖」在分析上有什麼重要性？文本分析的任務是指出作家的思想，還是指出作品所表達的思想？——兩者之間若是出現落差，我們應當如何取捨？本文將與《求索：陳映真的文學之路》中提出的幾個詮釋進行對話，集中商榷「細節」和「角色」兩種解讀層次上的「極限」；這些討論或許在更大的思想脈絡來看只是枝微末節，但積沙才能成塔，再宏大的文學知識也是無數微細的詮釋交織起來。

「細節」詮釋的界限

文學，或至少在小說裡，是透過文本透露的有限資訊來與讀者互動，進而產生各種知覺之後的心理效果的。任何文本都是由有限的符號，透過特定的組織方式組成的。在上述的概括之下，我們或許可以這樣想像一個已經寫完、公諸於世的文學文本：它是由幾條被作者選定的絲線，用作者選定的編織法縫製而成的一塊彩布。既然符號組合是有限的，它所能提供的資訊必然也是有限的，這就是為什麼我們可以從一個文本裡面獲得大致上相同的閱讀經驗，能找到所謂的「主題」和「意義」。但弔詭的是，由於每一個符號並不是只對應一種意義，也不是只能提供一項資訊，其中有讀者可以各自解讀的歧義（當然，這個歧義也是有限的，比如我們不太可能把「牛」這個字讀成一種身體感覺；但至少不是一對一的簡單對應），所以我們也無法找出一個全然確定的「主題」和「意義」。這中間的落差，有時是本質上的差異（我認為這篇小說表達的是A，不是B……），有時是程度上的差異（我認為沒有這麼A，只是a而已……）。

綜上所述，除非我們決定採取一種虛無的立場，認為無論怎麼延伸文本的意義都不過分，否則我們就需要劃定界限，來認定什麼程度的詮釋差異是可以接受的，什麼是太超過的，以求框定一個可以作為普遍認識基礎的文學知識的範圍。在這個問題上，趙剛的陳映真論述是很好的討論材料。趙剛在自序當中，提到自己的「知人論世」的方法，從文本推及作者、推及世界；同時他也強調細節的讀解：「又一次次的翻來覆去地重讀，因為一個原先所沒注意到的重要細節會像個潛艇一樣突然浮現，而這個浮現又會震動，甚至打亂原先你『已知道』的小說秩序……」（p.24）在這裡，我是完全同意他的想法的，但睽諸他的評論實踐，我們卻幾乎有著完全不同的閱讀結論——且不在我認為合理的差異範圍內，是一非此即彼，必有一方為誤的巨大的落差。

比如，對陳映真〈祖父與傘〉的詮釋。〈祖父與傘〉是敘事者「我」被情人的傘觸動了心思，想起了童年時同居山村的祖父在雨夜病歿，而敘事者抱著祖父不離身的傘出門求救不及，象徵性地毀了傘的故事。故事本身篇幅很短，梗概單純，雖有著陳映真一貫的憂愁氣質，卻很難挖掘出太深的意涵。但是，趙剛在〈頡頏於星空與大地之間：左翼青年陳映真對理想主義與性／兩性問題的反思〉一文當中，認定老祖父是一個「老礦工，但也是日據時期反帝、反殖民、追求社會主義理想的老黨人。」（p.77）這是一個大膽的推論，如果能夠成功證明，確實就能夠將這篇小說提升到一個日治時代以降的左翼歷史的高度，從而使得整篇小說的一言一動都具有更大的象徵意義。然而，可惜的是，趙剛提出來的證明是非常薄弱的。他認為，證明祖父是一名老左翼的證據就是那把傘。

首先，由於那支傘在小說被非常突出地描寫其高貴的外形，所以：「在環堵蕭然之中，這支離奇的長傘不得不脫略其物質性，而象徵了一種精神……」（p.77-78）接下來，論文引用了一段陳映真的小說文本再進行討論，為了指出這中間的推論出了什麼問題，我將照抄陳映真的文本和趙剛的論述各一段，作為表格對應如下：

陳映真〈祖父與傘〉引文	趙剛的詮釋
它的模樣比現今一切的傘大些，而且裝潢以森黃發亮的絲綢。它的把柄像一隻雙嘴的鍬子，漆著鮮紅的顏色，因著歲月和人手的把持，它是光亮得像一顆紅色的瑪瑙了。［……］它有著一種尊貴魅人的亮光。晚飯的時候，傘就掛在左首的牆上，在一顆豆似的油燈光之中，它像一個神秘的巨靈，君臨著這家窮苦命乖的祖孫兩代了。	如果說，這把傘象徵的是全世界或至少是中國的共產主義運動，算是穿鑿附會嗎？應該不是。無論是蘇聯或是中華人民共和國的國旗，都是紅黃二色，鮮紅象徵革命的熱情，而黃代表革命開展的發亮的光芒。更何況，傘還掛在「左首的牆上」，占據一種精神的、信仰的中心位置。如果說，祖父象徵著在這個冷戰時代中已經消失或隱匿的臺灣的左翼黨人，那麼這把經過「歲月和人手的把持」的傘，就象徵了左翼革命信念的雖敗不死，且仍將一代一代傳下去。

在這裡，支持祖父是左翼黨人的理由只有兩個：一是顏色（紅、黃兩色），一是位

置（左首的牆上），就算我們認同傘應該是某種象徵，也很難在這麼薄弱的理由下相信它是象徵這樣的東西。這個詮釋並非絕對不可能，只是證據不足，難以服人。象徵的原理是以此指彼，在同一文本內，它的詮釋邏輯必須一致，而且通常要出現不只一次（因為只出現一次，是為孤證，甚至無法形成詮釋邏輯）。紅、黃二色（的傘）在這個文本裡面，就是這樣的孤證，我們找不到作者在其他地方繼續暗示這兩個顏色有什麼意義，因此這最多只是一個可能的揣測。更何況，我們如果順著這個邏輯往下走，大可以追問：如果紅色是社會主義最主要的代表色，何以在文本中，黃色會首先出場，並且佔據了比較大的視線面積（黃色是傘面外包覆的顏色，紅色僅是把柄）？如果這真的象徵了祖父「老黨人」的身世，無論如何都該以主要代表色優先吧？更進一步的問題是，就算連結了顏色與左翼的關係，也未必能代表「中共」和「蘇共」——臺灣日治時期的左翼，或者與「日共」、「臺共」的關係更密切，光憑顏色，是看不出民族光譜的。

其次是位置的問題。放在「左首的牆上」是否就代表了左翼？用同樣的標準解釋，「左首」也只出現了一次。更嚴重的是，小說後段甚至出現了完全相反的描述，那是在祖父垂死的段落，孫子：「我看著他那垂死的臉色，又看見那一支右牆上的大雨傘，傾刻之間，我得到無比的啓示和助力了。」這一次變成右牆了。然而，趙剛對這句話的詮釋暴露了前後不一之處：

明明一向是「掛在左首的牆上」的傘，怎麼這回掛在右牆上了呢？但重點不是「右牆」，小孩不是受到「右牆」的啓示，而是受到了不管掛在哪裡的同樣的那把「大雨傘」的啓示；「右牆」比喻的是祖父的絕望。當然，傘似乎該是隨意地棄在地上或任一角落，才更是絕望的適切表達，但必須瞭解，這裡沒有刻意指出「右牆」，又如何能讓先前所指的「左」不是一個無意義的修辭呢？「右牆」因此有可能是作者刻意的「此地無銀三百兩」。因此，這裡的從左到右，不是說一個不合理的「變節」，而是曲折地說明「左」的隕落。（p.79-80）

這段反反覆覆、強詞奪理的論述，完全摧毀了此一論點的可信度。如果第一次出現「左首」是重要的，第二次出現的「右牆」就不可能「不是重點」。好的詮釋框架，應該要能夠完整解釋文本內的細節，起碼不可以有完全矛盾之處。我們可以想像，如果陳映真在文本之中兩次都把傘放在左首，就不需要這麼多「此地無銀三百兩」的解釋，它的象徵意義自然顯明得多。而這一左一右的布置，顯然作者就意不在此，很可能只是一個寫實性的描述而已：左右方位是與視角相對的，上一次的視角是「晚飯時」，這一次的視角卻是從祖父床邊往外望，相反是正常的。文學意義的構造，必須建立在對尋常規則的破壞上，沒有破壞任何規則就不會有「深意」，因為我們無法知道作者是著意如此還是必須如此，也就無從探知作者的意志。我們可以假設一個情況，如果我們接受「右」也可以是一種欲蓋彌彰的「左」，那要是陳映真兩次都把傘安放在右牆上呢？——那或者也可以被解釋成一種左翼理想的衰弱、死滅吧，畢竟祖父最後也死了？這樣一來，如果所有的細節都可以指向同一個意義，那就意味著這些細節本身並無任何特殊意義了。

為什麼趙剛會作出這樣的推論？我認為是某種思考方法上的疏忽有以致之。我們都同意微小的細節可能有很深的象徵意義，但趙剛處理這些細節的方式是純粹演繹的，抓出一個字詞就當作是一條線，在沒有其它旁證的支持下就一路推進；我們的分歧在於，我覺得這個方法必須是演繹與歸納並濟的，要在至少有一個以上的細節，形成相同的象徵指向邏輯（也就可以用同一個詮釋邏輯反推）時，我們才可以就這（些）個細節進行更深的挖掘。文本分析的任務不在於幻想每一個符號都必然有其意義——這是不現實的，雖然我們總是錯誤地期待作家有如此精密的腦袋——而是先指出某一些符號組合比另外一些更有意義，然後再去解釋它們。畢竟在一個敘事文類裡面，有很多符號可能只是純粹功能性的，幫助情節推進、幫助人物建立、幫助讀者了解背景……人類的想像力是沒有極限的，所以作為一門知識，文本分析的使用需要極限，需要自我節制。若我們同意評論家可以在沒有這些自我節制的基礎上，就進行無止盡的解讀工程，那基本上任何文本都可以推出任何結論（就像我們剛才在左右之辯當中看到的，有就是有，沒有也是此地無銀三百兩地「有」）。所有文本的特殊性，彼此之間的差別也就蕩然無存了。這就宣告了文學的虛無，文學知識的全然無效。

「角色」理解的極限

另外一個趙剛的陳映真論述中出現的問題，就更切題地與他所謂「知人論世」的閱讀方法有關，即我們該如何理解小說裡的角色。趙剛對陳映真所有小說的分析，都是為了從中看見陳映真的思想狀態，這個目標設定使趙剛得到很多敏銳的見解（比如在〈「老六篇」論：在歷史、思想與文學交會處的書寫〉中，透過角色的年齡分析，證明了〈故鄉〉、〈鄉村的教師〉二篇與一九五〇年代白色恐怖的關係）；但也由於這樣有點先射箭再畫靶的思考方式，使得小說解讀時會出現若干偏誤。在這裡，我們應該思考的問題是：分析文學作品之時，把目標完全放在「知人」（理解作者）之上會有什麼問題？作者在文本以外的，別處的言論所展現出來的思想，是否能毫無疑問地拿回來解釋文本？更尖銳的是：有沒有可能，作者本人清晰表達過的思想，在他的小說作品中卻得不到夠好的表達、甚至讀者從小說作品能讀出的意義與他的思想竟然背道而馳？

這些問題，具體落實到文本的詮釋上，就很大程度地關乎「我們怎麼理解角色」的問題。若要透過小說「知人」，那就必然要理解小說裡面角色的言行所代表的意念，再從作者對這個角色的安排、處理當中，探知作者對這個角色所代表的意念有什麼感想。因此，讀者要透過小說去「知人」，實際上是一段非常危險、處處可能出現誤讀的旅程。如果我們讀錯了「角色所代表的意念」，讀錯了「作者對這個角色的感想」，那就不可能正確地理解「作者對這個意念的想法」，這是一組處處罅隙的三段論。如同前節所述，其實我們也可以把角色視為一連串符號的特殊組合，附屬在一個人格化的名詞底下。一個角色可能擁有一系列的名詞、形容詞和動詞，來表現它的外觀、狀態和行為。對我們正在討論的議題而言，動詞所表現出來的行為是最重要的，因為行動（以及不行動）就意味著選擇，肯認某種立場或排拒某種立場，也就可以從中看到這名角色所代表的意念。

從趙剛對陳映真〈我的弟弟康雄〉中的第一人稱敘事者「姊姊」的分析當中，我們便可以看見這樣的分析是多麼困難、容易造成誤讀。〈我的弟弟康雄〉透過姊姊的第一人稱視角，敘述她的弟弟康雄，一名無政府主義者，如何在理想不能伸張的蒼白絕望中自殺。趙剛對康雄的分析和常見的說法沒有太大的扞格，但對姊姊的評論就很難得到足夠的文本證據了，特別是底下這段談論姊姊在弟弟死後，決意為了家道嫁入豪門的論點。我們再次將論述與文本並置：

陳映真〈我的弟弟康雄〉引文

我答應這樁婚事，也許真想給我可憐的父親以一絲安慰，叫他看見他畢生憑著奮勉和智識所沒有擺脫的貧苦，終於在他的第二代只憑著幾分秀麗的姿色便擺脫掉了。從此流著一部分他自己的血液的子孫，該永遠種植在一塊肥美的土地上了。而事實上，我是存著一分最後的反叛意識，擲下我一切處女時代的夢的。在我的弟弟康雄死後才四個月，我舉行了婚禮；一個非虔信者站在神壇和神父的祝福之前……這些都使我感到一種反叛的快感。固然這些快感仍是伴著一種死滅的沉沉的悲哀——向處女時代、向我所沒有好好弄清楚過的那些社會思想和現代藝術的流派告別的悲哀。然而這最後的反叛，卻使我嚐到一絲絲革命的、破壞的、屠殺的和殉道者的亢奮。這對我這樣一個簡單的女子已經夠偉大的了。

趙剛的詮釋

康雄姊曾經藉著他們的異類的、否定性的精神資源，來支撐她的冷傲姿態，以保護那因貧困家世而易受傷的自尊……那麼，她如何把自己出賣呢？如何在出賣自己時保證自尊不受到傷害呢？不用擔心康雄姊吧！她可謂善用她的心理詭計把她因「變節」而生的種種心理疙瘩，給燙得平平的呢。她想，與其慢慢地、被動地被調整成體面世界的一分子，不如主動出擊。她於是以一種潛伏的特工才可能有的「行動的快感」，在弟弟死後四個月，就和一個她其實並沒有感覺的體面之家的男子結婚了。在那個莊嚴的宗教儀式上，她進行了雙重任務：一方面，她悲哀地向「沒有好好弄清楚過的那些社會思想和現代藝術的流派告別」，另一方面，以一個「非虔信者」做虔誠與感動之偽裝，同時冷眼地睥睨地旁觀這些體面的信者。這個雙重任務，使她取得了一種烈士的悲壯，在同志皆亡之下，獨闖敵營。……如果康雄的自殺代表的是拒絕沈淪的意志，那麼康雄姊的「烈士行為」所代表的則是接受沈淪的詭計。

（p.53-54）

在這裡，我所欲批判的並不是那種輕佻的語氣，而是造成評論者如此強烈感情的那個論點，似乎缺乏了極為關鍵的論證。在小說的敘述當中，讀者直接讀到的是，姊姊的婚嫁「同時」是一種對世俗價值的墮落和反叛；但在趙剛的詮釋裡，作家真正對姊姊的想法是，她的行為其實只有墮落，即便那種反抗的姿態，也是墮落之後的托辭而已，更顯得其德行之低落。問題是：趙剛怎麼知道那是托辭？這個論點仍然是可能的，只是在整篇小說中沒有任何一處可以支持這個論點，趙剛也沒有提出其他證明。在近兩頁的篇幅中，我們看到的不是對這個角色的分析，而是評論者先決定了「這是托辭」，然後用這個視角去理解每一個有關康雄姊的細節。

評論者在此，其實踏入了一個很危險、很難證成其論點的狀況而不自知：他不僅僅是在詮釋一個普通的角色而已，他詮釋的姊姊同時是一個第一人稱敘事者。也就是說，不管我們在小說裡面讀到什麼，我們都要切記，那是從敘事者的眼光當中觀察到的事物。敘事者可能有侷限，可能有私心，我們不能全盤相信它，也不能把它的觀點直接等同於作者的觀點（因為作者也是有可能不同意自己的敘事者的，就像不同意其他角色那樣）。而在〈我的弟弟康雄〉這個討論案例裡，趙剛必須證明的是「姊姊在結婚的反抗意念僅是一種托辭」——這非常非常困難，等於是要證明姊姊是一個「不可靠的敘事者」，也就是說，我們必須在她的自述當中找到破綻。而這樣的破綻在小說之中有沒有呢？我認為是沒有的，因為敘事者提到自己婚嫁以後之事只有三段，一是上引段落，二是敘事者回想婚禮之中的耶穌形象，與弟弟瘦弱的身體疊合；三是結尾，敘事者發願要為弟弟修一座豪華的墓園，三個段落都抓不到任何一丁點她樂意進入這段婚姻，因而需要捏造托辭的「墮落」的證據。甚至在最後一段裡，有這樣的文字：「這使我感到歉然——富足果真『殘殺了一些』我的『細緻的人性』嗎？貧苦果真使我『卑鄙』，使我『齷齪』嗎？我一點也不想抗辯，但我盡力企圖補償過……」一個徹底墮落的人，且善於狡猾地隱藏的人，就算能不露出任何一點說謊的痕跡，起碼也不用進行這麼一段「一點也不想抗辯」，直接認定自己有錯的懺悔吧？最後一個短句中連續兩個曖昧的詞：「盡力」、「企圖」，在在顯示了說這句話的敘事者一點也不覺得自己的所作所為能夠補償這一切。如果論者認為，即便連這樣的懺悔姿態都是狡猾的托辭，那我們又回到了老問題——如果姊姊沒有懺悔自然是墮落，有懺悔也是狡猾的墮落，那不管文本怎麼寫，康雄姊早就被評論者定性了，永遠沒有別的可能性。

在這樣對角色的錯解的基礎上，趙剛犯下了最大的推論錯誤，他寫道：「『為他重修一座豪華的墓園』。陳映真寫到最後大概是真的有點恨康雄姊吧，因為這個永遠只有自己的康雄姊，竟然是以一種幾乎是鞭屍的殘忍對待她所深愛的『我的弟弟康雄』，只為了要安息她自己的死掉的過去。」（p.54）而因著這樣的概念，所以他認為陳映真透過這種姊弟，表現了「某個時代的左翼男性青年的內在水火」（p.55），而有了自我懺悔、自我掙扎的意義。「知人」的目標於焉完成，這篇小說再一次證明了趙剛眼中的陳映真。但是，如前所述，我們無法證明姊姊是那樣墮落到底的角色。更有甚者，即使我們退一萬步，相信這個版本的姊姊為真，我們也不能推出作家「恨」姊姊這麼強烈的情感——從文本來看，作家「不同意」姊姊大概是確實的，但如果要從「不同意」抵達「恨」，作家還需要增加很多否定姊姊的細節（無論明的暗的、實質的象徵的），評論者也還需要非常多的論證去補足，這是一個程度拿捏的問題。如此斬釘截鐵，也就抹煞了很多詮釋可能。比如說，陳映真很可能也同時是同情姊姊的（雖然不如同情康雄那麼多），他真正「恨」、真正批判的最大目標，還是那一整個時代的結構性壓抑。值得玩味的是，在前述〈祖父與傘〉的案例裡，趙剛用很薄弱的證據，試圖把陳映真的小說放在更深遠的脈絡裡觀察；但在這裡，同一位評論家卻反而要用不存在的證據，試圖把陳映真的小說縮限進一個較狹窄的詮釋裡面。

在這裡，我們看到的是評論者混淆了「作家的意圖」和「角色的意圖」兩個層次，將它們做了太深的連結。我們可以想像，如果在現實生活中出現一位姊姊一樣的人，陳映真或許真的是會「恨」她的吧，這個我們不能確知。但即便我們確知如此，面對已經寫成的〈我的弟弟康雄〉這樣的文本，仍不能說作家一定是帶著恨意在處理這個角色的。文本應該有更寬廣的可能性，和更嚴謹的解讀步驟。同樣的問題，也出現在〈頡頏於星空與大地之間：左翼青年陳映真對理想主義與性/兩性問題的反思〉後面評論〈哦！蘇珊娜〉：「對於一個自詡天才，有著為世人所不理解、當局所要獵捕的一腦子叛道思想的青年，能做的充其量只是幾個人相濡以沫地鼓著腮亂扯，這在聰慧如『我』的眼睛中難道看不出來……」（p.72）這個「難道看不出來」的判斷沒有任何證據。〈「老六篇」論：在歷史、思想與文學交會處的書寫〉中討論〈鄉村的教師〉，將「為什麼吳錦翔沒有受到二二八事件的衝擊？」（p.242）作為解釋角色人格的重要關鍵。但這很可能是個假問題，論者是先預設了角色應該受到衝擊才開展整套解釋的，但如果在作家的故事藍圖裡，這個歷史背景根本不重要呢？畢竟在小說之中幾乎沒有提及此事。而發表於期刊的〈階級與人性狀態：試論陳映真「兀自照耀著的太陽」中的現實主義〉裡，趙剛將故事裡小女孩的死描述為：「小淳是在進行一種『死諫』。」「死諫」的意思是以死亡作為最終的行動，但我們找不到文本當中有任何小淳「主動求死」的痕跡（如同〈山路〉

裡面出現過的那樣），怎麼談得上「死諫」？也許陳映真確實有以這場死亡事件來「諫」讀者的意圖，但「作者以角色之死勸諫讀者」不等於「小淳以死亡勸諫他的父母」，那是作家的意圖，不是角色的意圖。理解角色不等於理解作家，理解作家也不能硬套到角色身上，這或者才是一種更尊重小說文本的「物質性基礎」的觀點吧。

熱愛作家的危險

在這篇文章裡，我採取了一種以文本證據為最優先的立場，或許在閱讀的預設上就和趙剛有很大的差異了。但同時，趙剛的陳映真論述卻又是現有的文學論述中，很少數進行文本細讀的——也正是如此，本文才能在其基礎上，對「文本詮釋」進行這麼具體的討論，這是必須大大致謝的。但是對我而言，一項關於文本的詮釋，必須盡量地具有普遍性，能夠讓小說自己對讀者說話，而不應過度依賴對作家本人的理解。如果我們希望一位作家的作品能夠經典化，更應該相信作家的作品本身就具有足夠的力量，不應為了使之「更偉大」而勉強用薄弱的證據連結宏大的詮釋；這樣的誤讀，應該不是表達對一位作家的尊敬最好的方式，容易將作品本身工具化、從屬化，也會在方法上抹平了這位作家真正的特殊之處。試想，我們若用同樣的標準去閱讀一些二、三流的文本，是否也能得到這麼多「分析」和「思想」？若能接受這樣的方法，我們反而是在解消陳映真小說超越他人的真正的深度。從趙剛的論述中，我們可以看見對作家陳映真無可置疑的熱愛，這是令人動容的，但在分析上卻是危險的，無法保持某種批判的距離。然而這並不是說我們應該屏棄文學閱讀中的「個人體驗」或情感衝擊，相反的是，這種情感往往是觸發敏銳詮釋的關鍵，只是它需要一些限縮，不能放任自己的想像永無止境地奔馳。本文從「細節」和「角色」兩個切入點來談，僅是略窺一斑，尚有非常多的「界限」需要我們去探索，希望在這樣的持續辨證當中，能夠發展出更完善、更有說服力的文本詮釋方法。

散文的體製，臺灣的面貌——讀王盛弘《大風吹：臺灣童年》的觀察與思考

#梅亞美

書目
書名：《大風吹：臺灣童年》
作者：王盛弘
出版社：聯經
出版年：二〇一三年

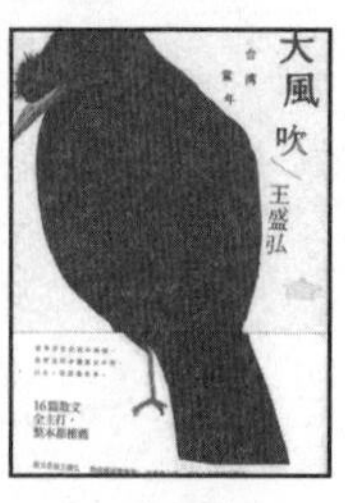

大風吹。
吹什麼？
吹有記憶的人——（王盛弘〈大風吹〉）

壯年一輩的散文創作者裡，在散文題材之發掘，以及散文體製之嘗試方面，王盛弘的耕耘都交出不少亮眼成績，讓人無法忽略他的存在，而在每一本書中，也都看得到他對創作的自覺，並不裹足不前；這些，都讓他不負「卓然成家」的形容，可謂是該世代的散文創作主力。二〇一三年夏天，他出了這本《大風吹：臺灣童年》，亦是年度讓人記憶深刻的作品之一，頗具重量——這是書籍裝幀講究的物理重量，也是主題刻劃深刻的情感重量。

《大風吹：臺灣童年》無論在文字或是題材上，都不是一本困難的散文集，它的核心就如同書名所揭示的，寫的是臺灣、是童年，而它要召喚的對象讀者，也如同〈大風吹〉這篇散文裡面提到的，是對往昔時光有記憶的人。王盛弘不是泛泛地、從制高點的角度紀錄過去發生的事情，而是以自己為中心出發，從小我的個人經驗（例如自己的童年的生活、家庭、學校）寫出了能普遍引起人們共鳴的文字。這是如果我們單純就這本書本身而言，一個最初步的認識。放置在王盛弘自己創作的脈絡裡面，這本書的意義，也在〈後記〉裡揭露：這是「三稜鏡」創作計畫的最後一部分，從《慢慢走》、《關鍵字：臺北》等世界、城市的見聞，回到最初的自己的「故鄉」——用王盛弘自己的話來說，那裡「是生命的底色，那怕看似被淡忘被遠遠拋擲於身後，卻總於某個不經心的片刻，它現形，發揮溫柔而纏綿的勁道影響著」他。這「三部曲」便是一個在空間上由遠而近（從異國、城市，到自己的出身之地），而在時間上卻接近由近而遠（從旅行的當下、至臺北生活後的故事，到自己遙遠的童年）。時與空之間的張力，是這「三部曲」合在一起看最精彩的地方，從中，也確實可以看出王盛弘想要探討的，那種「『我』與時代既身不由己又自有主張的，或遠或近、或親或疏、或張或弛的關係」。王盛弘對於自己的創作計畫，執行力十足。

以上的理解，絕大多數讀完此書的讀者應都能同意，大概也很難有人能夠提出全然不同的閱讀框架或切入點了。追根究柢，這是因為王盛弘文字並不隱晦、艱澀、跳躍，加上「散文」能夠提供給讀者想像和詮釋的空間，似乎本來就比小說、詩來得少——不，不只是少，絕大多數情況幾乎就是沒有這樣的空間。我甚至想要這樣說：作者已死的宣稱，在散文裡是不存在的；在散文裡，作者還是活的（或者退一步地說，作者至少還沒「死透」），他說什麼，大概就是什麼了。但是，也因為這樣，構成了現今閱讀散文的模式：這彷佛就是在和一個活生生的人面對面、彷佛是在聽一個人傾訴著各種話語，唯一的差別，也是紙本印刷形式的限制所造成的差別，就在於你仍不能在聽話的同時，也向作者說話（當然，考慮到科技的進步和使用網路的習慣，說不定未來讀者是有機會在閱讀的同時就向作者說話的）。雖然兜了個圈子講到「散文」的文類問題，但這其實並未離題，我之所以這麼說，主要思考的原因在於：如果散文是這樣一個文類，有上述的那些特性，那麼，散文的「共讀會／讀書會」（或者延伸，正式一點的，散文的研究和理論）要怎麼進行？難道就只能是整理歸納書中人物、事件（做成理解作者生平之紀錄），或者分析文章的修辭、技巧（擬人、擬物、排比、頂真等等之類的），或者讀者各自抒發讀後心情（以「我覺得……」開頭的感性時間）嗎？散文能夠開啟讀者思考之處在哪裡？讀者如何不對散文內容以及作者的宣稱照單全收？最後回到一個更根本的問題，散文到底是什麼？而，是否作者在創作時，也不斷在思考這個問題？因此，藉由這次《秘密讀者》的共讀會，我想要暫時拋棄既往偏向在情感層面欣賞散文的方式，改將上面這種種疑問當作前提來閱讀，試著找出些蛛絲馬跡。事實上，王盛弘似乎對散文文類也不斷思索著，所以，讓我們從《大風吹：臺灣童年》裡屢屢提到的「作文」開始。

在〈記得幾個名字〉這篇文章中提到：「後來回顧，發現當時寫的都是作文，離創作還很遙遠；不，不只是遙遠，甚至走岔了路，循著那樣的途徑，怕是永遠抵達不了藝術的國境。」在王盛弘的用語裡，「作文」是站在「創作」的對立面的，而又唯有「創作」才能達到「藝術」的境界，「作文」則無法。那麼，寫散文的王盛弘認為「創作」該是如何的呢？這在全書中並未有深入闡釋，但卻可以從反面來推敲。在〈種花〉這篇榮獲林榮三文學獎散文首獎的作品中，有個不經意便容易遺漏的小段落，是這樣說的：「一個物件對應一個事件，一個象徵對應一個命運，工工整整，這是作文不是人生。」從中，我們大概可以這麼認識王盛弘口中的「作文」：工整、刻意、匠氣的一種寫作；反面來說，王盛弘所謂的「創作」，則不能過於工整、刻意、匠氣。要留意的是，這段話裡頭「作文」的對立面不是「創作」，而是「人生」。在這裡又引出另一個可以思考的切入點：如果一個物件不對應一個事件、一個象徵不對應一個命運，凌亂不整，那這又是不是好創作、是不是好文學呢？一方面，運用物件與象徵來呈現世界和人生，本身就是具有文學性的，另一方面，文學如果只是如實記下人生，那麼僅是歷史紀錄，而缺少去蕪存菁的技巧，也同樣不能達到藝術的高度。回過頭來看王盛弘的「創作」實踐，也就是他所寫下的散文，便可說是他實際是依違於「工」與「不工」這兩者之間，用白話一點的方式說，他的散文美學，特別追求著「散」的呈現；這「散」並不等於毫無章法，而像是「刻意地不刻意追求工整」。這樣的傾向，在他約二〇一〇年之後的散文作品中，更為明顯（剛好此書最後附有收錄文章發表時間，讀者不妨自行參照）。例如書中佔最大篇幅的〈臺灣童年〉一文，由三十一則小品組成，各自獨立，都不強求敘事上的轉折、物事的意涵或高談對人生的隱喻，皆只是以乾淨的文字、短小但不一的篇幅記下物事，寫到家人的部分可見得深厚情感（尤其第二十七則「壞人壞事代表」），其他篇章則較為節制，並且也不緊貼著書寫的對象作細緻的描寫敘述，反倒更有隨興所至的情調。這是他「散」的展現最明顯之處，藉此，他方能夠成功「還原」那兒時的情境、氛圍，並將此渲染至讀者身上。

另一方面，作為文學，王盛弘如何在作品中著力，使其具有文學性？我認為最明顯的地方，在於他大量地與文學傳統對話。這一則是呈現在他不斷援引書目、篇章方面，例如在〈天賜〉裡的鄭豐喜、〈大風吹〉的池波正太郎、〈清糜〉引用傳統文人李漁、〈種花〉的惠特曼、〈殘局〉裡的向田邦子、鹿橋、李安……族繁不及備載；或也有時，他對這些引用內容加以致敬、進行改寫，例如〈廁所的故事〉或〈故鄉的野菜〉，便是十分有意識地挪用阿盛與周作人等散文前輩的題目，而改之填充以自己的經驗。因為不斷引用，致使讀者在閱讀散文時，不會只注意到文本中提到的事情，更會在無意識間，無條件就認定這些作品具有「文學」的味道；藉著引用其他作品，其實王盛弘也是悄悄地把自己放入這列隊伍之中。在以上這幾方面的努力（工與不工的拿捏、有意識地引用，等等），我們可以說，從《大風吹：臺灣童年》這本散文集中，除了可以有懷舊情感上的某種慰藉，也看得到王盛弘在其中對於「散文的體製」的思考、努力和實踐。

最後，其實這本散文集還有另一個可供玩味與思考的小地方。王盛弘是以兒時在彰化縣和美鎮竹圍仔的經驗為底，來進行創作的；然而，在書中，他卻總是巧妙地將這單一地方的經驗，直接放大為「臺灣」的經驗。這與過去曾盛行一時（現在也尚有不少）的地方書寫不同，他在意的不是地方的特殊性，而是從地方去試著投射／想像出整個臺灣的普遍性。如果我們仔細注意書中幾個段落的描寫或行文，便能夠發現這種意圖，或者更直接地，從書名的「『臺灣』童年」就可以知道，王盛弘所懷想的，從來不只是自己（否則為何不是「彰化童年」、「竹圍仔童年」呢？）一己之見聞，而是無意間（或其實是有意的呢？）參與了臺灣這個共同體的想像工程。藉此，他完成了六〇至八〇年代「臺灣」的符號：一片田園詩的風景，同時，也替他同代人的童年定於幾近一尊的詮釋。地方書寫與建立「臺灣」的面貌，兩者是在不同層次上的。前者其實更加重視的是寫實與歷史紀錄的功用，以作為一個時代的見證，可是在科技發達的時代，這已不只是文字、文學才能做到的事，而頂多是讓文學在紀實的行列中不要缺席；然而後者，這種支配符號的魔法，或許才是文學最擅長之處。

治癒系的權力——相信自己，相信愛

#蔡宜文

書目

書名：《想念，卻不想見的人》
作者：肆一
出版社：三采
出版年：二〇一二年

肆一這本書在同類型的書籍中算是拔尖的作品。文筆流暢，描繪的經驗、情感精確，對於容易勾起同理的回憶及情緒描寫拿捏的也十分到位，像是與書同名的〈想念，卻不想見的人〉中一段「其實妳不是很常想起他，你們分開了好一段時間了，時間不長不短，這段期間妳也認識了誰，試著跟誰再建立起一段關係、談一場戀愛，但最後卻都不了了

之。於是總是在一場敗興而歸的約會，或是一場索然無味的談話之後，他就會跳出妳的腦海。那時候才發現到，原來在他之後每每認識了一個新的對象，都是對他的一種召喚。」（p.103）就十分精準地描繪出一段普通且一般臺灣異性戀男女（即使本書預設讀者為異性戀女性）的分手後對於前一段感情念念不忘的感受，這是我認為本書值得稱讚之處，不同於一般兩性書籍多半走追求技巧上的指導或是以理論為主的「專家口吻」，肆一所走的更親近於讀者自身親密關係經驗之宣洩，也更多描述情感或情緒的文字。

身為社會學研究者，我不大擅長於分析字句或是描述一個作品在文學上的好壞，但我認為作為一個大眾讀物，這樣的策略以及寫作方式是十分有遠見且適當的。不過，這也將會是我對於肆一這本書最大的批判，情感並非僅是完全去除社會而成的情緒或是生理反應，會產生情感的經驗往往是社會性的，更常常是性別化的，當單純以一種好像是共同的情緒經驗來論述親密關係時，往往把單一性別的情緒與經驗同質化，並且將解決負面情緒變成第一要務，而忽略了之所以會造成負面情緒，背後往往有更多「社會的」不平等以及不應該出現的事情存在。

本書的「妳」使用女字旁的妳，而當中稱呼預設讀者的戀愛對象往往使用「男人」或「男性」，由此可看出本書預設要對話的對象是女性，而且是異性戀女性，而作者的身分則是一位生理男性，在每篇文章當中往往會出現一段話叫作「一個男人的告白」，後面接了一段「男人的真心話」，這兩種寫作與指涉方式最後都導向對於單一性別同質化的想像，而這樣的想像以及之後依此想像所描述出待解決的負面情緒，正是本文的重點。

我看完這本書後，想到的第一個畫面是《慾望城市》中，失婚的夏綠蒂帶著好友凱莉去參加一個有點像是曾經風靡全球的《秘密》一書的自我成長課程，題目就在講尋找愛，只要一直相信，最後就會得到真愛的故事。在參與者分享自己不停地相信，就開始變得快樂、正向、得到愛的故事後，夏綠蒂怯生生地對著麥克風說她想知道這些人到底「相信」了多久，她覺得自己一直不停地相信愛，但什麼事都沒發生。這時臺上的講師打斷了她的話回答說：「我聽到恐懼、聽到了懷疑。（I hear fear. I hear doubt.）」並再次提醒她要相信愛，相信自己值得被愛，不要懷疑，夏綠蒂這時回答，她曾經很相信愛，很相信一定會找到一個白馬王子，她也找到了，有個完美的婚禮，但最後卻都失敗了，她害怕她被前夫奪去的相信的能力，她恨前夫因為她覺得自己之前是這麼相信這件事情，她現在卻覺得迷惘，她一直嘗試要把自己拉離開這樣的處境，卻一直失敗，這時，臺上講者跟她說：「或許妳沒有真的把自己拉離這樣的處境。」「或許妳沒有真正在尋找愛，沒有用對方式。」「或許妳並沒有真的努力過—Maybe you're not really out there.」[11]

我們都失過戀，也當過失戀者旁邊的那一個人，曾經看著朋友、兄弟姊妹在身邊因為我們覺得微不足道的人、事、物，頹廢喪志，失去對於生活的信心或是希望。我們或許都曾經不小心好為人師或脫口而出幾句關於不值得還是期待對方可以就當下站起來的話。正如同肆一這本書一般，我們都曾經試圖要當其他人的治癒者，我們覺得我們是為對方好，是想要讓對方快速地走下去，不要走自己經過或看過的那些冤枉路。但這樣的「為他好」卻往往是充滿權力的，治癒者所握有的權力，在於他定義了在一段關係當中哪些東西是問題，而這些問題應該怎麼樣發展，又應該怎麼被「治癒」，甚至，被治癒者有沒有「努力」。

當然，並不是有權力就應該被指責，但在過往強硬的父權與家父長備受挑戰的今日，異性戀親密關係與婚姻當中強制的性別分工以及對於性別氣質固定不變的要求逐漸地軟化，卻往往以這種「治癒系的權力」復辟，像是在本書〈結婚不是一種條件交換〉一章中，作者試圖論述結婚是一種自由意志，不應該逼迫彼此，同時也應該是一種心意的確認，不應該是經濟與物質上的交換時，他論述的女性其實應該要比男性有道理害怕婚姻，因為「如果說戀愛從『我』變成了『我們』，那麼婚姻則是從『我家』變成『婆家』……」

（p.94）這確實描述了當代女性對於進入婚姻的憂慮之一，卻仍然把這種「把自己嫁過去」、「婆比娘重要」的觀念作為婚姻的預設思維，最後文章要改變的卻不是這些明顯性別不平等的傳統婚姻價值，而是單一女性自我情緒與觀念的「轉念」，好讓自己「幸福」，不與社會衝突，順從主流價值，逐漸成為一種「愛自己」，因為這樣妳會過得比較好。

在博客來二〇一二的世代排行榜分析中提到，這世代女性暢銷書的關鍵字是「自己」：「有人說拍電影只要有小孩和狗一定賺，那麼給女生看的暢銷書秘訣又是什麼呢？兩個字：自己。」

從本書的暢銷可以看到，這個「自己」的賣點仍然存在。Stevi Jackson（2008）在〈Materialist feminism, the pragmatist self and global late modernity: some consequences for intimacy and sexuality〉提到臺灣等東亞地區的狀況，儒教或是漢人傳統使女性藉由自身形構「自我」，更難以達成進入現代以後以自我為中心的生活型態，其更進一步提到，在東亞文化圈中，現代往往跟西方產生掛勾，因此與傳統產生緊張關係，這樣的緊張關係更容易反映在女性身上，而女性所反覆思考的自我，也往往在這樣的緊張關係之中浮現。

這也是為什麼許多針對女性的兩性書籍，往往不脫在講愛自己，在講做自己的主人，卻仍然充滿了傳統跟現代的爭奪戰，像是陶晶瑩在《我愛故我在》中一方面說「婚前一定要有性行為」，但這個性行為仍然是事關乎於愛的，事關乎於一個婚姻的（事先篩選伴侶的「性」，以免結婚以後想退貨就成了失敗的婚姻）。或是像《我是女王》系列作中對於「第三者」立場反覆的狀況。[2] Jackson 亦提到當代女性害怕自己不性感卻也太怕自己太性感，換在臺灣，這些女人害怕自己太像自己母親那一代的女性，活在傳統與保守之中，無法掌握自己的命運，又怕自己太「開放」，所以使用「愛」的語言來解決這個問題，不是因為保守而不當第三者，是因為「愛自己」；不是因為妳是個性開放的女孩而練習口交，而是因為愛對方，想為對方服務。正如同在游美惠編譯的〈愛的語言：故事、界線與秘密〉中說，對女人來說愛是讓情慾具有正當性的重要基礎，但同樣的也是危險的基礎，因為愛，而受到情感或性上的勒索、利用。

作為現代人，我們要一直很努力地談戀愛，就像是我們一定要有一個職業、一個工作，才可以在社會上找到位置一樣。肆一的文字中可以看出，女性是一個永遠在追求愛的物種，每一場戀愛都可以作為下一場戀愛的練習，總有一天會找到對的那一個。Laura Kipnis（2003）的《反對愛情》以馬克思的勞動論述帶出戀愛變成另外一座工廠，有被評量的標準，你必須要勞動，作者寫了十一頁的「不可以」，告訴讀者在愛情當中會有一連串的不可以清單，作為行動的綱領：你不可以出門不告訴配偶你要去哪，你也不可以不說什麼時候回來，你也不可以上完廁所不放下馬桶蓋等等，這些「不可以中」最重要的是：你不可以不談戀愛。愛情變成所有人的人生目標，進入愛情、婚姻或家庭，這代表了你這個人的成熟與否——可以或不可以學會如何去「愛」。

在坊間大量的以親密關係為主的自助書籍中，我們可以看到，要談一段理想的戀愛，有多麼地困難：為了要有一段穩定親密關係，要更「努力」地經營你的親密關係，解決你的童年情緒問題，要敢愛，敢投入愛情，注意外表同時要穩固內涵，要做自己又要注重形象，但只要努力，最後妳人生中的浪漫愛旅程必然會得到美好的結果。所以所有人都在談戀愛，尋找最適合自己的伴侶，但同時又期待在這段關係當中學到可以讓下一段關係「更好的」方式。愛情的勞動被賦予了必要的意涵，是否能夠有能力談這樣的情感分享、溝通及協商彼此契約的關係，成為衡量一個人成熟、情緒穩定等與否的標準之一，你談的戀愛不只是戀愛，還象徵了你是不是一個值得被愛與去愛人的「人」，你談的戀愛變成了衡量你這個人的標準之一。

書中許多篇章往往會讓人懷疑好像男人是不會為了親密關係而傷心的，像是「當男人想看不到的一個人時候，就能視若無睹。」（p.124）或是認為男性從小被教育得較堅強，較不需要人照顧等，但其實這是對於陽剛氣概的一種理想化的幻想，在蔡宜文的碩士論文《臺灣異性戀男女青春羅曼史的性別分析》裡亦提到，男性對於愛情的理想想像（文中稱為愛情神話）常常是一種追求女神的想像，在許多書籍當中，「追求」這件事情往往被描繪得十分理想且陽剛，即使被拒，也象徵了自我條件的提升，但在實際訪談的過程中，許多男性受訪者認為自己在追求女性的過程中常常覺得迷惘、受挫以及不被肯定的情緒，而這些情緒礙於對陽剛氣概的要求，更難以跟身邊的朋友描述或是發洩。也就是說，刻板地看待單一性別親密關係中的情緒經驗，也會對男性帶來無可避免的情緒傷害。

無論男性或女性，很多時候，負面情緒與狀態並不是毒藥，它們反映了人遭受到困難、受挫、受到不平等的對待、受苦、阻礙等所展現的正常回應，正如同 Barbara Ehrenreich《失控的正向思考》所提到，自己並非看不慣正面思考或是對於萬事失望，她同樣期待看到笑容、擁抱與幸福，只是光憑祈願並無法達成那樣的境界，仍然需要奮力突破。Ehrenreich 認為要朝向這樣的境界首先就是要治好「正向思考這個大眾妄想症」。[3]

我記得大學上歐洲中古女性史時，其中一篇文本是一個小莊園主在自己離開去打仗前，寫給自己年輕（就今日觀之是年幼）的妻子，該如何料理家務、管理莊園等指南，裡面有很多今日女性主義者如我觀之會氣得跳腳的觀念與指示。但老師問了我們一句話，如果妳是那一個手忙腳亂的年輕妻子，妳會不會覺得很感激自己的先生至少留下了這樣的提示？我想是會的。治癒系權力的強大之處就在於，它讓人難以拒絕，在行使權力的過程，反而讓被規範的對象感激涕零。在羅密歐與茱麗葉時代，「自由的戀愛」是一種壯烈的選擇，正如同韋伯描述以前的人必須要努力地讓自己成為一個職業人一般，到今日，每一個人都一定要成為一個職業人，就如同一個鐵牢籠一樣，「自由的戀愛」也成為這樣的一個鐵牢籠：

我們每個人都要談戀愛，而且要永遠「相信自己」「相信愛」。

註

[1] 《慾望城市》第五季第二集。

[2] 「結婚之前，人人平等！這是來自我朋友把男界高手A小姊的名言。也就是說在不違背中華民國法律（通姦罪）之下，在結婚之前人人都是『齊頭式的平等』，雖然第三者如同過街老鼠人人喊打，但搶到就是你的，誰又能怎樣？這樣說來實在很不動聽，但妳瞧瞧身邊的社會案件，事實上就是如此。」摘錄自女王，《我是女王》（臺北市：圓神，二〇〇七年四月），頁十九。

「我想起那個女生，她很漂亮，有房子、有名車，每個星期都有最新的LV，但是我不知道，和別人分享愛情、分享男人，是不是真的能用物質來補償，她真的會快樂嗎？」摘錄自女王，《我是女王》，頁八三。

[3] Barbara Ehrenreich，《失控的正向思考》（臺北市：左岸文化，二〇一〇年），頁二〇～二一。

#人氣專題

Top 1

破除愛情的二元論(1)

地表上最強浪漫愛

#蔡宜文

現代人的七夕其實是一個有點俗氣的節日，有點像青椒鑲肉那樣，它把原本漢人文化的習俗（像乞巧等）挖空，然後填入了西洋情人節的肉餡，感覺就像是在夏天的二月十四日。也剛好就是在這個時節，我們可以來談談這個從古到今各類文學最熱門的主題之一：愛情。順著當代七夕因為了不起的資本主義，明明是個苦澀愛情傳說的青椒皮卻搭了個甜膩的巧克力內餡一般，對於愛情的描述以及我們的理解，從來都存在著各種不同二元的看法——精神vs.肉體、痛苦vs.歡愉、得不到vs.得到、悲劇vs.喜劇、骯髒vs.乾淨、充滿隱喻的vs.平鋪直敘的、神聖的vs.世俗的……。

而這種對於愛情的看法，通常都會和那「正經」的、「純」的文學，以及那「娛樂的」「大眾」的文學有一條漫長的分野，痛苦的悲劇和充滿隱喻的多半是前者，那甜美的歡愉的王子跟公主最後幸福快樂地在一起的通常屬於後者，這兩種都象徵了不同的愛（而前者常常藉由諷刺後者而生），象徵不同的追求。而我們通常都會認為，大眾文化中那甜到如同化學糖精一般的愛是在政治正確上亟待被破除的浪漫愛神話，好像在前面那個痛苦沉淪充滿隱喻得不到悲劇無數猜測及殘酷的愛才是「愛」的狀況，或至少才是「文學裡應該描述的愛」。

愛的原貌到底是什麼樣子，畢竟本雜誌不是柯夢波丹，並不是我們在意的問題，我們在意的這兩種我們對於文學中的愛情的想像，會不會只是一種無意義的執著迷惘？無論是哪一種被描述下的愛，其實都只是透露出對於浪漫愛「過度強化」後的遐想。

先來說說什麼是浪漫愛

在學術的世界裡，我們多半會用「浪漫愛」來指涉當前世界「愛之論述」的主流，指的是一種對抗封建中以家族為主的指派性婚姻，而強調一種主張個人意願、自由的戀愛，當然這個自由僅在一對一、性忠貞、一生只愛一個人這些前提下成立。

浪漫愛普遍被認為誕生於十八世紀，就英國社會學家紀登斯[11]的說法，它擷取了激情愛的性與情感，像是一見鍾情、對於封建的叛逆與解放，但激情愛跟浪漫愛的不同之處在於，激情愛基本上是普遍存在的現象，浪漫愛卻是特定文化下的產物；它擷取了宗教愛的奉獻精神，將對象理想化並且首度連結到了一種概念：我與我產生愛情的對象有更永久的關係，但仍然有一個巨大的不同：性（雖然是必然在關係當中的性愛）。

紀登斯在描述浪漫愛的興起時，使用了許多小說作為檢證，他甚至認為「**浪漫愛首度把描述的觀念引進個人的生活當中**」，並認為小說的描述形式跟浪漫愛幾乎可說是一同浮現於歷史。親密關係的建立以及如何建立出如此強而有力的親密文化，這樣的描述形式厥功甚偉，藉此區分了自我與他者之間的界線，藉由說自己的故事，說自己與他人的故事，藉由故事中的稱謂，自我與他者的界線就分隔出來。那些自己談的戀愛與他人所談的戀愛的描述，在各種不同的故事中，確立了浪漫愛作為霸主的不敗地位。作家說這些故事，說拒絕接受安於家室、拒絕接受門當戶對的故事，說那些甚至還沒發生也還不存在的故事，說那些愛情甚至只是一種讓每個人心有戚戚作為譬喻的故事，這些羅曼史的描寫跟閱讀來自於浪漫愛的描述本質，人們在浪漫愛中不斷地描述並反覆質疑：這是否是真的愛。

這個愛僅限於你與伴侶之間，愛情在現代中具有比親情、友情更為超然的位置。Jackson 在〈Even Sociologists Fall in Love: An Exploration in the Sociology of Emotions〉提到，因為個人主義的蓬勃發展，自由選擇、僅對一人輸出情感、努力維持長期關係等，使得戀愛享有獨特地位與描述方式，其中一種最為常見的描述方式就是我們在租書店裡看到那些有個美女封面的言情小說：愛的「馴服」——女人碰到一個冷酷的男人，感化或馴化他成為一個懂愛的男人，並且專情地愛著自己。

藉由觀看浪漫愛描述中反轉性別的權力關係，女性阿Q地相信唯有愛才能將男性陽剛百煉鋼化為繞指柔，並且永遠只愛自己。但同時，這也可能成為男性的羅曼史描述方式，對於親密關係疏離但需要的男人，被女性拯救，王子或許從現實的殘酷中拯救了公主，公主卻從情感與感覺上的無能中拯救王子並迫使王子成長。

藉由文學、戲劇、流行音樂等，人們在心中書寫了自己的私人幻想——私人的言情小說：界定了誰值得去愛，誰值得被愛，怎樣才算是「墜入愛河」。

如果每個人都有一部私人的言情小說，《Talk of Love》則問我們，我們拿來寫這本小說的材料與要素是什麼？無論是大眾文學還是純文學、流行歌曲、神話、肥皂劇等等，我們被環繞在愛當中，我們以這些彼此矛盾或是支援的文本作為材料，去組織我們個人心目中的「愛」，去談我們的「戀愛」。

但，這些研究多半是在描述，人如何受到這些材料、論述的影響去戀愛。我們今天要談的，不是那些現實的人們怎麼談戀愛或是該怎麼談戀愛，我們今天就要來討論那些躍然於紙上的愛情中各種不同的型態，我們活在各種愛的文化、論述圍繞的社會之中，在曖昧、戀愛、失戀周而復始的輪迴中，我們常常擷取這些素材中的隻字片語，從中得到啟示、救贖或是一個痛哭整夜的契機，然後告訴我們：「啊，戀愛果然就是要談這樣的戀愛才對。」

所以，這次我們回答的是這個問題：

今晚，你想要談哪一種戀愛？

也許每一個男子全都有過這樣的兩個女人，至少兩個。娶了紅玫瑰，久而久之，紅的變了牆上的一抹蚊子血，白的還是「床前明月光」；娶了白玫瑰，白

的便是衣服上沾的一粒飯黏子，紅的卻是心口上一顆硃砂痣。——張愛玲《紅玫瑰與白玫瑰》

兩種對於浪漫愛的不同想像與描述中間的衝突並非具有創意的新奇想法，我在做親密關係研究時常常笑稱自己所做的東西，好像只是拿出證據來證明張愛玲是對的。但張愛玲本身確實就是這兩種「文學」對於愛情想像有趣的綜合體，若說張愛玲的小說就如同俗麗的言情小說所描述的戀愛一般，我想很多當代文青會挽起袖子跟我拼命，但我們確實也難以忽略那些鴛鴦蝴蝶的東西，是如何影響張愛玲的寫作。

想像一個該被談的戀愛，就像我在看《半生緣》時，不自覺地一直期待世鈞有一天會與曼楨碰面然後過去的一切都不重要，或是拯救一切，這樣寫或許我們會停止胸口的揪心或是掙扎，但或許張愛玲就不會是張愛玲了。到底，要談一個怎樣的戀愛？是要「一級一級走向沒有光的所在」[2]還是「山無稜，天地合，才敢與君絕」[3]？

無論你選擇哪一邊，這些對於戀愛的描寫都夾帶了強烈的反傳統、反封建意涵。從大眾文學的角度來看，林芳玫在《解讀瓊瑤愛情王國》中提到，二十世紀初浪漫愛與自由戀愛這些觀念在中國興起，作為全面性社會、政治、文化革命中的一部分，民初以來，浪漫愛在大規模的青年運動中不只被視為是個人情感的表現，更是象徵個人自由及個人主義的現代意識型態，代表前衛與進步。「浪漫愛」成為新的道德象徵，取代了傳統的「禮」的地位，[14] 所以，我們在瓊瑤書籍中，凡事只要是傳統家庭的幾乎都「不高貴、不偉大」，都是主角偉大戀愛之路的阻礙，而到近代，雖然說不至於到像祖師奶奶逢父母必反，大老婆必腦子有問題的程度，對於「傳統的、封建的、門當戶對的、違背個人意願的」婚姻與愛情仍舊抱持著批判的立場。而雖然我在這方面的研究不深，但在臺灣的文學界，無論你是痛苦還是甜蜜的戀愛，「自由戀愛」都是一個高高懸掛的標竿，是不可挑戰的。

當然，戀愛在臺灣的文學當中，往往不單純只是戀愛。

在本次專題中，先以女神之間的對決開始，由〈月印〉、〈山路〉中的聖女單挑每個男孩心目中都有的沈佳儀。無論是政治聖女還是鄰家女孩，在這些男人的追求中，女性通常都不僅僅是女性，甚至可以說並不是女性本身，他們所描繪的女性，往往成為某些美好事物的借代。無論是大時代還是小時代的聖女與女神，最後都是順著臺灣既有的性別秩序，重複著同樣而制式的腳本。

自由戀愛作為反封建、反舊時代思維的最佳代言人，如果真的要有所謂的浪漫愛比賽，在當代，非異性戀不用比就大獲全勝。衝破社會位置的阻礙，衝破封建、舊時代這件事情，異性戀真的已經沒有什麼好衝破的，總是只因為社會地位或經濟因素跟父母、家族對抗真的也很膩了，一天到晚像瓊瑤劇中主角悲憤相愛不能在一起，在現在只要有兩個證人就可以去登記的時代裡，越發有一種沒事找碴的感受。要比衝破、要比被反對，有誰贏得過非異性戀的戀愛。

在酷兒或同志書寫中，浪漫愛的反叛性更強烈：「我不只挑戰封建、不只挑戰門當戶對，我要挑戰的是這個異性戀霸權的世界！」但我們還是戀愛，還是愛的死去活來，還是「渴望著不斷不斷付出而又經受著歲月的淘洗、琢磨而還活著的愛」[5]。我還記得在我國小的時候跟老媽一起迷上《逆女》的電視劇，而後因此迷上了所謂的同志文學，邱妙津、白先勇……，然後有一天我看了《十七歲的天空》。這部片對我而言，不只是為當時還年輕且髮線還有餘裕的楊祐寧肉體，令當時還是小屁孩的我震驚於「原來同志也過得這麼快樂喔！」作為一種現實主義或是誠實的描述，那些正經的非異性戀書寫，總是慘得讓人覺得要翻到下一頁都需要心理建設。

我剛上大學沒多久後，有日與當時同樣念性別的社群聊到彼此最喜歡的同志電影，我開心地說了《十七歲的天空》，對方馬上露出不屑的表情說：「那是 **BL** 電影，不是同志電影。」作為一個自許從未搞混過 **BL** 與同性戀的學術型腐女，我只好認真地內省了，到底BL是什麼？只要歡樂的、抽離同志那悲慘的社會處境的都是BL嗎？BL只是同志版的言情小說、只是非同性戀者（特別是女性）對於同性戀愛情妄想的自爽嗎？也因此這是我們第二組的對決，來談談關於同志的戀愛以及妄想中的同志愛，到底可以差多遠。

還是要談戀愛啊

小時候，七夕夜晚下雨時，大人們會說那是牛郎跟織女相會時流下的眼淚。在被各種不同或崇高或骯髒，或陰暗或光明的故事洗禮過後，牛郎織女的故事對我們而言，應該早已味覺疲勞了（老梗？他們才是這個梗的發明者吧！）。我們自然不可能將純文學或大眾文學描述愛情的論述完全以二元論的方式呈現，要知道我們都有老派約會之必要，[6]我們都曾經期待「意中人是一個蓋世英雄，有一天他會穿著金甲聖衣，腳踏七色彩雲前來娶我」，猜中了前頭，可惜猜不到結局。[7]

無論是哪一朵玫瑰，最終都是玫瑰，批判浪漫愛如Stevi Jackson仍然告訴我們社會學家也要談戀愛，作家筆下的哪一種戀愛，最後都是我們戀愛當中，哭倒在KTV與深夜的那一句、那一段，或是我們最終決定與誰在一起或分開的最後一根稻草。美好與不美好的文學作用即在此，在緊要關頭時騷動我們生命當中最脆弱的那一根神經。

祝，七夕情人節快樂。

註

|1| 紀登斯，《親密關係的轉變》（臺北市：巨流，二〇〇三年一月）。

|2| 張愛玲，《金鎖記》。

|3| 瓊瑤，《還珠格格》。

|4| 不過，這些五四青年把浪漫愛當作反抗父母與舊社會的武器，對於如何談戀愛並無清楚的概念，更別說異性交往、約會的技巧等等，這些五四青年往往在自己原來的家鄉也已經奉父母之命娶親。

|5| 邱妙津，《蒙馬特遺書》（臺北市：聯合文學，一九九六年五月）。

|6| 李維菁，《老派約會之必要》（臺北市：印刻，二〇一二年九月）。

|7| 電影《齊天大聖東遊記》。

Top 1

破除愛情的二元論(2)

聖女能否避免成為番茄？

#朱宥勳

0、大時代的聖女

在華文「純文學」的寫作中，愛情故事時常和「大時代」的脈絡聯繫起來，革命的激情與戀人的心跳合鳴共振，確實是一組很適合並置的意象。然而，「革命」與「戀愛」在這些小說中，往往是重前輕後，甚至是以後者來給養前者，主從的結構非常分明。在這樣的敘事模式裡，「愛情」是如何被呈現的？這中間又有哪些性別配置在運作？本文將以郭松棻〈月印〉和陳映真〈山路〉為中心，討論這兩篇小說中，「大時代的聖女」的形象，並且兼及兩位作家的其他作品，觀察他們是怎麼書寫愛情的。——即使「愛情」

在這些小說裡，並不都是「主線」，然而「副線」如何處理也能（甚至是更能）讓我們看到作家的思路。

郭松棻的〈月印〉和陳映真的〈山路〉這兩篇小說有許多可比之處，不僅僅在兩位女主角姓名上的相似而已。它們發表時間相近，都在一九八〇年代；它們同樣描述了左翼知識分子在白色恐怖時期，被掃蕩挫敗的故事；它們都環繞著「倖存的少女」展開故事，雖然分別位於事件線上的不同節點（〈月印〉文惠的主要情節是政治掃蕩前；〈山路〉千惠活在政治掃蕩後）。而對本文來說更重要的是，它們在處理兩名少女及其愛情的思路上，有著結構上的相似，卻在某些關鍵之處顯出細微的差異。

1、**談戀愛：你準備好背叛了嗎？**

談戀愛，先從約會開始吧。

在這兩篇小說裡面，我們都不知道男主角心裡對這段感情確切的想法是什麼。這首先當然是因為，在相關的段落裡，敘事觀點總是被放在女主角身上的緣故。郭松棻的〈月印〉雖然是第三人稱敘事觀點，理論上能夠自由穿梭在各個角色之間，但作家很明確地將敘事觀點鎖定在文惠身上，只有很少部分的段落會把「攝影機」轉到別人身上。我們透過文惠，曉得她和丈夫鐵敏的相識是透過老師居中引見的，而他們的關係，從第一次約會開始就籠罩著陰影：鐵敏與文惠晚上相約看電影，在冷風中鐵敏不斷咳嗽。而文惠在此問了一句：「後不後悔？」鐵敏邊咳嗽邊回答：「不後悔。」雖然小說的敘述很快補充說明，這是在問鐵敏會不會後悔犧牲晚上的寫作時間出來約會，但細心重讀的讀者一定能很敏銳地感覺到，此一「後悔」乃是角色當下無法察覺的雙關、預言，往後鐵敏的冷落與文惠無心的背叛，無不圍繞著這個關鍵字。——到了小說結尾，兩人若想起當年這段對答，想必會有另一番心思流轉吧。談戀愛必備的公式是約會，因為這是為未來儲存「回憶」這一情感資本。而作為唯一細緻描寫的婚前約會場景，作家不可能只是寫過去就算了，在這段情節裡，兩人未來的發展已然定調。

陳映真的〈山路〉則把敘事觀點穿梭在年輕的李國木和已經成為「老大嫂」的千惠之間，但是所有關於愛情的段落都是透過千惠的眼睛看到的。最詳細寫到愛情萌芽的瞬間之處，是在小說末尾千惠的遺書當中。在那裡，我們終於知道千惠並不是李國木的大哥「李國坤」的未婚妻，雖然數十年來她都以這個身分為李家打拼。她真正的未婚夫是另一名左翼青年黃貞柏，但卻偷偷暗戀著同一伙的李國坤，而在這群人都遭到逮捕之後，經過理智（李家境遇更需要人扶持）和感情（她愛上了李國坤）雙方面的衡量，她決定投身李家。由於這是一段鮮為人知的暗戀，又在事過境遷後才揭露，所以我們沒辦法看到很明確的約會場景。——我們甚至不知道，李國坤是否知曉千惠的暗戀？唯一透露了這段感情之可能性的情節，是千惠曾經在幼時的李國木面前唱起了詞義明顯左傾的，描述勞動者苦境的歌。當李國木好奇問起時，千惠「急速地吐了吐舌頭……雙腮因為竟日的勞動而泛著粉紅……眼中發散著並不常見的、興奮的光芒。」然後反覆說「你大哥教了我的。」這一個段落中出現的動詞，總是伴隨著高強度情緒的副詞（柔聲、忽然平靜地、直直地凝視）。更有趣的是，這歌詞是李國坤私下拿給千惠藏起來的，這當然有很直接的「左翼精神之傳承」的意義在，但從情節上推想，為什麼李國坤會將這樣的違禁品給千惠收藏？這是否能夠側面看到兩人彼此信任的程度？——在那次會面（及其他可能有、但我們不知道的會面）發生了什麼？這一浪漫旖旎大於悲苦、也大於理想傳承的回憶段落，是否夾藏了連黃貞柏也不知道的某次約會？而在我們將〈山路〉與〈月印〉比較閱讀的視野下，也很容易聯想到，鐵敏也曾經將最重要的違禁品交給文惠保管。對照看來，這一很少受到注意的「保管」細節，或許有著更重要的情感意義。

這樣討論〈山路〉裡的唱歌情節，或許有點過度詮釋的危險，不過我覺得在陳映真這個個案上，將作家設想得比尋常寫作者更加細膩是可以接受的冒險。我們稍微岔出去討論他的第一篇小說〈麵攤〉就能發現，既然在寫作之初他就展現了這樣的才華，沒有道理不相信他不能在〈山路〉中再次展現。〈麵攤〉的主題閃爍，既不是標準的貧苦人家故事，卻又有一個模模糊糊的人道主義理想，詮釋起來煞費評論者苦心。而我認為，用「愛情」去切入，或許更能讀出〈麵攤〉的精微之處。在小說裡，媽媽愛情投射的對象也不是丈夫，而是站在對立方的警察，貫穿全篇的她的爭執與困惑，率皆來自此一情感與立場的衝突。我們可以注意到，媽媽每次看到那位「有男人所少有的一對大大的眼睛，困倦而深情的」警官，一定會有一個「扣上胸口的鈕子」的動作，從這一貼近私密處的整飾動作，不難推想媽媽對警官漫生的情愫——當然，這個動作也可以讀為一個防衛的信號，抵抗挾權力而有所索求的警官。但注意上引的警官的特徵，也是從媽媽的視角看到的，反覆出現的「困倦、深情的大眼睛」這樣的觀感，排除了兩人關係完全是警官仗勢要脅、而媽媽對他毫無情感的可能，至少媽媽對警官並無生理情慾上的厭惡感。再加上小說末段兩人獨處之後，媽媽激烈但壓抑的情緒反應，雖無一字明寫兩人的關係，但情感流動已表露無疑。

而不管是在〈月印〉還是〈山路〉（以及〈麵攤〉），在這些小說裡，談戀愛就是「背叛」的開始。〈月印〉兩人相戀的後果，就是層層絞纏的背叛——鐵敏在病癒之後投身左翼革命而冷落了文惠，情感上背叛了長年照顧他、將他從鬼門關前面拉回來的文惠。更火上加油的是，左翼革命團體裡面還有一個明艷照人的楊大姊。沒有任何證據顯示鐵敏和楊大姊「有什麼」，但那是因為透過文惠的敘事觀點來看，鐵敏完全沒有透露在外活動的細節（這或許是出於避免牽連文惠的保護心態），同樣地也不能證明他們之間「沒什麼」。而這種模棱狀態，就足以導致文惠的背叛——她交出了鐵敏藏給她保管的鐵箱，最終那一箱禁書使得包含鐵敏在內的整個組織都被槍決。當然，文惠並不曉得交出鐵箱會有這麼嚴重的後果，她或許想過小小「懲罰」或「騷擾」一下鐵敏，讓他回來自己身邊，但她並不知道戰後的中華民國政府的法律和戰前日本殖民政府的法律並不在同一個世界。然而，對歷史缺乏後見之明也不能讓她免於自責，事實上發生的事情就是，她親手交出了鐵箱，警察甚至來到家裡稱讚她「大義滅親」。從戀愛到背叛的鎖鏈形成：背叛出之於嫉妒，而嫉妒，出自於深愛。

在〈山路〉當中，愛情與背叛的連結有三個層次，前兩個層次非常直白，即千惠的二哥告密使整個組織被捕、以及背叛黃貞柏的婚約而獻身（勞動力的意義上，而非性愛的意義上）於李國坤；第三個層次比較隱微，即背叛了他們當年的左翼理想。在左翼革命的社會藍圖中，使人生活過得更好的方式是消滅階級；但千惠為了拯救李家，使之免於覆滅，必須採取背道而馳的方式：讓李家的後代（像是李國木）完全適應資本主義社會的競爭邏輯，踩在勞動者的身軀上以取得舒適安逸的生活。兩相對照，〈月印〉結束於一場告密，而〈山路〉則始於告密，千惠面對的是告密之後的選擇，陳映真在此設下的是重重無解的局面，怎麼選擇都不能洗刷背叛、甚至會加深背叛。如果她履行婚約，前往黃家，則李家必然毀滅於缺乏青壯勞動力，她背叛的是自己的愛情和挽救革命青年家族的道義責任。於是她做出了前往李家的決定，免於上述背叛，這就注定了背叛黃貞柏的婚約和當年大家的理想。而這一切開啟的自責漩渦，中心點卻是因為這個決定履行了她真正的愛情，因而犧牲得不夠多，沒有真正「打碎自己」。她在遺書中這樣辯解：「投身於他的家，絕不單純地只是基於……對於國坤大哥的愛慕之心。」「絕不單純地只是」的曲折心思，終究沒有完全否認：是的，我愛上了他（而不是未婚夫你），是促成了這個選擇的原因之一。所以，為了這「自私」的，即便已經犧牲一輩子但仍沒能奉獻到底的愛情，千惠決定「這失敗的一生，也該有個結束」。

這兩段愛情自然有其悲壯、感人之處。但後設一點想，它們都是在描寫「大時代的愛情」裡面，因為愛情，而且特別是少女的愛情，而毀滅了（左翼的）革命種子的故事，這種巧合多少讓人有些不安。當然，我們不是像最素樸的連續劇觀眾一樣，想要指出故事裡面「少女＝壞人」，然後指責為什麼作家都讓少女當壞人；然而在這裡我們確實可以感受到一種性別配置，或者出於故事發生的時空之必然（兩位受過日本教育的少女，對於持家與犧牲的類似實踐），也或者真的是某種性別腳本的複製（這是文學寫作的難題：如果文學的核心是表達人性，那萬一人性本身就是充滿偏見的，我們該如何表達偏見？）。我們或許還是可以問一聲：為什麼要讓兩名少女扛起這麼大的歷史壓力？難道只因為他們深愛的男人深愛著民族階級？無論如何，愛情在此成為讓理想幻滅的原因，而非幸福的泉源（如同文惠和千惠都曾短暫感受過的，為數不多的約會），而且在書寫策略上被工具化了。通常我們會很文學地這樣說：「他們的愛情是〇〇的隱喻。」但這句話並非毫無問題的，「隱喻」只是文學閱讀的手段，只是「表面」而不是「深層意義」之所在，所以問題在於：什麼東西會被當成隱喻，什麼會被當成深層意義？當個人之間的情愛，被投射成對社會、對民族、對階級、對國家的大愛；所以，一個大愛終將挫敗的故事，必然就要從小愛開始壞毀。如果是這樣，我們還是應該追問，為什麼大時代的敘事特別需要藉助這麼負面的愛情，藉助這樣的少女、工具、隱喻和表面？（而不能是別的象徵體系或情節套路？）或反過來問，在這種思路下的「好愛情」是什麼？

2、只有母親能給的好愛情

另外一個〈月印〉和〈山路〉在愛情敘事上的共同點是，它們所描述的愛情並不是我們想像中的浪漫愛，而更向我們一般認為的「親情」傾斜。黃錦樹在〈詩，歷史病體與母性——論郭松棻〉便提到了郭松棻的小說中，女性潛移成母性的狀態。而這個狀態在陳映真的若干小說中也能察覺。從最表面的層次看來，這很好理解，有其情節上的必然性：〈月印〉的鐵敏若非重病在床、就是整日在外組織革命；〈山路〉的黃貞柏與李國坤在故事開始的時候就被捕了。換句話說，他們之所以沒辦法談一場轟轟烈烈的戀愛，主要的原因是男主角的失能，而當男主角失能之後，兩位女主角就要從戀人演化成母親了。

〈月印〉小說開頭，除了花些許筆墨交代兩人相識相戀的經過外，小說家很快切入正題，描寫了在文惠熱情堅持下速速完成的婚禮。（對比郭松棻遺作《驚婚》裡，因為無法理解彼此而在結婚前猶豫的女主角，完全是相反的典型。）文惠的母親已經預見了婚後的辛苦生活，說了一句：「**人家是急著做新娘，你是急著當護士。**」護士不是母親，但是當孩子生病的時候，母親所要做的工作基本就與護士無異。郭松棻特意描寫鐵敏的病弱，在簡單的婚禮中體力不支、無力將玉環套入文惠的手、病癒初離家門生嫩稚拙等段落，不斷加強鐵敏「就像是……自己的弟弟一般」的孱弱形象。此後將近一半的篇幅，我們會看到文惠所有的愛情能量，都拿來撐持這只有她一人的家。她每日消毒房屋、供應藥食、在菜園裡勞動、注意時局的消息以因應變化，直到鐵敏在結識了一干中國來臺的左翼知識分子，病體好轉投入革命為止。如果我們把這兩個人的關係隱藏起來，純粹注意整篇小說裡他們的互動消長，說這是一名母親費盡心力養大孩子、卻因孩子的成長而陷入空巢期苦悶的故事，似乎也無違和之處。值得注意的是，這種「母姊」與「戀人」混淆、「親情」與「愛情」不分的故事，在郭松棻的小說中並非孤例。〈那噠噠的腳步〉寫的是姊姊照顧弟弟的故事、〈奔跑的母親〉寫兒子既期盼母親的撫愛又害怕母親的控制、〈機場即景〉寫兒子為了寡母的新情人嘔氣，都是抽掉了原本角色的稱謂關係之後，幾乎與傳統愛情敘事的內容（渴望、控制、嫉妒、冷戰……）無甚差異的小說。在郭松棻的小說裡，來自母姊的感情，在很大程度上可以與愛情等量齊觀，而這樣的情感即使有時令人想逃（正如〈奔跑的母親〉所辯證的），卻又是角色與作者均無法割捨，不斷歸返/重寫的主題。

而〈山路〉的母性並不是直接體現在對待戀人的方式上，戀人被囚，這份愛就轉移到遺族身上，因而這樣的母性比較像是一種贖罪的必然。千惠去到李家，雖然未正式過門，但還是被稱呼為「嫂」，李國木說：「這三十年來，您毋寧像是我的母親一樣……」並非虛辭，千惠就和文惠一樣扛起了李家頹敗的經濟，照顧貧病與噩耗交加的兩老以至臨終，以傳統的觀點來說很成功地將李國木教養成人，不但能供應他唸書，還念了能夠得到好工作的會計。若非遺書中透露出的若干細節，我們幾乎看不到千惠的愛情，佔據主要篇幅的都是被照顧的李國木所敘述出來的母姊形象。然而愛情是堅實存在的，正是那「如何愁悒的少女的戀愛著的心（切ないこの女の戀心）」支撐她「為了那勇於為勤勞者的幸福打碎自己的人，而打碎我自己」。如前所引，千惠在遺書裡說這一切決定並不「只是」因為愛情；但我們也可以反過來理解，這就意味著，這一切並不「只是」因為贖罪或理想，而是一種愛情的實踐。而相對來說，陳映真其他的小說雖然也有許多母親（母姊）與戀人融混不清的形象，但陳映真顯然比郭松棻壓抑得多。〈我的弟弟康雄〉透過姊姊的敘事觀點描述早夭的弟弟，那樣唯美纖弱的形象，很難說沒有情愫在內，但故事一開始康雄姊就要將一切親手埋葬了；且康雄之死，正是受到了年長女性的誘惑，而有了導致自殺的罪惡感。這種罪惡感（或者說是一種潔癖：將年長、性經驗較豐富的女性當作「玷污」之源）在〈蘋果樹〉與〈獵人之死〉更是被赤裸裸地描寫出來，與其它將女性更加工具化的小說篇章（如〈唐倩的喜劇〉與〈夜行貨車〉）共同構成了陳映真小說「厭女」的圖像。

少女還未老去、未有子嗣，便從戀人演化成母親，填補失能的、不能在家的男主角的位置。而好巧不巧的是，郭松棻〈月印〉和陳映真〈山路〉的男主角其實都是很相似的角色：他們都是具有改革社會理想的左翼知識分子，而且同樣被戰後的白色恐怖（如陳映真所明示的，「逮捕……白茫茫地展開」）捲入、壓滅，他們的挫折象徵了數個世代的臺灣知識分子的精神殘缺，包括年紀上算來是郭松棻與陳映真父輩的世代，以及覺醒於政治情形猶未好轉的他們這一代。這兩篇小說在政治上，本來就既有歷史意義，書寫了戰前知識分子跨越到戰後的潰敗，對作家來說卻也有當代意義，返照他們知而不能行，空有左翼理想而不得實踐的自身。從這樣的脈絡來看，我們對小說不約而同安排了「從戀人到母親」的軌跡，也就有了一些可能的理解線索。這是否是一種詩學正義，是給予挫敗的知識分子的撫慰（無論如何，有人對你深深抱歉終身）？或者再次將女性角色工具化，成為文學式的曲折，把「真正受苦」的男主角隱蔽起來，不讓讀者看到監禁與死亡以保持想像空間，代之以女主角的窘境作為折射，作為悲慘的基數，疊加出讀者對男主角的同情和派生的政治批判？或者，這透露了那樣的左翼知識分子在遭遇重大挫折之後，一種共同的、被撫慰的情感需求？郭松棻似乎在一定程度上，察覺了自己小說中的這種「把一切後勤塞給女性」的，變形的「男主外、女主內」傾向，在〈今夜星光燦爛〉裡透過陳儀之妻的書信，頗有自嘲意味地寫下這句可以對他所有男性角色說的話：「你們男人倒好，心一橫，出門打仗去了。」

3、性關係禁止以後

而當我們提到猶如母親的戀人時，便在象徵層次上碰觸了「亂倫」這樣有些危險的領域。「幸好」，如上所述，在這兩篇小說當中的男性角色是失能的，包括了性的層面，因此順理成章地形成了〈月印〉和〈山路〉愛情敘事的另一共通點：它都非常明確地打造了一個無性經驗的處女形象。

從文本中有限的描述裡，我們其實不太能確定〈山路〉裡的千惠有沒有性經驗，她與黃貞柏、李國坤的交往到底進展到什麼地步。不過無論之前的狀況如何，可以肯定的是，當她二哥背叛組織，她前往李家之後，她就正式成為一個守貞數十年的聖女。她臨老反覆陳說的對白：「我來你們家，是為了吃苦的。」並不只是苦毒地勞動而已，還包含一種近似「出家」的卓絕意志；來到李家，就是要斷絕一切個人幸福，全心全意贖罪

（但這「為了心愛的人奉獻」最終竟然也成了讓千惠愧死的幸福）。作家雖未對此「守貞」概念有太多描寫，但並不是沒有注意到、是有意識地使之成為贖罪吃苦之一環的。在遺書當中，千惠有這樣的自白：「每次，當我在洗浴時看見自己曾經像花朵一般年輕的身體，在日以繼夜的重勞動中枯萎下去，我就想起早已腐爛成一堆枯骨的、仆倒在馬場町的國坤大哥，和在長期監禁中，為世人完全遺忘的、兀自一寸寸枯老下去的您們的體魄，而心甘如飴。」用自己青春年華的浪費，去抵償政治犯在獄中磨耗的生命，雖然並非直接顯露出情慾受到壓抑的意念，但壓抑的事實是明顯的——少女「像花朵一般年輕的身體」在小說敘述的套路裡，若要不「浪費」，那自然是要投入某種情慾當中，「被享用」。這裡當然是某種物化女性身體的意識型態套路，反過來說，為了成全某種偉大的犧牲，將女性的身體／情慾封印起來，其實也還在同一套路當中。在這裡，少女成為聖女，因為她「自願地」為了男人而將自己的身體關閉，甚至這樣數十年的守貞還是讓千惠覺得有所虧欠，最終又為了男人（的理想）徹底關閉自己，自殺了。對比陳映真其他小說，我們會看到此一「崇高行為」使千惠成為陳映真少數在小說中表露出讚揚與衷愛的女性角色。〈我的弟弟康雄〉的姊姊準備墮落，〈蘋果樹〉的房東太太已然瘋狂、〈獵人之死〉的維納斯被寫成污濁的浪蕩女、〈唐倩的喜劇〉的女孩用身體換取臺北知識圈的浮誇聲譽……這裡的每一個女主角都上過床，「髒了」，因而被當作某種醜惡的她者。〈夜行貨車〉的女主角的性之所以不髒，是因為在這篇小說裡面，性是本國人與外國人之間角力的戰場和獎賞（是的，與 PTT 鄉民的 CCR 情結屬同一層次）。〈將軍族〉或許是少數例外；但且慢，女主角雖然淪落風塵，但男女主角之間還是「純潔」的，而且是「純潔地自殺」的。在這裡，我們很明確地看到陳映真小說中，被擺在最高評價的女性類型：守貞、羞澀（且在數年重勞動之後，想到遠去多年的戀人還會臉紅）、堅實而美麗。不但是聖女，而且還是聖女番茄。

相對來說，〈月印〉的文惠雖然也在作家安排下，成為一去性化的少女，但郭松棻所設下的局面要殘酷得多，所寄予的同情卻也豐富、複雜得多。新婚伊始，鐵敏便重病在床，鄰居流言說「新郎還來不及疼新娘呢，自己就先倒了下來」。因為鐵敏身體的病弱，兩人始終沒有發生關係，接下來有幾個場景便以鐵敏性慾的復甦描寫身體情況的好轉。起先是「他一個人悶在空房裡，想著妻子的身體」。到了第三節開場，就有大段描寫鐵敏凝視並擁抱文惠的段落。最終，作家細緻書寫了兩人出門泡溫泉、晚上回家小酌、半夜鐵敏主動索愛，文惠卻謹慎地拒絕：「先把身子養好了再說……」對文惠來說，讓鐵敏健康地活著已是最重要的事了，而在這裡，同樣是寫因為某種原因「守貞」的少女，我們能看到郭松棻和陳映真在細膩程度上的差別。對陳映真來說，只要有一個好理由，少女的情慾就可以沒有掙扎、不成問題，可是郭松棻即使給出了一個好理由，還是顧及了文惠的心思：「剛才對著身邊的鐵敏說等著把身子養好的話，其實也是對自己說的。/她自己拖延著自己，這是她隨時隨刻都意識到的，也是她自己心甘情願的。/在鐵敏病重的日日夜夜，令她憂愁的自然還包括了那眼睜睜看著自己的歲月徒然流失的無奈。」相較於〈山路〉裡面對自己「花朵一般的身體枯萎下去」還「甘之如飴」的安排，〈月印〉裡少女/少婦的情慾至少被正視了，雖然在故事上還是被壓抑被犧牲了，但我們因而曉得這並不是理所當然的事情，也就從而看到一種更艱難的愛情。

但郭松棻的複雜之處在於，這樣的「正視」並不見得是溫情的，而是更巨大悲劇的伏線。在小說結局，鐵敏已在文惠無心的告密下被槍決，她下意識地說：「『如果我懷了你的孩子……』/下一個瞬間，她就為這句突如其來的話感到刻骨的羞愧。」值得注意的是這句對白為何引來了「羞愧」。最顯明的層次當然是文惠的告密，且因為未有子嗣，文惠甚至失去了贖罪的機會——如果有了鐵敏的孩子，至少能告訴自己要吃苦（如同千惠）養大孩子，也就還有活下去的理由。但往回推，之所以連遺腹子都沒有，不正是因為文惠拒絕了鐵敏、而鐵敏此後就很少在家嗎？這就解釋了為何作家會細筆處理「泡溫泉的那一日」，那可能是一切的轉捩點，但當下兩人都不可能預先知道。而對我們的論題來說，最重要的一件事情是，這裡的「羞愧」或許包含了，在她下意識說出：「如果我懷了你的孩子……」時，其實也流露被壓抑的情慾忽然浮現的瞬間。直白地說，她的羞愧，有一部分是來自她自責自己竟然在丈夫死後，想到了「如果我們當時有做……」（不然如何懷孩子？），想到了這在未來已經不可能了。她努力了這麼久，期盼的不就是「無憂無慮地展開自己，走向健康正常的生活」，最終結果至此，豈能無怨？然而，怨誰？而死者為大，此刻的「怨」卻又顯得自私，成為了羞愧的原因之一。此中曲折，僅用一句對白、一句敘述便壓縮引爆了整篇小說累積下來的錯綜線索，不得不讓人嘆服〈月印〉的細膩。最終，守貞是守了，但人的複雜性也呈現出來，〈山路〉的聖女還原成〈月印〉裡也有內心掙扎的少女。

如果說前一節討論的「戀人演化成母親」，是填補男性失能的空缺的話；這一節的「性關係禁止」，則是映射左翼男性知識分子的慾望。當男人為了民族階級的大愛（在監獄裡、在陰間）守貞（既是性愛上的，也是理想上的貞操），他們所期盼的就是在外面的世界、在陽間也有一個女人為我持守一輩子。但差別在於，陳映真的小說毫無懷疑地呈現了這種慾望，郭松棻卻對此保持了批判與同情的距離，為他的女主角擔心：已經這樣守了一輩子、而且如果還將要繼續守下去，那樣的日子該怎麼活？〈月印〉的故事原型來自川端康成的〈水月〉，但〈水月〉一開始女主角就改嫁了，這會是文惠在故事之後的選項嗎？如若是，她要如何抵償自己的羞愧？或許，如今看來多少顯得陳腐、保守的「保持美感的距離」這樣的文學信條，也不見得全都會導向保守陳腐的政治結論。

4、犧牲的鎖鏈

以上的討論，大致上提出了郭松棻〈月印〉和陳映真〈山路〉在愛情敘事上的一些特徵，希望透過這兩個典型案例，一窺「大時代的愛情」的情節模式，及其背後的思路。而綜合前述的說法，我們其實可以看到這裡有一個「犧牲的鎖鏈」：在那樣的大時代裡，男性自然是為了理想而犧牲的；但男性的犧牲有一個「可堪告慰」的報償，就是女性的犧牲。在〈山路〉這樣極端的例子裡，女性即便犧牲了，還覺得自己不夠告慰男性主角，羞愧自殺，幾乎就可以說是男性作家陳映真所呈現的，極端控制與自我中心的性格面向。郭松棻的〈月印〉雖然比較「收斂」一些，但情節所呈現的基本性別框架也沒有太大的超越性。問題是，當男性選擇他們的理想時，並沒有問過女性的意思，女性只是因著對他們的深愛就被捆入這個鎖鏈當中，她們承擔背叛者的罪名，她們贖罪，她們獨自面對沒有男主角的世間，活在無牢之獄的餘生中。而這鎖鏈卻在女性犧牲的這一端戛然而止，整個歷史的重擔就全部落在少女／聖女的肩上了；作為讀者，除了同情，我們或許還可以更進一步問：那誰會來「告慰」她們呢？我們能否期待在新世紀社會運動風起雲湧，「革命」又重新飄浮在人們腦際的當代，「大時代的愛情」能有更不一樣的性別配置和腳本，能突破「大愛」與「小愛」的狹隘區分，證明我們的時代起碼超越了一九八〇年代的想像？

Top 1 破除愛情的二元論(3)

那些年，我們一起追的神主牌

#蔡宜文

我開始寫這篇書評後，我一直很後悔自己選了這麼一本吃力不討好又擔心寫完會被戰男女的書，要不是因為《秘密讀者》編輯群中還有我想當一輩子朋友的人，我可能就包袱款款的假裝沒這回事跑路去了。

這是我第二次耐著性子看完《那些年，我們一起追的女孩》，第一次是因為在寫論文的時候，許多男性受訪者提到這本書，身為一個負責任的研究者，我在清大人社院一個午後把這本書看完，看完以後：

第一個心得（毫無相關的），我好想知道書中提到清大社會所面試時的「胖教授」

到底是誰？

第二個心得，看到一半就知道沈佳儀對他有意思了，最後到底是在孬什麼？

第三個心得是，就是我一邊看一邊掛在嘴邊的：「我真的不懂。」是「不懂」，我之所以會用「耐著性子」，並不是因為《那些年》不好看或是沒有共鳴，反而是相反的，《那些年》讓我產生的共鳴其實還比我想像中的大很多，沈佳儀講出每一句「幼稚」時，我心中的旁白大概也不外乎：「果然是毛都還沒長齊。」這類批評這些行為幼稚的言論。《那些年》不知道為什麼讓我勾起青春期對於男性的不屑與惱怒，而難以冷靜地進行文本或是基於一個社會現象上的分析，遲遲無法動筆，這也是為何，我會有這種搬起石頭砸自己腳的感覺。

我沒有看過九把刀關於他自己人生的其他作品，所以在這邊並不清楚在《那些年》之後，他的人生是怎麼走的，有沒有碰到其他深刻的戀情，因此以下的評論皆針對本書而來。《那些年》是一本很誠實的作品，這並不是說我覺得刀大書中所講的一切都是「真的」，而是書中描述的口吻有一種自然的真實感，就像是放大拉長的PTTBoy&Girl版匿名文章一樣，甚至還比多數的匿名文章誠懇。這種真實讓柯景騰那種沒來由的男性自傲，年少輕狂或是即使到成書當下仍然不成熟的人際相處技巧躍然於紙上，是個很至情至性的作品。也因此我對於本書的不耐與厭惡之情，正是我個人認為本書的成功之處，如此真實描繪一個國高中屁孩，若是沒讓同樣在高中時自視甚高的女校學生厭惡，那才是失準啊。

後來我想想，這種情緒也未必不是件好事，在電影《那些年》熱映的時候，對於劇情如何貼近我這代年輕人的青春期人生之感嘆如過江之鯽，能夠有一個反射性厭惡的角度來觀之，也算是獨特。

> 青春期的男生可以在一百個人面前極盡丟臉之能事，還兼洋洋得意——只要其中沒有他喜歡的女孩。
>
> 青春期的男生可以在籃下被蓋一百次火鍋，還覺得打籃球是件有趣的事——只要附近沒有他喜歡的女孩。
>
> 青春期的男生可以因為成績差勁、上課搗亂、跟牆壁說話，變成某種反其道而行的英雄——只要他不需要坐在喜歡的女孩的前面。（《那些年》，p.122）

這段引文，基本上把整本《那些年》的調性給描述出來了。

《那些年》並不是一個皆大歡喜的故事。一群男生同時喜歡上一個條件比自己好很多的女生，而各顯神通展開追求的故事，這些男生平常雖然調皮搗蛋、成績差勁，但為了追求故事中的「女神」沈佳儀，努力成長成一個能夠配上她的男人，無論是在成績上努力追過，還是學會譜曲、為了她去參加佛學營、加入慈青之類的，但最後這群男生沒有一個真的追到沈家儀，連最有機會的柯景騰，最後仍然錯過彼此，小說的最後一幕停留在這群當時彼此比拼要追求女主角的男性參加沈佳儀婚禮的畫面。

每個男孩心中都有一個沈佳儀？

在《那些年》電影熱映時，剛好也是電視劇《我可能不會愛你》的熱潮，每個男孩心中都有一個沈佳宜，[11]每個女人身邊都有個李大仁，這兩尊簡直就是現任男女朋友聞風喪膽的死神，破壞力與暗黑破壞神三跟俠盜獵車手五不分上下。但從我的角度觀之，身邊的李大仁畢竟還是一個活生生的對手，既然對手還活著，就有獲勝的可能。但，永遠的沈佳儀就是根植在記憶裡的幻象，一個神主牌，跟神主牌對打永遠都不會贏。

我在進行論文訪談時，並非所有男性都會提到《那些年》，但他們都不約而同提到類似理想的愛情，與《那些年》這類小說梗概非常類似：「一個平凡、外貌跟社會經濟條件上較差的男性憑藉著在各種方面不斷地努力追求到一個在外貌、社會條件上都相對較好的女性。」像是《那些年》裡男主角為了追上女主角而努力念書，從吊車尾變成優等生一般。而這些要被追上的女性，就像是《那些年》中的沈家儀一樣，功課好，有氣質卻又具有女性的陰柔特質與美德，帶著一點點高傲或是不想談戀愛的表現。男性們把她們當成「女神」，他們期待藉由不斷地追求與提升自己的條件，最終仍然可以將拒絕自己的女神變成肯定自己的女人。但問題是，這每個人心目中的沈佳儀，到底存在的是沈佳儀本人，還是只是一個誰都無所謂，一個誰擺在那位置上就會自動變身而成的神主牌呢？

如果說言情小說寫給女性的愛情神話是：藉由自身的陰柔氣質與「好女孩」的特質，征服男性的陽剛氣質，藉由愛造成社會地位的轉換、藉由愛克服一切得到了自己原本不會得到的資源與位置，「追求女神」便是男性的愛情神話，而這個神話也同樣是藉由本身的陽剛氣概，企圖造成社會地位的轉換。但最大的差異則在於，對於女性而言，這些愛情神話往往有完美的結局，男性則不然，是否真正與自己心目中的女神在一起並非這些追求的神話的重點，重點是在於為了追求女神，提升自己的條件這件事情，就是神話的本身。

最終柯景騰跟沈佳儀只差一步就在一起，最後在兩人發生爭執而男主角放棄追求女主角中落幕，並不算是個幸福快樂永遠在一起的結局。在我訪談時，受訪者們提到的痞子蔡、藤井樹等的作品，最終的結果多半是性、疾病或死亡等障礙介入愛情後，兩人分離的結局。可以看出，追求的愛情神話未必伴隨快樂、幸福的關係，但往往伴隨著男主角本身的英雄主義色彩，也就是「追求」本身。

同時，這個追求的神話，並不排除男性在目標以外的性以及關係上的冒險。柯景騰自己也提到，他認為喜歡沈佳儀的過程中，同時喜歡其他人是正常的，因為喜歡就是喜歡上了。在追求沈佳儀的過程中，這段路程的性與情感上的嘗試都並非真正的「專一」。而在本書中另一個與刀大有情感連帶的女角——李小華，正好跟沈佳儀形成一組對稱的角色，李小華是一個很「女性化」的角色，相較於沈佳儀被描述得有點嚴肅、矜持、不給男生面子、看靜思語、不想談戀愛等特質，同樣是「成績好」的女生，李小華便是那個有點主動，會誇獎男生、給男生面子（書中好幾段明明表現得較柯景騰好，卻還是誇獎他聰明的片段）、問男生問題、看言情小說的女生。柯景騰的成績變好，不僅僅是來自於沈佳儀的刺激，也同樣來自於一個成績比他好很多的女生的「崇拜」。

有趣的是，我覺得在一開始李小華明顯對於柯景騰有好感的時候，柯景騰並沒有感覺上相對地喜歡這個女生，在應該要牽手的一幕裡，甚至還聊起了沈佳儀，但在李小華逐漸疏遠之後，愛情反而轟轟烈烈地開始了，柯景騰跟李小華最後並沒有在一起，再也沒有牽手的機會。刀大在描述他與李小華的故事時，不知是有意還無意地用了當時他看過的一些作品作為開場：《鹿鼎記》、《灌籃高手》、張學友的歌，有趣的是，前兩部作品竟都是追求的神話之經典代表，藉由努力地追求，將遠高於自己等級且拒絕自己的人追到手，同時也得到了感情以外的世俗成就。或許這也表現了，與刀大同時期的男性，是如何受到這樣的追求神話影響，去想像戀愛應該是什麼樣子的。

那些年，之後呢？

我在訪談的時候，多數受訪者都表示在初次戀愛的經驗以後，自己對於愛情的美好想像破滅，隨之而來的是對於愛的另外一種更為務實的看法。在本書中，也可以看到這樣的改變，就像是刀大在書中提到的：「二十歲以前，我堅貞篤信努力可以得到任何愛情。何其天真。二十歲以後，我醒悟到大部分的愛情，早在一開始就註定了結果。絕大多數的人，都會在下意識的第一印象中，從此定調。」（p.183）或是在放棄追求沈佳儀後的下一場戀愛「與毛毛狗交往，對我而言是很難形容的愛情經驗。我在追求沈佳儀的八年歲月耗竭了許多氣力，個性裡許多瘋狂的質素都已燒盡，因此我以一種平平淡淡的節奏，重新去喜歡另一個女生。」（p.258）

追求女神的過程中，精力耗竭、瘋狂磨盡，然後，學會平平淡淡地去談下一場戀愛。但即使學會了平淡，並不代表甘於平淡：

「該邊，我剛剛突然明白一件事。」

我看著剛剛被發好人卡的 MSN 畫面，鼻子還酸酸的。

「什麼？」

「我們以前在喜歡沈佳儀的時候，可曾因為任何理由退縮過？」

「……沒有。」

「如果我用所有的力氣拜託你不要跟我爭，你會退出嗎？」

「不會。因為是沈佳儀。」

「一點也沒錯。因為是沈佳儀。」

是啊，可曾因為任何理由退縮過？身高？成績？距離？（《那些年》，p.140）

那樣轟烈不顧一切的戀愛仍然被放在愛情的神殿裡面瞻仰，期待自己有一天真的能夠轟轟烈烈並且成功地戀愛一次。

同時，從這段對話當中，我們也可以看到，「一起追」不僅僅是自己愛情的追求，也是一種同儕競爭，陽剛氣概的展現，而這個展現往往會把愛的表現激化得比我們想像中的戀愛更為「熱血」。

因為是「沈佳儀」，但真的是因為沈佳儀這個人嗎？看到書本的後面，其實我們才漸漸可以看到沈佳儀這個人浮上檯面，而不單純只是個「成績好」或「歐巴桑性格」的樣板好女孩。沈佳儀跟柯景騰曖昧時，也曾詢問，到底這群男人喜歡的是不是真正的自己，我認為書中的柯景騰以及寫下這回憶的刀大，最終都沒有理解這個問題背後的意義。舉個例子來說，故事中，追求沈佳儀的男孩們，為了競爭跑去當佛學營的隊輔，抱持著女生喜歡男生喜歡小孩子的幻想，一個一個在沈佳儀面前表演自己多喜歡小孩子。結果在數年後，沈佳儀跟其中一個人講到，自己雖然喜歡小孩，但也常常覺得小孩子很煩，面對其他人都刻意跟小孩玩在一起，表達說跟小孩子相處很棒，她覺得很有壓力，所以覺得坦然說出小孩子很煩的柯景騰很真，也因此對柯另眼相看。然而面對這段故事，刀大卻只是認為這樣的故事來得太晚，他太晚才知道，兩人無法在一起，但我認為最根本的問題並非如此。這個故事點出了追求神話最大的問題，你追求的到底是那個女生，還是就是追求神話本身？

刀大說自己在追求沈佳儀的時候，整個人就像包著一層光一樣，閃閃發亮。但「那層光是因為自己，還是因為男人本身的自我成就？」或許終將是沈佳儀們心中永遠的疑問。

這類被劃分在「大眾文學」或所謂的「純愛小說」的愛情作品，常常被認為「俗套」，無論那個女孩是叫輕舞飛揚、叫 feeling 還是叫沈佳儀，好像都是同樣的錯過，同樣的追求，同樣的完美好女孩。可是俗套之所以可以變成俗套，就是因為它確實是個在現實生活中被無數人無數次演繹過的歷史。有趣的是，這個歷史卻好像是故意沒有留下任何前車之鑑似的，仍然一而再，再而三地讓這些熱血青年前仆後繼地投入「求而不得」的追求之中，有時讓人懷疑這到底是求而不得，還是在求「不得」？

「我想娶妳。我一定會娶到妳，百分之百一定會娶到妳。」我克制語氣中的激動，說出與我年紀不符的咒語。沈佳儀深呼吸，深深深呼吸。「現在你想聽答案嗎？我可以立刻告訴你。」沈佳儀的語氣很平靜。或者，我已經失去能力，去分辨她語氣裡隱藏的意義。突然，我感到很害怕。我極度恐懼，自己不被允許繼續喜歡這個女孩。

……「不要，我根本沒有問你，所以你也不需要拒絕我。我會繼續努力的，這輩子我都會繼續努力下去的。」我的激動轉為一種毫無道理的固執、與驕傲。「你真的不想聽答案？」沈佳儀嘆氣。「我不想。拜託別現在告訴我，拜託。」我沈住氣，「**妳就耐心等待，我追到妳的那一天吧**。請讓我，繼續喜歡妳。」

（《那些年》，p.206）

我想，所有看到這邊的人都知道沈佳儀是會答應的，但柯卻不願意聽這個答案。

這邊很有趣，在最後，刀大用了一個比喻就是大家一起打麻將，他是明明胡了過水想拚自摸。我覺得這真是一個超級精準的比喻，柯景騰不是怕失敗，而是怕成功。

從作為一副麻將的角度來看，柯景騰想成就的是自己以及一段偉大的劇情（苦苦追求等到對方喜歡他的那一天），所以他不需要麻將的答案，不需要沈佳儀的答案。這也是為什麼我說即使是刀大的回憶口吻，我認為也沒有真正理解為什麼沈佳儀會懷疑他們喜歡的是不是自己，為什麼其他人會問他是不是喜歡追著沈佳儀時候的感覺而已。因為他所追求的「追求」是一種命定的悲劇英雄，即使被追求的對象想喜劇結尾也不可能成功。

沈佳儀跟柯景騰最後沒有在一起的原因不是因為格鬥大賽，而是因為這種充滿陽剛氣概的英雄主義，阻斷了兩人最終在一起的可能，也讓刀大轉向平淡的戀愛。很諷刺的是，為了追求一個女神而瘋狂增進自己能力的熱血，最後就是妨礙關係成立的關鍵，男人陽剛的熱血竟同時成為關係的雙面刃，也成就了「永遠的沈佳儀」。

我之所以會使用神主牌一詞有兩個意思：一是我上面提到的，沈佳儀到底是沈佳儀本身，還是一個只要放在那位置上就會自動獲得那樣位置的神主牌；二就是，還是這樣的戀愛本身就是一塊神主牌？轟轟烈烈，用盡心力，努力追求一個女神的戀愛方式，會不會一直以來都只是一個可望而不可及的美夢，是要放在神龕裡面拜的。

這或許也是為什麼我看這本書會本能性地被勾起不耐煩的感覺，雖然我的姿色要造成群追的可能性太低，但作為女人被養大的過程中，對於戀愛當然還是曾抱持著那豐富且充滿花瓣的幻想，而當我們被迫要抱持著這種「愿得一心人，白首不相離」的嬌羞，那些懵懂的曖昧，原來是死在這樣的想法之下。

青春的戀愛到底是死在女性被教育的要學會充滿暗示的語言、學會不主動、學會讓對方來操心你之中，還是死在男人被教育的對於追求的無限浪漫想像、自以為是的英雄主義，或是疑惑這個社會為什麼刻意要把男女教育成根本就懷抱著不可能和平戀愛的戀愛幻想。這些都需要漫長的學理分析，請容許我在此，短暫地拋棄政治正確，回歸到青春期時候的少女，痛斥這些男人的不解風情吧。

我們只能期待，或許在某個平行時空中，女人並不買帳，男人並不崇尚「追求」這個愛情神話。

真羨慕他們啊。

註

[1] 書中為沈佳儀，電影用的是沈家宜。因此在講電影的沈家宜時，我使用了後者，在本文分析中則會使用沈家儀。

Top 1 破除愛情的二元論(4)

同志文學中的「愛情想像」

Fran T. Y Wu

「愛情」在文學中向來就不斷地被描述、甚至歌頌，可說是永遠歷久彌新的主題，在同志文學中更是如此，甚至，由於同性戀在主流社會的備受壓迫，而導致其間愛情與慾望的辯證、虛構與現實的交錯，更顯得激烈而特別。然而，隨著社會日益開放，同志議程的可見性逐漸提升，也改變了同志文學的發展樣貌。因此，我在此文中，分別討論臺灣九〇年代及二十一世紀同志文學的情愛想像、婚家想像，並在結語中提出對「酷兒文學」的一些看法與建議。

一、九〇年代同志文學的多元情慾想像

自九〇年代以後，臺灣的同志文學即呈現「爆量」式的蓬勃發展，也因此，談論同志文學難免掛一漏萬，況且本次專題聚焦於同志文學中的愛情想像，因此，我僅打算處理少數幾個文本，而且透過九〇年代與晚近幾年的同志文本比較，來突顯其中的差異，並將主要的文本分析保留給晚近才出版新作的陳雪、許佑生，這主要是九〇年代的同志文學已被評論得太多，這點還請讀者及相關作者海涵。

一般認定白先勇是臺灣同志文學的開創者，其《孽子》更是臺灣同志文學的先聲，因其清清楚楚、毫不遮掩地以同志族群為書寫對象，且不避諱其中的情慾描述，儘管其實更早之前已有姜貴的《重陽》（一九七四年）和林懷民的〈蟬〉（一九六九年）。而自白先勇以後，即開啟了臺灣以現代主義為主流的同志文學創作潮流。

在某個程度上，九〇年代的同志書寫比較著重於自我認同/性身分認同的敘述框架，而且幾乎可以說普遍都涉及到社會的貶抑與污名，例如白先勇的「孽子」、邱妙津的「鱷魚」、陳雪的「惡女」、洪凌的「異獸」及舞鶴的「鬼兒」（二〇〇〇年）。不僅如此，在創作手法及主題上，也相當大膽前衛，逸出社會的常軌、脫出日常的規範，當時的女同志創作又更是如此。

譬如陳雪早期的作品，幾乎可說完全不合主流社會的價值規範，且常常觸碰到臺灣社會的禁地，亂倫、不倫、傷害、瘋狂、變態、痛苦、性侵害、S/M貫穿了其早期作品的經緯，在揉合了自傳體與象徵、隱喻及某種程度的魔幻寫實下，書寫認同、情慾與身體等議程。至於洪凌甚且把其女同志書寫擴及、同化到所有異端，如吸血鬼、外星生物等跨越性別、跨越物種、跨越星際的科幻書寫，其激進與不羈更甚於陳雪。

大致而言，九〇年代的女同志書寫，可謂慾望橫流，不但具有情慾崇拜、戀母情結及性逾/愉越/悅等多重特質，甚至帶有世紀末狂歡的嘉年華氛圍及墮落自棄的悲情。其中又大量涉及死亡書寫，及對血液、子宮等意象的極度執迷，如《惡女書》、《異端吸血鬼列傳》將性愛快感與吸血或返回子宮相類比、轉化，既暗示了情慾與生、死的矛盾，又藉這種經由性行為回返到母親子宮的安全感而帶有戀母色彩。

凡此種種都令人聯想到茱莉亞·克莉斯蒂娃（Julia Kristeva）的「賤斥」（abjection）理論。在九〇年代，無論是同志或同志的情慾，都是當時的社會文化系統急切想要推離、排除、賤斥的對象，這樣的排除系統將同志此一族群驅逐至社會邊緣、陰暗的角落，而正是在這樣的脈絡下，文學與藝術以顛覆、跨越、甚至挑釁的姿態反身挑戰社會與國家對身體與情慾的規訓，企圖藉此模糊掉「賤斥/神聖」、「潔淨/不潔」、「倫理/逆倫」

的權力與美學界線。

相較之下，被奉為女同志經典的邱妙津，無論是《鱷魚手記》（一九九四年）或《蒙馬特遺書》（一九九六年），都比較貼近主流文學的表述方式，儘管也懺情瘋狂，但幾乎可以說，除出性傾向的自困、煎熬與愛之不可得外，邱妙津是極為文化菁英，並且（至少在潛意識）順從於主流社會的。「鱷魚」儘管處理性身分與社會文化系統的衝突與矛盾，但在遺書已未見對性別建制的著墨、反思。

或許可以這麼說，這個時期同志書寫的愛情想像，儘管有相當於異色文學或情色文學般大量的、越軌的性描述以挑釁主流文體及規範，但整體而言多數的創作並未真的「性別越界」，雖然挑戰了生理性別的區分，但多數的文本仍維持男／女二元相對的性別操演，如主角多是展演男性情慾角色的T／女性情慾的婆及1／0號，真正瀟灑越界、任憑情慾流動的少。

亦即，書寫的主體或許不同了，主題、形式、表現策略也變了，但其愛情或情慾想像卻不見得有顛覆異性戀陰／陽、男／女的二元相對模式，仍多是異性戀體制的兩性象徵與想像，未見、少見茱蒂絲．巴特勒（Judith Butler）在論及酷兒文學時的呼籲，即，應揚棄異性／同性戀二元分立的本質主義，同時酷兒化（queering）異性戀的主要敘事。

二、二十一世紀同志文學的想像「趨同」

相對於九〇年代的蓬勃，二〇一〇年前後的同志文學稍顯沉寂，與此同時，不同於九〇年代善用象徵、符號與隱喻等現代主義創作技法，二十一世紀的同志文學多與寫實主義接合，到了晚近甚至出現了更多自傳體式的私小說，譬如許佑生的《摯愛二十年——我與葛瑞的同性婚姻情史》與陳雪的《迷宮中的戀人》，當然散文體《人妻日記》、《戀愛課》更是不用談。

新批評理論（New Criticism）主張 "the text and the text alone" approach，認為文學的意義存在於文本內，無須放在社會、政治、文學史或作者生平等脈絡下研究。確然，理論上，一個文本被視為是同志文學，並不需要指認其作者為同志、或探究其現實生活上的情慾實踐，但一方面，同志文學經歷過一段「不被看見」或「視而不見」的時期，以致如何「辨識」何者為同志文學？遂成為了同志文學建制的首要課題。

另方面，作品的意義果真全由文本決定嗎？當代文化批評理論就十分重視文學與社會的有機聯繫，特別又是其中因為階級關係、性少數、或種族/族群關係而涉及的權力問題，就此，必須承認同志文學有其特殊性，同志的性少數身分與其在社會上的位置必然或多或少會影響到其創作。儘管現今的臺灣社會已相對開放，但同志議題仍是社會鬥爭的場域，同志婚姻更是目前被主流同志視為「聖戰」的首席文化戰爭。

事實上，陳雪與許佑生都相當清楚、自覺且有意識地企圖以文學創作介入這場文化戰爭，例如許佑生就在〈序〉中明言，烏拉圭、臺灣對同性婚姻的巨大落差（一已合法，一尚待努力），是他寫作《摯愛二十年》的「第一個意義」，至於陳雪更是多次在報章雜誌受訪或與早餐人聯訪時，提到想對「同志婚姻合法化盡一份力」。當然，這也某種程度延續九〇年代以來同志文學與同志運動或攜手並進、或分進合擊的策略，也因為創作者本身的創作動機，因此《摯愛二十年》、《人妻日記》和《戀愛課》都難以離開這個脈絡進行解讀。

如前所述，同志文學即便撐出了傳統生理性別的縫隙，使性少數在文學中能有一席之地，但嚴格來說，並沒有借力使力，「酷兒化（queering）異性戀的主要敘事」，反倒更多是貼合於原本的異性戀體制與性別操演。而時序進入二十一世紀後，這樣的現象非但沒有改變，反而更加地「趨同」——趨同於主流異性戀的文化價值觀、婚家概念，甚至或多或少連資本主義式的愛情想像都一併繼承。

譬如玫瑰、戒指、婚禮儀式的愛情象徵與隱喻，例如陳雪寫：「而至今，我每看到手上的戒指，總要想著：結婚儀式與這個指環是重要的。對於戀人們，這世間太艱難了，

應該要有個什麼，彷彿鎮魂之物，這麼安定著，守護著戀人們的心。」（2012: p.152）

許佑生也頗為類似：「我們選了一對沒雕花，只刻兩道紋路的陽春金子婚戒。老實說，那時也真的不在意買多麼好的戒子，腦子裡想的是：喔，老天，我要跟這一位阿斗仔結婚了，不是演戲，是私訂終身，還要戴戒子為證，有戒子就好。」（2014: p.43）

兩人也都有提到自己「私訂終身」的結婚儀式，當然並不同於傳統的異性戀婚禮，在同志的終身大事上，家長及親屬多半都是缺席的，但就「儀式性」這點則並無二致。至於許佑生後來舉辦的公開婚禮則基本上是政治的，是臺灣同志運動的標誌性事件，在此僅略表不提。

不僅是愛情想像與異性戀趨同，於性別及身分的展演上也和異性戀體制接合，例如陳雪提到農曆春節時她「去早餐人家吃年夜飯」，並且「這是第三年我與大家一起吃年夜飯了。第一年，只說是『我朋友自己一個人在臺北過年』；第二年大家就熟識了些；第三年，早餐人先進廚房跟媽媽問好，媽媽問說『你朋友呢』。雖然以朋友相稱，但她掛記著我，使我感動。」（2012: p.178）並提到自己的原生家庭是「娘家」，在在可以看到即便是兩個同樣性別者結合的家庭，但基本上是相當「工整地鑲嵌」進異性戀的性別身分建置與婚家體制。

當然，也並不全然服貼地整合進主流的社會價值觀，例如女同志一般對七夕、聖誕節或跨年的愛情消費主義現象較為敏感、拒斥，在早家也是如此：「第三個平安夜，終於平安了，我們如常地看著星期六深夜的DEXTER影集，先吃了頂呱呱的小炸雞，開了櫻桃酒，把滷味擺上桌。……貓都睡了，屋裡只有我們倆，安靜的，家常的，平安的，像過往的每一天。」（陳雪，2012: p.142）「『晚上要怎麼跨年？』我問。『在家啊！』她說。『看DEXTER嗎？』……咦？這樣不是跟聖誕節一樣嗎？冰箱裡還有湯圓呢！如果煮一煮，也滿像過冬至的。過日子比過節重要。」（2012: p.152-153）

此外，與異性戀體制最大的不同，是臺灣的同志婚姻尚未合法化，以致許多基於婚姻而來的法律地位及權利、義務關係都「妾身未明」，例如許佑生在書中提到，他因此被迫與葛瑞長期分隔兩地，因為國家不承認同志的婚姻關係，跨國籍的戀人自然無法依親取得居留權，連帶地由於他每年都需往返臺、美，也無法有一份正職的事業。陳雪則是提到對保險、遺囑及醫療等問題的擔憂：

路上她一直想著各種可能，擔心若我是因為盲腸炎或其他急需開刀的急症該怎麼辦，都想好要立刻聯絡我在臺北的弟弟，因為即使我們已經結婚，某些醫療同意書還是得親屬簽訂。她冷靜地對我說著這些那些盤算，我內心仍在慌亂

中，也沒有太多想法。如今想來，那是多麼無助的時刻啊！（2012: p.102）

和九〇年代的同志書寫相較，二十一世紀的主流同志文學幾乎已經完全不見妖氣，也不見早期那種極力抵抗與批判或顛覆的姿態，沒有太多的陰暗與禁忌、壓迫與羞恥，而是一片陽光明媚，儘管在文中仍偶可看見宗教力量的打壓，但整體而言，這時的同志文學反映著所謂的主流同志、陽光同志的取向，以平等主義與人權話語，以「我們都是一樣的」概念往同／異性戀同質化的方向趨同，極力爭取融入既有的異性戀／父權／性別體制，好分享同樣的權利、福利。

不僅如此，《戀愛課——戀人的五十道習題》的出版，更被視為是「同志版的兩性文」。這已不是一個作家在風格或題材上的急遽轉變（想想九〇年代的惡女），也同時與同志議題在社會上的可見性與接受度增加有關，雖然同志權利尚待努力，但九〇年代迄今爭取的社會改變仍不可抹殺，至少年輕同志在性向認同上的自困與壓力因為眾多出櫃的名人而減輕許多，同志因此能更自在地談論在同性情感關係中所會遭遇到的種種問題。試想，如果邱妙津能夠活到二〇一四年，她會有多驚訝。

當然，這個現象的另一面則是同志文學與消費市場的無縫接軌，其中非但看不見對主流社會規訓與情愛關係想像的批判與挑釁，更令人憂慮的是，這樣的關係想像與「愛的能力」的假設與追求會不會太過「政治正確」（politically correct）以致喪失了文學對現實的質疑能力？甚至，商業化社會是否令得創作者必須學會調整自己的創作主題、題材與風格，以把握市場的需求動向？

市場化的銷售手段與行銷策略本身並無問題，文學也是商品，作家也要過活，但，市場化原則是否會帶給文學負面影響？譬如先鋒性、實驗性或尖銳的創作一向較難獲得市場認可。另方面，資本主義的社會控制向來是隱蔽且系統的，同志文學受市場歡迎固然是好事，但如果代價是被整編呢？

相較於九〇年代的同志文學，如《孽子》所再現的同志壓迫與同志羞恥感，及同志與臺灣社會、文化的衝突性，二十一世紀的同志文本裡，「同志羞恥」幾乎不見了，只剩下春光明媚，但詭異的是，真實的臺灣社會卻不真是這樣。譬如在宗教右翼霸權的論述語彙裡，同志仍然與雜交、動物戀，甚至亂倫分屬同一個子集，推動臺灣同志婚姻合法化的伴侶盟由於提出了多元成家的三套法案，其中「多人親屬」的概念就被大加撻伐，被視為通姦合法化、小三合法化條款。就此，二十一世紀的同志文本是否有能力或意願回應這樣的質疑並開啟多元的家庭想像？

如前所述，目前主流同志的情愛想像、婚家想像及連帶的運動方向與論述是盡可能與異性戀體制「趨同」，不過，在普遍「趨同」中仍有部分「存異」，譬如傳統異性戀婚家體制較難接受（或較不普遍）的開放式關係，許佑生即在書中娓娓道來。例如許佑生描述他和葛瑞一起去做另有服務的泰式精油按摩：

> 世俗或許叫這是偷淫，橫豎標籤都是人們在貼，撕下來，繼續貼上去的還是人類。……我看著葛瑞選了一個我不意外的外型男生，自己也挑一位，都被迎神似的送入內室。我知道，葛瑞接下來要享受的就是我會享受的，我替他安慰，感到「你值得被無微不至的照顧」。我也替我們欣慰，慾望暫時抽離被滿足，不管你信不信這套理由，如此是為了回家更靜心去鞏固家庭。（2014: p.208）

甚至他也談到他的精神出軌：

> 在我與葛瑞的親密關係中，縱有百般好，卻有一樁遺憾，……身為一位以中文創作的作者，我的思想精奧、靈魂情感、人生姿態，甚至一身的美麗與驕傲，都在我堆文積字的作品裡。可惜葛瑞看不懂中文……與葛瑞交往，發展長期關係，我靈魂之精華一直無法被他賞識，偶爾心口會抽痛一下。……文字終究蠱禍我精神出軌了……（2014: p.342）

而在最後，由於長年分隔兩地，許佑生提議兩人維持開放式關係：

> 我們總是這樣一年拆隔兩地好些時候，如果你在那裡感到寂寞，我不介意你去交朋友，只要你永遠把我們擺在最前面。我在這裡，你也知道景況，我常就是徹頭徹尾一個人，孤寂飄搖。如果真遇到機會，我應該也可以找人當朋友作作伴吧？（2014: p.366）

開放式關係首重誠實，也就是雙方都要「知情」並「同意」，如此也才比較不至於讓另一方有被背叛或欺騙的感覺。當然情感、心智成熟也很重要，例如許佑生也提到，在他因為在外交友而心神意亂，甚至找葛瑞訴苦的時候，葛瑞倒是老神在在，並不嫉妒、發怒，他好奇詢問葛瑞是怎麼做到的？葛瑞只簡單回答：「different level.」（2014: p.370）

在臺灣社會主流的情愛關係想像仍然是一對一、單偶制，且需互負忠貞義務（通姦入刑法罪）的時候，更多元的、成熟的情感關係樣貌是值得被更多闡述的。況且，社會新聞也常見「換妻俱樂部」，想來異性戀者也不是全吃素的，主流道德仍然箝制的情慾實踐，可能未必有多「少數」。

當然，仔細耙梳的讀者會發現，當男同志文本出現多元的情慾實踐的同時，陳雪的女同志文本比較在擔心「女同志性死亡」（Lesbian bed death）的問題，這自然跟兩個族群本來就大不相同有關，例如以比例來說，女同志文本幾乎不會處理AIDS，母性渴望也很少在男同志文本中出現，套句Joseph Bristow的話：「男、女同志意指完全不同的慾望、身體的歡愉、壓迫與可見性……但這兩個從屬團體在壓抑性別的主流文化中，共享平行的歷史……。」（《當代文學理論導讀》，p.324）

結語

由於同志文學的獨特性，因此在耙梳同志文學的愛情想像時，很難脫離臺灣具體的社會脈絡，況且，「愛情想像」本來就是社會建構的，甚至更慘，幾乎是被資本主義的消費文化給壟斷了詮釋權，譬如婚姻神聖與鑽石婚戒間的連結意象。也因此，文學如果不夠自覺、警醒，或太過於貼近當代社會的主流文化，就很可能失去藝術的自主性與批判性，而使文學技藝成為一種純粹的複製與再現。

不過，由於選列分析的文本均屬寫實筆法（陳雪是散文體，許佑生是自傳體），作者創作時當然會對題材有所取捨，甚至要暴露的程度也會有所控制，但是，基本上應不會有人假設散文體或自傳體是以魔幻寫實的技法寫成，因此，在這部分也無謂苛求。

另一方面，由於經歷過猛爆後的相對沉寂，「臺灣還有同志文學嗎？」一度成為論者的質疑。但當然臺灣仍有同志文學在產出，只是，如前所述，似乎有太過「趨同」——趨同於主流異性戀的價值觀，以致於呈現出一種近乎同質化的愛情與婚家想像，怪胎家庭不見了，多元情慾實踐的妖豔也少了，置疑婚家連續體的多元家庭亦不可見，就此，從文學所具有的抵抗性而言，我們幾乎沒有看見酷兒文學所應該具有的雙重反抗姿態：對主流異性戀文化的抵抗，及對傳統文學敘事的反抗（巴特勒所說的酷兒化［queering］異性戀的主要敘事），反倒見識到資本主義的社會控制更趨全面、隱蔽和系統化。

此外，從多重抵抗的角度而言，所謂的邊陲性並非純然的邊陲，這即涉及到臺灣同志文學的另一個缺漏：階級面向。目前臺灣的同志文學創作或許受限於創作主體本身的階級屬性及文化資本，較少看見中低下階層同志的情慾想像與實踐，多是都會區的、中產的、甚至文化菁英的，儘管陳雪常寫庶民生活，但嚴格來說，她所再現的同志形象或愛情生活樣貌終究不是底層階級的。事實上，也不只同志文學如此，學院方面對於底層同志的情慾實踐，也尚有大片空白，亟待補上，就此，臺灣同志文學顯然亟待有以底層階級同志為主體、涉及階級、性傾向議題的創作。

#參考書目

[1] 陳雪，二〇一二，《人妻日記》，臺北：印刻。

[2] 陳雪，二〇一四，《戀愛課——戀人的五十道習題》，臺北：印刻。

[3] 許佑生，二〇一四，《摯愛二十年——我與葛瑞的同性婚姻情史》，臺北：心靈工坊。

[4] Raman Selden、Peter Widdowson、Peter Brooker, 2005,《當代文學理論導讀》，臺北：巨流。

Top 1

破除愛情的二元論(5)

如果前方依舊萬丈深淵

#顏雪雪

編輯要我寫一篇介紹BL世界的文章，這實在使人發愁。在BL已有維基條目的今日，似乎看BL小說已不像是九〇年代初宛如得了某種絕症，在日光下遮遮掩掩，解釋病癥都難以啟齒。也不像高中還青澀的時候，只因臺灣的BL小說、漫畫不分內容有沒有露小雞，全部都是十八禁，還絕對抓得特別嚴。當隔壁成功高中的抽屜裡都已是日本女優寫真時，又或者人手一本爆乳蘿莉封面的輕小說卻只是輔導級——還說我是在文學鑑賞。恨得牙癢癢，真教這些重症少女們的寂寞歲月如何度過——除了有因為認識漫畫店老闆的隔壁桌供應商——在十八歲生日那天，第一個禮物就是拿著身分證買了一本男男彩頁漫畫給自己，大尺度的，晶晶書店也樂意進的全身肌肉的那種。那時除了長大的惆悵，還更有一種終於成功報復社會的快意。好吧，這些插曲都圖樣圖森破了。

所以BL小說是什麼，是個上網一指點點就不用回答的問題。但說真的，看到那條目距離真相的遙遠程度，都使我幾乎不忍和讀者戳破這面紗。不過這裡，這篇文章，就是特意寫給那些連花時間谷歌都嫌太臭宅，唯一打開電腦是為了看《秘密讀者》，還要印下來成紙本才潮的文青們，給大家一起來科普科普用的。無法免俗，我們先來賞析一下維基百科的解釋：「BL即『Boys' Love』的縮寫，用以代指男性間的戀愛，為創作的一種類型。指由愛好此事物之作者創作給愛好此事物之讀者看的『虛構幻想的男同性戀』作品，內容以男性與同性之間的愛情為主……有著超越真實、追求浪漫、人物美形等共同點，屬一種特殊文化下產生的特殊題材，與同志文學及言情小說有著明顯的不同。」

想必敏銳的讀者大大們可能已經發現，這解釋幾乎什麼都說了，但為什麼還是感到一股淡淡的哀傷？這麼長（已經經過刪剪）的內容，好像以一句話帶過就好：BL小說就是幻想出來的男人與男人攪基的故事。而且它必然是喜歡它的人所寫的、也當然是喜歡的人才會去看（哪個文學流派不是這樣），也必然與同志文學和言情小說不同（不然我寫這篇文章好心酸）。所以看過解釋後，我們知道了面對BL小說，問題必須要反過來問

（其實只是因為這樣比較潮），才有可能真正知道BL小說作為新興（其實也有三十歲了）文學在舊慣夾擊中所殺出的血路軌跡，我們才能夠回答BL小說是什麼。所以我們要問的是：（1）唯美的男人與男人攪基的故事為什麼不能是同志文學？要說同志文學人物都不美型、都沒有燭光晚餐、都沒有山盟海誓，真的會被扁啊！（2）BL小說中那充斥大量流星花園的中二橋段、臺灣龍捲風的狗血系列，為什麼不能直接說就是男男版的言情小說？只是某男（偽女）主角胸部小了點，下面多了一塊肉，大腦容量卻沒差，更何況BL世界都能男男生子了——佛說千萬不可起差別心。

其實光是問這兩個問題，就已經互相回答了彼此，也回答了我們的疑問。但為了賺字數稿費，我只好再多寫一點。同志文學團體，或者是我身邊一些對絕大多數BL小說深惡痛絕的同志們，他們對BL小說的批評一直都是內容太不現實了，完全是教壞小朋友們對同志的錯誤認識觀、尤其是錯誤性愛觀。要說我這些同志們有什麼奉為準則的，大概是白先勇的《孽子》、關錦鵬的《藍宇》，這些臂章絕對是繡上槓槓的，朱天文《荒人手記》勉強算，再不濟看《GOOD GUY》、《G-MAN》都比較強[11]（什麼？這些不是文學作品？抱歉——）。不然就是直接丟一本《臺灣同志小說選》出來，裡面有任何一位BL作家嗎？實在就是BL小說過於幻想自爽，完全沒顧慮到同志們的社會現實處境、當然也就沒有辦法反映同志們的社會生存。還有那一個個菊花會流水（嗶——）一夜做七次的「黑洞受」，經常斯德哥爾摩對強姦犯說我還要，直男只是看一眼同男就能發春，家裡的寵物都能變男人——這些幻想真的有助於社會對性別刻板框架的反省嗎？

以上這些批評過於實在，全部都要沉痛地接受，但又其實，這些批評也都隱藏了一點點的小心思。就我看來，這些也表示話語書寫權的爭奪與純／通俗文學的對抗。這些只是喜歡看／寫兩個帥哥的小女孩們（更可恨的是大多數又是異女），真的能代表我們同志族群發聲嗎？是啦，雖然有與主流歧視社會的對抗情節——但每次總裁威脅凍結家人財產就可以到荷蘭公證結婚真的大丈夫？還包括通俗小說的難登大雅，每一本都寫得那麼歡樂像天天性愛，但如果是悲劇——就是一天到晚出車禍，被暗殺，被輪姦，被失意，被情人騙財騙身最後被自殺，是有沒有這麼狗血這麼慘。

「嚴肅、認真」地寫一個作品很難嗎？不是高富帥就不能愛上男人嗎？是的，BL小說就是不、夠、嚴、肅，所以必然是不能成為同志文學的支流。

其實我相當贊成。因為BL小說和同志文學——他們除了主角性別一樣這個點剛好相同外，根本就是異父異母鄰家兄妹，兜在一起多元成家不會快樂。而且我也必須鄭重聲明，許多研究已經顯示觀看BL小說與BL小說的流行無助於打破性別刻板框架與歧視，對於閱聽人的性別想像也無助提升，這看似很荒謬，但我稍後會直接來「點名」例證，不得不說，這點批評絕對倒是同志朋友比腐女們來得真知灼見。

這麼說來，BL小說真的只是男男版的言情小說嗎？在看過太多遠比暮氣沉沉的言情界優秀的BL作品後，我能斷言絕對不是。雖然無論男男還是男女戀情，男主角一號或是攻君，[21]仍然擺脫不了「器大活好」的男人尊嚴，也擺脫不了富可敵國的沉重擔子（或是隨意置換成皇帝、王爺、某領域內最傑出人才，再不濟至少也要是個帥哥），在童話故事裡他們沒有矮窮矬或是舉不起來的權利，不然就會是個悲劇，還是個乏人問津的慘劇。至於破壞戀情的惡毒女配（此時還有男配），就只會更加惡毒、自戀與智缺（就已經告訴你主角君們不愛女人不愛女人不愛女人），這些都是不斷重複老掉牙邏輯的硬傷。可是在原本的女主角位置抽換成男性時，整個故事就開始有了無限生動的可能性。畢竟這個受君，光是在性別上就有了培力，他可能可以有一個意外傑出的身分，他也可以「更像個男人」在言語上義正嚴詞不被視為欲拒還迎，不被女性讀者代入幻想之餘還要被罵句賤人就是矯情。最重要的是，「天理不容」的前提下，這對同性戀人所能遇到的社會障礙是異性戀人的十倍以上，這使得劇情能夠發展出更為曲折離奇的高度，也使得這份愛更加純粹並且堅貞，更在不能生小孩的條件限制下還能承諾結婚——賺人熱淚的方式太多，非一般言情小說所能比擬。也有研究說，或許是這份行動力（當失戀時「不再像個女人」哭哭啼啼、被拋棄時也可鮮花玫瑰主動追愛）給了女性一個自我保護的空間，當受夠了傻傻呆在原地等待所有男人看上的女性設定後，會有這種小說表現也絕對不奇怪的。

更進一步說，**BL**小說與言情小說是在表面好姊妹、私下罵婊子的相看兩厭方式下分流的。大部分寫／看**BL**小說的都是女性讀者，但他們在書裡對於「傳統女性」，尤其是那些渴望得到男性們讚賞、愛慕的女孩們進行絕不手軟的鎮壓。故事中不出現女性是作者心慈，若出現女人，百分之八十以上就是無腦花瓶，若再設定花瓶有腦就是弄死女配的節奏，不客氣地說，當今一些主流**BL**小說簡直是一部部的厭女大全，彷彿一位異女就能背負了千古以來的性別霸權並完全展露無遺。

好了，解釋到這裡，讀者對我的好惡或許有了些理解，終於可以進行作品賞析了。綜觀兩岸三地知名**BL**小說寫手，如**APPLE**、阿豆、暗夜流光、聿暘（聿日／聿陽）、風弄、凌豹姿、易人北、生生死死、紹離、緒慈、奴玉、南枝、夢溪石（古鏡）、困倚危樓（紫芋西米露）、耳雅、小十四、小黑仔、漫漫何其多、一世華裳、雲過是非……一口氣可以舉上百人，族繁不及備載。其中當屬臺灣作家風弄與凌豹姿最為量產，作品多達三、四十本，也最廣為所知，但他們的作品，除了情節大同小異外，也正是所謂的斯德哥爾摩症候群、口嫌體正直中最為嚴重的。例如風弄的《不要不要放開我》、《悲慘的大學生活》，以及他最著名的長篇系列《鳳于九天》，無一例外的是受君都會愛上欺負他、恐嚇他、甚至是半強暴他的攻君，這種處男（女）情節的陰影處處可見。而凌豹姿無論是苗疆情緣還是高家風雲系列就更為誇張，霸道、臭脾氣、陰冷、一無是處的「高富帥」們，到處半推半就強上小受還得以 Happy Ending 真教人吃驚。這並非是我對此兩人的文筆有所成見，只是將最受歡迎的主流樣貌舉隅。或許正好印證所謂男人不壞，沒有人愛？

而另一種主流就是「強攻弱受」的角色設定，這類翹楚的量產作家是聿暘。聿暘筆下的攻君個個外表冰山內心火山，而融化他的正好就是貌如天仙心如聖母的小受們。試舉一段聿暘在《焰戀殘瞳》中對受君紫瞳的描述：「完美。除了這兩個字之外，對眼前這一張無瑕、秀美絕倫的臉蛋，他找不出其他更切合的形容詞，舉天地萬物之美也不足以形容這一張臉龐。怪不得耿家老頭會著迷瘋狂，連他都看呆了，這人好看得不像個人。」又或者其穩居暢銷的《殺陣：狩之章》：「真漂亮，沒想到虛子可以漂亮成這樣，這樣連女人都比不過吧！」至於攻君當然如同前述，一定要帥要強壯全身充滿肌肉。說真的，要是這世界有人美到如斯，不管男的女的飛的爬的，大家都會搶回家當壓寨夫人，擺著賞心悅目也好。以上兩段所舉的例子，就是前述所說無法超越傳統想像的部分，反而將性別特色抹去，顯得索然無味。但這表示我不欣賞聿暘嗎？其實聿暘本身就曾說自己致力於寫「童話故事」，所以她的作品目的是要溫馨地把人融化，至少比不平等的權力愛情關係好一些，我個人推薦她的《實驗情人》，是一個實驗倉鼠與被做實驗的小男孩死前靈魂轉換，倉鼠如何代替小男孩在現實世界活下去的可愛故事。

結束抱怨，趁著版面，這次我鄭重要和大家介紹的是謙少的《大當家》。這是一部雙向暗戀的武林羅曼史，情節不俗，主線是一位扮豬吃老虎的乾少當家，如何追上他喜歡的大當家的故事。鏢局雷虎門正直的大當家想護住一對慘遭朝廷冤獄的孤兒寡母，送他們回家，而護送過程中所牽扯出來的是一大場陰謀與算計，然而在背後穩穩保住大當家的，其實是私下擁有另一個殺手堂主身分的少當家，但大當家卻全然不知，只一心以為少當家仍是心中像皎月潔白的少年，渾然不知這種欺瞞只是因為少當家心中有懼，只願成全愛情。此處試摘一段：

「我唯一在乎的那個人，他想要護琅琊王妃母子安全，這無關江湖爭鬥，也無關朝堂動盪，這只是因為他心中還藏著一點天真。在這點天真之外，我想，他也想要做一個英雄，庇佑孤兒寡母。只是他身上背負的責任不容許他這樣恣意。」

「而我讓風雷堂在暗中幫忙，是為了讓這江湖人都看到，他才是那個心中自有浩然正氣的英雄。也是為了讓他以為，如今的江湖，如果一個人想要庇佑孤兒寡母，還是可以成功的。」

乾少笑了起來，像是在自嘲，又像是在嘲笑這個江湖。

然而他眼中自有煜煜光輝，讓人不敢逼視。

他說：「我只想成全他這一點天真。」

這偌大個江湖，這偌大個天下。少林沒有出手，武當沒有出手，太學三千太學生沒有出手，天下無數自命清高的官員沒有出手。最後，卻讓一個唯利是圖的殺手組織，一個滿手血腥的幕後堂主，來護住這一對孤兒寡母，來成全大當家的一點天真。

其實謙少不是我最喜愛的作家，但這部小說之所以被我拿來推薦，不只是因為其情節，而是因為它是我閱讀 BL 小說十年以來，唯一一部讓我覺得女配角的角色刻劃最有生命，最後甚至使我落淚的異數。除了前述說的惡毒女配佔八成外，BL 小說裡的女配角當然也有慈善家型的，識得大體、自願退出，也有母愛型的，在主角傷心的時候像知心姊姊給靠著，體現著女性的溫婉與母性。但這些配角都是沒有光環的，她們存在的理由只是為了襯托主角的生命，給主角製造一點麻煩、一點歡喜。但這部小說的女配角蘇纓，隨著主角們的步伐，她卻也有了自己的選擇、自己的成長、自己的結局。一開始蘇纓的存在並不使人驚艷，她就像大多數的配角一樣，是乾少為了氣氣大當家帶回家裡的「女性友人」（工具），她的個性也千篇一律地沒讓人「失望」，她就是個武功不好但仗著美色驕傲的名門嬌女，當然，也暗戀著乾少。一開始她抱持著玩樂的心態加入了這個「押鏢護人」的行列，可是等到她被捲進江湖陰謀，被俘受辱之際，卻是另一位她其實看不慣的，叫做白澤的少年冒死救了她，護著她逃走，自己卻落入敵人之手。蘇纓像是一夜長大，她開始脫軌於一般傳統女性只會哭啼，她所做的選擇，第一次綻放出生命的韌度。

蘇纓知道他在說什麼，他在說「快走。」

走不了了……

這位十六歲的女孩子這樣在心底說。

這個世上，所謂的意氣，所謂的不得不為，所謂的責任，不是只有你們男人才有。

……

「唐門，唐門的少主唐璿喜歡我！你要是敢動白澤，我回去就嫁入唐門，到時候我要你南安王府都為白澤陪葬！」

南門欽的笑容淡了。

「我可不信，蘇大小姊會傻到拿自己的終身幸福來開玩笑……。」

「那你就睜大眼睛看著，看我敢不敢拿自己的一輩子，來換你南門欽不得好死！」蘇纓厲聲道。

這個晚上，她被囚，被威脅，被追殺……

已經沒有什麼是她不敢的了。

蘇纓已放棄了乾少，她承諾要犧牲自己的幸福，只為換白澤活著，但最後，蘇纓仍然沒有護住白澤。把白澤的屍體送回去的時候，蘇纓和乾少的一段對話也相當有意思：

蘇纓簡單說了經過，其中略去了白澤的身分。最後她說：「我要退出，我要回家。」沒人問為什麼，蘇纓知道別人會以為是經過這一回驚嚇畏懼了，她也不想解釋，她好像在一夜之間長大了，以前在乎的東西現在都覺得不要緊了。

她走之前，和乾少說了一段話。

她說：「謝謝你帶我來北方。這裡很好，可是我要回去了。」

……

走之前我想問你一句話，她看著乾少眼睛道：「如果你是白澤，你會救我嗎？」

「會的。」乾少這樣回答，「但我絕不會讓自己送命，因為還有人在等著我回來。」

不過到這裡，蘇纓的戲份就要結束了嗎？沒想到當蘇纓的作為不再和主角們的進展有關時，作者不是像許多劣質的通俗小說與戲劇，把功能角色車禍就丟一樣選擇棄子，而是仍選擇把這個人物在不喧賓奪主的情況下，飽滿地完成。故事的結尾，結束在互相告白成功的少當家和大當家身上，也結束在所有的人物都齊聚在蘇纓和唐璿的婚禮上的時候。在婚禮上，蘇纓見到了一個失憶的少年，「而蘇纓，她緊握著拳，怔怔地看著那個少年。她的神色很疲倦，像是跋涉了無數山水，卻又走回了原地。……他攥著點心，慌忙地伸出另一隻手去碰蘇纓的臉。『新……新娘子，你不要哭……。』」那一刻的震撼、解脫與已嫁作人婦的複雜，作者文筆之好，與捕捉畫面的敏感，使他只用了寥寥數行便使人鼻酸不已。這個女配或許一樣沒有得到最好的結局，甚至被命運錯身而過，但她卻承擔了自己選擇的結局，這是我所看過最好的描寫。

回到**BL**小說是什麼？或許會有人半開玩笑地告訴你，若你凝視著一顆丸子與一支竹籤，便能聯想到其中美妙的意義，那麼恭喜你，你已進到**BL**世界的最高境界，無處不可幻想，無處沒有攪基，無處沒有愛情。對我來說，**BL**小說最與眾不同的地方，實則就是它對戀愛想像上的超越，性別與性向只是它的第一步——困倚危樓是我最喜歡的**BL**作家之一，她的作品以強悍的受君，或者說是以描寫愛情中的心計見長，而她的《花瓶》，也是我看過將同性之間的情感描寫得最細膩的**BL**小說，很可惜這次沒有機會拿來推薦，但也只需文中一段話，便可為全文總結：

可能前方就是萬丈深淵。但你若是愛上一個人，就會為他邁出這一步。

＃註

|1| 同志寫真雜誌，相關圖片請用關鍵字搜尋，GOOGLE大神等待您的使用。

|2| 在BL世界裡，攻指的是插入受小菊花的那方。受指的是被攻插入小菊花的那方。也就是俗稱的1號和0號的區別，或是哥哥或弟弟。攻要很MAN，受可以很娘，其實又是刻板印象那套。並且重申一次，現實世界裡其實互攻比較多。

Top 2

開學！
體檢高中國文課本(1)

國文，我不搶救你——課本編成與文學想像

＃朱弱星

哦，國文：
我愛你深深
但不搶救你
有病的是我
你健康得很

國文之為「文」，至少有三層意思：文化、文學、語文。它們可以相輔相成，但也常常相互傾軋——文學夾在中間，處境是艱難的。何況「文」的頭上，還戴著「國」的帽子。頭顱是依賴這帽子，而取得一種地位，但也因此而受到框限。

「國文」、「國語」的名稱與概念，在漢語裡大概只有百年，含帶著多層次的國族意識與文化想像，從來並不單純。許多高喊要「搶救國文」的熱心人士（彷彿要從火坑裡揹出腳痳的老者）。他們要救的，除了是對「文」的傳統執念，可能還包含著對「國」的額外想像。

從前由國立編譯館統編的國文課本，不無訓政的意味，侷限很明顯。但與香港、大陸相比，還算是自成一格，同時也確立了臺灣式（儒家正統價值觀）國文課本的基本模樣。教科書開放為民間出版社編輯——仍須符合教育部的課綱，並接受國立編譯館的（學術性）審查——之後，當然變得更活潑而豐富，但統編本的「國文」圖像（審美、認知與倫理），事實上是很強韌地被延續下來了。

「部頒核心古文四十篇」（後改為三十篇）係由教育部聘請中文系教授選定的，具有規範性。各版本的教科書，都得設法把它們安排到六冊的高中國文課本裡。再加上文化基本經典，固定佔有一定的空間。單就古典部分來看，各版選文其實頗多雷同（這對大學入學考試而言，有其便利）。

多年下來，這部分選文無多變革（但增加了臺灣題材的古文），也無多爭議。或許因為，緜長的古典傳統大致已形成較為穩定的評價體系（這種穩定有點可怕，靜得可怕）。學術（中文系教授）與教育（中學教師）之間，彷彿沒有顯著的時差或隔閡。但真要說起來，還是可以再議的，那便是：堂堂皇皇的正體太多，脫軌離奇的變調太少。

要從三千年文獻中，選出四、五十篇（包含文化經典、古文、古典詩詞）課文，只能以正體名篇為主，來不及多呈現奇文異章，這或許是可理解的。但比方說，都已經來到明清文了，還專選劉基、方孝孺、歸有光、黃宗羲、顧炎武、方苞的正氣文章，而不能轉以小品系統為主，多呈現褊狹、奇癖、頹喪的文學面向，不免還是可惜。

課本作為一種文類綜合、功能特殊、權力多重、銷路廣大的「選本」，恐怕是最無奈，也是最不可能發揮創意的。——試問：自從教科書「開放」以來（號稱是為了「多元」），主要的幾個國文版本之間，真的各異其趣、自成特色嗎？如果沒有，難道只是為了把商業利益分散出去。

我們必須理解課文編選的運作法則（及其無奈），才能評論其內容。課本面貌最主要的塑造者，本來應是各版本的編選團隊（大多由大學教授組成，也有補教名師領軍的，據說銷路最廣）。但上面的政策機制，下面的市場機制，則是不能忽略的共同製作者。

前者在古典方面具支配性因素，後者則在白話文部分有潛在而重大的影響。

按理說，課本的消費者是高中生。實際上，各校的高中國文教師才是決定採用哪個版本的關鍵，他們就是市場——市場會「說話」。舉個實例來說，所謂「學術」專業的教科書編委認為某篇極好，應推薦給高中生。但所謂「教學」現場的教師群體，認為這篇難教，沒得發揮，或說學生反應不好。那麼這篇即使選入課本，很快就會被換掉。（自教科書開放以來，這種忽選忽棄的篇章——主要是白話詩文，數量極多。）

還有一種情況是，編委認為（或接受建議）某篇資深的選文「過時」了，或其實不夠精采，決心改變現狀，把它拿掉。「教學現場」將會傳回一種嘩然：「蛤，怎麼沒有〈錯誤〉！」那是我媽我爸我小姨丈和我大姊和我共同的記憶，不能被移除的。正因如此，課本裡許多白話必選文，只是耳熟目悉，和長輩們的記憶廝守得夠久，也就結石為「經典」了。因而我懷疑，國文課本真正反應的，乃是「市場們」的意識型態與文學素養。

以散文而言，陳之藩很強嗎？（「淚，不知為什麼流下來。」）在臺灣文學史或現代文學系統中，居於重要的位置嗎？你或會說：他曾入選「臺灣文學經典」三十冊之一，品質當然是很受肯定的。但這可能是倒因為果，說不定是著名課本作家的身分，才使他的書被誤選為文學經典。

以詩而言，徐志摩自有其意義，但一直抱住〈再別康橋〉這篇「名」詩，只能顯示我們對徐的閱讀「很有限」。以小說和雜文而言，我們終於引進魯迅，卻選擇了「最便利」的方法：延用中國大陸收錄在課本多年的名篇〈孔乙己〉。但這篇，無論就小說藝術或現實意義而言，恐怕都有點隔了。或許，我們並不準備介紹魯迅的幽黑與刺棘。

就教育者的立場而言，他們更加期待課本能夠示範「合宜的措辭」、「得體的情感」，以及並不危及倫理與審美習慣的「安心的啟發」。因而古文之中，教忠教孝之作仍居於大宗；現代之中，勵志型散文以及浮濫的抒情，或名作家的「少作」及淺易之作，仍然很多。不過，我願意客氣地說，這是可理解的，應該符合一種教育目的，但未必是文學教育。

關於課本的議論，目前過於集中在「文言與白話之爭」、「中國與臺灣之辨」，以致「傳統與現代」的思考反而不夠彰顯。並非多選文言文，就能厚植傳統的根柢。並非多選白話文，就能傳達「現代意識」與「當代感受」。選文的人，最好存著在選現代文學作品的自覺（而非在挑所謂「好的白話文」而已），當然，前提是他必須懂「現代」，而教的人也懂，且願意接受。

有一種典型的廢話，是這樣說的：古典文學經千年的淘洗和考驗，好壞較有定論，品質較無可疑。現代只有百年的歷史，作家作品或許吸引一時注目，是否成為經典，尚待觀察。——在我看來，古典的品質永遠還有詮釋的空間，不必因為已經成了「名篇」，就得照單全收。至於現代，本來就有更多的瞬間性、變動性與臨場感。舊式的「經典」（特別是中文脈絡裡的）概念，並不適用。

經典才能入選課本，自有可疑（非經典，有時具有更高的啟發性與可能性）。反過來說，如果有人把曾經入選課本視為「典律化」的證明，那也是奇怪的。這就好像把名嘴當成大師，或者應了近來某綜藝咖的一句名言：「無論大咖、中咖、小咖，自古以來，都是由市場決定。」真的，教科書名曰教育，仍具有很強的市場性格。

說了以上許多閒話，非敢「期勉」國文課本應該怎麼編，才能抓緊「現代」，充實「文學」——它大概就只能這樣了。我只是要說，「課本」的編與教與讀，都有其不得已。課文都是可讀的，我們或許從中奠立了文學基礎，但最好不要高估其重要性。有些人一輩子的文學認知，都受到課本的籠罩；有些人年少時讀著課本，早就不滿足於課本（管它編得壞或好）的世界了。

結論是：我們的國文很健壯，衛生習慣良好，無病，不會死。

Top 2
開學！體檢高中國文課本(2)

這樣的第一本「文學書」——讀高中國文課本第一冊

#雪盲

1、

想像一下：你十六歲，對「文學」還不太理解或根本沒有概念。有一天，你得到了一本書，這本書上面有十三或十四篇各式各樣的短文，有文言文也有白話文，有韻文也有小品。那些文章對你來說有一點難，幸好，在某些生難的詞彙底下，它提供了注釋；

在每篇文章的最前面，它也簡略地說明了作者和文章的命意。這本書排版寬鬆，字數不多，大概只有一百五十頁，閑暇時偶爾讀讀，並不算太花時間。

你十六歲，這可能是你的第一本「文學書」。

我們所描述的，正是目前臺灣高中國文課本的規格，特別是進入高中第一個學期的國文課本。臺灣的國文課本有五個最主要的版本：三民、南一、翰林、康熹、龍騰。當我們談到教科書，我們常常忘記它其實本身也是一本書，總是只記得裡面瑣碎的章句和七拼八湊、缺乏整體脈絡的文學史掌故。這當然是因為考試所籠罩形成的印象——每個人都得經過這被考試剝奪掉的三年時光。然而，如果跳脫考試，純粹把它們當作「文學書」來檢視，是不是能得到與以往的討論完全不同的評價方式？從而我們也可以開始思考，作為一本以十六歲的讀者為預設對象的文學書，現行國文課本的五大版本表現如何？

2、

就形式上來說，國文課本是一種文學選集。文學選集的重點在「選擇」，選擇即牽涉標準（什麼樣的文章好到值得入選？），也牽涉意圖（你預設這群讀者應該看到什麼文章？），因為選某篇而不選另一篇本身就是一種價值判斷。以此來看，五個版本都有志一同地認為，十六歲的文學閱讀必先從《論語》、韓愈〈師說〉、徐志摩〈再別康橋〉開始，這幾篇文章出現在所有版本的第一冊課本裡。從中我們可以看見一些訊息。首先，《論語》作為一種必讀、而且必須最先讀的文化道統之觀念，仍然沒有隨著版本開放而被解放。在翰林版當中，「論語選」甚至是第一課，也就是說，它將成為部分高一學生對「國文」的第一印象。老實說，這實在不是什麼好印象。如果這個科目是思想史、是哲學，那將《論語》放在這麼重要的位置，那或許還可以接受，但以文學的角度來看，此書在文學成就上並不是中國文學的頂點；從中國文學史的角度看，它也不是任何意義下「最早」的作品；而就讀者的層面來考慮，雖然《論語》篇幅短小，但用字遣詞與現代的差距已經過於巨大，經過層層注釋才能稍微理解，以文言文來說，也不算是適合的入門教材。更何況十六歲讀者的語言基礎尚未穩固，先學此書恐怕會混淆他們對句法、字義的認識。不過，選錄此文也不是完全沒有正向意義的。大多數的版本（三民、南一、翰林、康熹）都選擇了「孔門弟子言志」的段落，透過師生對話，表達弟子們不同的志向，對於正處在生涯發展初期的高中學生來說，適可趁機引導他們思考未來的選擇。但以此來看，我們就完全不能理解龍騰版的「論語選」為何一次選了六篇更加短小、格言式的段落：「三省吾身」、「子游問孝」、「益者三友」、「民無信不立」、「無終食之間違仁」、「任重道遠」……這六則擺放在一起，彼此之間毫無系統亦毫無聯繫，且不像「孔門弟子言志」的段落有精巧的對話安排與人物形象，純粹是與文學無關的道德訓示而已。放在一本文學書當中，選錄這一課顯然是極為突兀的。

韓愈〈師說〉之置於首冊，除了其經典散文的地位外，在一定程度上蘊含了想藉此文討論新建立的師生關係的意圖。然而就主題上來說，〈師說〉所蘊藏的以「師」、以「道」為主體的觀念，跟現行主流的「以學生為學習主體」的教育觀念，已是格格不入。每一篇文章有它所出的脈絡，韓愈在他的時代所面對的問題，跟現代師生所面對的問題早有落差，率爾移植並非好事。而從文章表現的角度來說，此文雖然擅以對比製造雄辯的氣勢，但氣勝於理，其篇章結構略有瑕疵，並不完全適合初學寫作的人。作為一篇論述性的散文，它的段落與段落之間連結鬆散，段落的主題間也沒有邏輯性關係，次序還可斟酌。比如第二段以「道之所存，師之所存」說明選擇老師的標準，第三段卻突然轉入聖人與今人的比較，彷彿選擇老師的說明已經結束；但第六段「聖人無常師」卻又回到「選擇」的問題上，分割得如此遙遠，顯得整篇文章的思路有些飄忽。這樣的飄忽在抒情散文中或許有某種自由聯想的文學效果，但在重視理路的論述性散文當中，卻是非常不可取的寫作方式。

而〈再別康橋〉的重要性，大概是為了奠定讀者對新詩的第一印象。無論哪一個版本，它都是讀者讀到的第一首新詩。作為中文早期新詩的代表作品，選錄它的文學史意義非常充足，雖然現在早已有更多後出轉精的作品。現下讀來，〈再別康橋〉雖然是不錯的作品，但並沒有好到值得學習的地步，它的許多語言嘗試已略顯過時了。倒是翰林版和南一版的「現代詩選」一課除了〈再別康橋〉之外，分別選了卞之琳的〈斷章〉和鄭愁予的〈錯誤〉，都是頗為精巧的作品。

3、

除了雷同的選文之外，每一版本課本中選文的次序安排也是一個有趣的觀察重點。在這方面，南一版最像是一本意圖清晰、有經過認真編輯的書。它以龍應台的〈獨立宣言〉開始整本書，終結於阿盛的〈火車與稻田〉。姑且不論作家龍應台成為部長龍應台之後的前後不一，單以文章論，龍作家的抒情文筆本就在水準之上，〈獨立宣言〉也確實頗有可觀。此文以母親寫給兒子的信為敘述框架，討論親子兩代之間、中西文化之間對於「個體」、「自由」、「獨立」等價值觀的差異，對進入十六歲新的人生階段的讀者來說，是能引發重要的思考。更可貴者是，比起許多淺陋的道德文章，〈獨立宣言〉正反並陳了兩種價值、也點出了作者自身的立場和情感，但始終保持立場的開放性。書的末尾，阿盛〈火車與稻田〉展示了真正醇厚、有語言創造力、富含感情與技巧的，高度成熟的現代散文，在各版本的所有選文中，除了琦君的〈髻〉罕有其匹。南一版也選錄了〈髻〉，這使得整本書隱隱有引發讀者思考、整理親子關係的線索；〈髻〉由兒女看上一代的情感糾葛，透過情節的鋪排使得文末的感悟細膩綿長，而〈火車與稻田〉思考兩代人在不同世代的經濟模式當中，與土地之關係的變化，情節的展開與剪裁也非常精準。

相較之下，其他四個版本的首尾安排就沒有那麼精當的效果了。翰林版書如其出版社名，以《論語》為第一課，只怕讀者還沒培養起閱讀的興味就被壞了胃口。龍騰版以《世說新語》啟卷，雖然此書確實清靈巧妙，但其好處卻是建立在極為壓縮精準的語言上，並不見得適合入門。康熹版從張曉風〈詠物篇〉中選兩則小品為首，正好給出了現代散文某一最平庸糟糕之類型的示範。文字堆疊而無新意，表面矯作「特殊的觀察視角」，實則內在觀念保守無聊，除了學幾個比喻的句型外沒什麼好處。三民版以簡媜〈夏之絕句〉開始，雖然略佳於張曉風，但這篇生澀的早期作品恐怕不能盡顯簡媜的成就。全篇以蟬聲為線索，各段之間隨意聯想，結構上顯得有些散漫，文章也缺乏能夠更進一步思考的深意。在結尾的安排上，翰林版選了兩首樂府詩（〈飲馬長城窟行〉和〈陌上桑〉）、龍騰版選了平板無味的司馬光〈訓儉示康〉，都不知道用意何在。三民版選了鍾理和〈我的書齋〉，描述作家在貧困環境中轉換心境的故事，雖然不能說是不對，不過蘊含的「心境決定一切」的觀念，恐怕落入「失控的正向思考」；更何況睽諸文學史料，此文顯然不是作家真正的心聲，以此呈現鍾理和的風格大為不當。康熹版以平庸的〈詠物篇〉開始，結尾選的蔣勳〈恆久的滋味〉反而稍佳。此文以味道為線索，逐次鋪陳成長之後的感悟和親子感情，內涵雖無甚新奇，佈局的方式倒是很可一學。唯第八段開頭的句子：「為什麼我們說一個人『好酸』，當然不是他身上的氣味，而是他透露出的一種在得不到時的一點點忌妒、譏刺、不滿足的憤怒委屈吧。」有嚴重的文法錯誤，「為什麼」和「當然」同時出現，使得它成為病句。

4、

在對各版本整體輪廓有所了解之後，還有若干篇章的擇取是值得再想一想的。翰林版和康熹版都在這一冊當中選入了顧炎武〈廉恥〉，配合作者遺臣的身世來讀，的確可以引申出比表面上的道德教訓更深的意涵；不過，課本版本的〈廉恥〉只有原文的一半左右，割裂了後半論「廉」的部分，使得標題有兩個主題而內文只有一個，若使讀者誤以為這就是全文，就會有很不佳的示範效果。康熹版裡王溢嘉〈混沌的蝴蝶〉則是一篇讓人無法理解為何有資格入選的散文。此文開頭以貶抑的語氣描述蝴蝶，中段經由牽強引出的「蝴蝶效應」之後，結尾卻反而轉貶為褒，明顯矛盾。在一篇文章當中，不管論理或抒情，前後意念不一不見得是問題，但若變化的過程沒有處理好，問題就非常大了，而這篇文章偽裝一個說理的殼子，但中間每一步轉折都是理路混亂的自由聯想。內容無足可觀外，語言本身亦無可取。

正面來說，龍騰版中間的選文倒是讓人有些驚喜。它選了劉克襄的〈古橋之戀〉，以四種古橋的形制將文章分為數大段，每一大段底下也包含確定的綱要（該種古橋的工法、幾個作者偏愛的案例……），結構層次分明，非常適合作為初接觸知性散文的寫作榜樣。同時，龍騰版內豐子愷的〈梧桐樹〉在思想與技巧上，都比張曉風做了更好的「詠物」示範。文章末句突然逆轉，將觀察梧桐的過程轉印為對「藝術」的思考，是一深刻的奇筆。最後，龍騰版節選了黃春明〈蘋果的滋味〉，終於讓十六歲的讀者接觸到比較接近現代小說的行文方式（其他版本選錄的魯迅〈孔乙己〉雖然也是小說，但限於篇幅，敘述的步調較壓縮、緊湊）。不過，文前的題解因襲坊間定說，強調他的「語言文字具閩南語特性」，但其實黃春明小說中的閩南語使用並不徹底。比如文中工人之妻阿桂在設定上是聽不懂國語、以閩南語說話的，但卻有這樣一句無法用閩南語說出的對白：「現在！我們碰到什麼呀！天哪！我們碰到什麼來著？」是一明顯的細節破綻。

5、

綜合來看，這五本國文課本都有定位不明的問題。它們是一本語言學習的書嗎？如同九九年課綱所說的，增進「本國語言聽、說、讀、寫之能力」嗎？但從選文的編排當中，我們並沒有辦法看到一個漸進增難的語言學習指標。它們是一本思想史或文化史的書嗎？所選文章卻又只有部分具有思想文化的代表性，而且也沒有呈現一幅完整的思想文化之圖像。它是一本關於文學史上各個文類、流派的書嗎？但它們的編排東拼西湊，次序也沒有清晰的時間軸，上一課是現代詩、下一課是桐城派古文這種狀況屢見不鮮，在缺乏整體脈絡感的情況下，讀者是不可能對文學史的潮流有全盤理解的。或者稍微能夠符合一點的定位，就是將之視為一本文學選集。但它顯然又缺乏文學選集該有的一致標準和品味，容許不少混充進來的次貨。更重要的是，它們大多沒有考慮過它們的讀者：一群活在二〇一三年的、十六歲的少男少女。他們需要什麼樣觀看世界的方式？有什麼東西真正是歷久彌新的（而不只是歷久）？除了作為一本面對大考的工具書外，這本書能夠讓他們多帶點什麼進入這個世界；或者，多帶他們進入什麼樣的世界？在缺乏這樣的「問題意識」之前，我們的國文課本始終都沒有辦法真正成為一本夠成熟、足以引領任何讀者進入「文學」的書吧。

Top 2
開學！
體檢高中國文課本(3)

業務員的告白——其實，你手上的國文課本是這樣來的……

除了從讀者、從教師的觀點來思考「國文課本」以外，其實還有一個鮮為人知的角度：那就是實際出版這些國文課本的廠商。當他們夾在政策與市場的縫隙之間時，是怎麼看待「國文課本」的？《秘密讀者》匿名訪問了一位出版社的業務員，讓他來告訴我們一些「文本外」的因素……

#編輯部採訪

Q：現行的國文教科書在「一綱多本」的政策之下，是否更接近設計之初多元化的目標？

A：現今的教科書分成九五課綱及九九課綱兩個版本，皆受限於四十篇及三十篇建議選文的限制。雖然國立編譯館只說「建議」，但幾乎所有老師及出版社都希望在課本裡全部編排進去，而且因為學測是在三年級上學期考，還必須要編在前五冊。您也應該同意，推薦的四十篇及三十篇選文中，有些文章根本就不好，但老師們就擔心大考會考，就一定要選進課本中。所以，只要有出版社不將這些「建議」的選文選進教科書就等著出局了，沒有學校會採用。您覺得這符合一綱多本的原則嗎？

Q：在這種情況下，各個版本的教科書有什麼差異？

A：從八八課綱以來，由於各家出版社的激烈競爭，差異化的部分已經不多了。課本差異度不大，反而是給學生的配套會有所不同。例如現在學生會有課本、習作簿、閱讀文選（課外選文補充）、學習講義（讓你根本不用再買參考書）、考卷等。各校在選擇版本時，主要考慮的是看哪一家出版社配套比較多、比較吸引老師——簡單來說就看哪一家出版社送得多——重點反而不是課本。

目前在市場上，市佔率第一應該是翰林。因為翰林不管是在資料的補充或是注釋，都很符合老師的習慣，所以問題也最少。像三民及龍騰的小部分注釋，有些老師就比較無法接受。老師使用時如果覺得怪怪的，甚至就用自己的方法來上。

由於差異不大，所以您會發現現在很多學校是一個年級用一個版本（平均分配不得罪任何一家出版社）。而在選文上，教科書中古文的部分受限於推薦選文，所以各家相差不多，主要的差別在於現代文學的選文。但為了避免爭議，所以各家出版社也會盡量選一些著名的作家，所以您會發現其實現代作家部分大家選的幾乎都一樣，只是選的文章不同罷了。

Q：從您的觀點來看，還有哪些因素決定了老師們是否採用某一版本的教科書？

A：這有幾個部分。一個就像我上面提到的，大家給學生的配套送得越來越多，老師們也不用整理講義，出版社都會幫忙整理好教學投影片、教學相關的短片和題庫。所以只要老師需要的，出版社都要提供相關配套。重點是只要能讓老師花最少的時間去備課，你就能贏得初步的勝利。其次是「綁樁」：像是找老師寫書、出題庫、審稿等等，該校就比較會採用你的版本。有些老師交辦的事情，則要馬上解決，比如缺書，最好當天或隔天就送到。老師的子女缺參考書，也要主動提供等等。

Q：您覺得現今國文教科書最大的問題是什麼？

A：老師是一個保守的行業，當年開放一綱多本時，老師們抱怨根本就無法教，所以就有了推薦選文的產生，但是推薦選文是怎麼產生的呢？我覺得不僅是國文課本，不管是哪一個科目，最大的問題都是人，而不是課本。老師是一個偉大的行業，對學生的影響非常大，但如果大部分的老師只把教職當作一份安逸的工作時，老師就不會受人尊重。課本並不是問題的關鍵，而是人怎麼使用這些課本來教學。

Top 2

開學！體檢高中國文課本(4)

只有這樣是不夠的！為國文課本加菜！

在進行初步的體檢之後，《秘密讀者》特邀三位各有專長的作者，就「新詩」、「小說」、「劇本」三個文類擬了一份加菜菜單，並且附上這些好菜為何值得高中生、以及當過高中生的人們一嚐。

#謝三進（新詩）、蕭鈞毅（小說）、石克拉（劇本）

給高中生的十四首加菜詩

綜覽依九九課綱規劃的三民、翰林、龍騰、康熹、南一等五版本之高中國文課本，每一學期都有一課新詩（多數版本使用「現代詩」之稱）課文，每課都有一到兩首詩作，相較於我輩高中在學之時，如今新詩入課文的比例實在高太多了。然而如此奢侈的篇幅事實上仍是相當有限，新詩雖然只有短短九十餘年歷史，因其隨時演進，文類本身特質亦自由無拘（況且猶在繼續發展），因而不能似古體詩能有明確的格律骨幹，自然也難以光憑這十到十二首詩作便能對映出明確的概念。

三民、翰林、龍騰、康熹、南一此五版本的新詩選文，都依著時代順序排列（除南一將吳晟提前與陳秀喜並置），皆以徐志摩創作於一九二八年的〈再別康橋〉開頭。接著也少不了組織現代派、帶動新詩現代化的紀弦，以及代表一九六〇、七〇年代三大詩社的重要詩人：創世紀詩社的瘂弦與洛夫、藍星詩社的余光中、笠詩社的林亨泰及白萩（事實上以上四個新詩社團白萩皆參與過）。或為方便標示新詩發展階段，三民、翰林、康熹三版的選文模式都尊此詩社結構，此四大新詩社團皆有代表詩人入選（南一版或以白萩曾為創世紀成員，而無另選錄「創世紀鐵三角」），藉此帶出一九六〇、七〇年代各詩社代表的新詩主張。此三版本選詩由徐志摩開頭，中段四到五個詩社代表，再加一個永遠二十一歲的鄭愁予〈錯誤〉，嚴格說起來，編委們能發揮的空間實在也不多了。唯南一版「慎始」，徐志摩與鄭愁予、陳秀喜與吳晟，各執民國大陸與日治臺灣兩路詩脈，對臺灣新詩的兩條脈絡有初步的勾勒。

從剩餘的選詩看來，選錄許悔之的三民版顯得偏好抒情，而將林泠與鄭愁予並置，一哲思一抒情，也能比對文字經營向度的不同；翰林版有卞之琳相對著徐志摩，讓新詩發展初期的成果能不限於浪漫抒情，而席慕蓉〈蒙文課——內蒙古篇〉與瓦歷斯．諾幹〈一九一〇射日〉則表現新詩在少數族群身分的詩人筆下發揮了其族群敘事價值；康熹選錄周夢蝶〈剎那〉與林泠〈不繫之舟〉，哲思性較突出，而第六冊選錄向陽〈驚蟄〉與瓦歷斯．諾幹〈出生禱詞〉，內容上較無相映，約莫是當作中生代的代表；而較不被詩社架構所限的龍騰版與南一版，選詩大膽且多元，龍騰選錄外文翻譯詩雖看似具有國際觀，但十首詩都無法撐起華文新詩的發展歷程，一兩首外文詩恐怕也是極為單薄的存在；至於南一版，有意或無意降低創世紀詩社的曝光度，補上陳秀喜與吳晟，直接提高了本土詩人的存在感。

光這些作品仍是遠遠不足以呈現臺灣新詩之多元豐富，況且課文選詩不免受到許多限制，譬如詩史脈絡、世代（可是林泠創作〈阡陌〉時也才十八歲）等，也得選擇高中生所能理解的作品，無法置入實驗性太強或篇幅太長的作品。藉著這次製作專輯的機會，推薦十四首課文未選或不太可能選的詩作，來向苦悶且苦惱的高中生們（啊啊啊新詩到底是要怎麼考）補充新詩的理想性與多元，請看以下「加菜詩」：

加菜一

□□□、□□□、□□□、□□□、
□□□、□□□、□□□、□□□……
死亡已經治癒你們的傷痛與恐懼了嗎？
我們不然，
整個島嶼還在收縮、抽痛、胡言亂語
生命總一次又一次叫我們面面相覷：
我們只是薄膚恆溫的凡人
怎會遇上只有地球足以承擔的變動與損傷？
我們只是偶爾自大的脆弱生靈
為何要經歷萬噸建材與憂傷的折難？
你們看，
整個島嶼在抽痛、蜷曲
在傳遞、播報、哀悼、喧嘩與聚集
其力量宛如一個宗教的誕生……

——羅智成〈鎮魂〉

距今十六年的九二一大地震，是臺灣人民共同經歷的最大劫難，震災發生之初，即有詩人自恐懼與不安的情緒中挺身，以詩作撫慰悲痛生者與惶惑死者，作為黑暗中牽引眾人穿越的微光。龍騰版選錄向陽的〈黑暗沉落下來〉即是，反覆「黑暗沉落下來」一句，是試圖說服眾人接受災難已成事實（回顧、面對、穿越），也是重複呢喃的禱詞；同是處理九二一震災，羅智成這首〈鎮魂〉透過與死者的對話，引出生者猶在承受消化死亡的恐懼：「我們在廢墟中喧嘩、哀悼與聚集／這一切都是為了治癒我們自己。」察覺眾人的畏懼，以詩句代替眾人說出此等深層的情緒，透過理解而使眾人得到療癒。

加菜二

當白色的海豚成群結隊
趨光而來
或許我們只是
一種　比較會許願的魚。
齊聚時，鱗片堅定

擦過四壁。
在最深，最黑的
海底隧道裡：

白海豚不會轉彎；
我們就不會轉彎

——湯舒雯〈守夜〉

此詩寫於二〇一一年初，反國光石化設廠彰化西南角海岸運動如火如荼之時，先後有不少詩人發表詩作，表達對此運動之支持，以及對海岸生態破壞之憂心，眾多詩作當中，最令我印象深刻的卻是這首只在個人新聞臺上發表、未在紙本刊物留下蹤跡的詩作。文字具有說服、鼓動的魅力，這點我們都曉得，然而在此重商的時代，我們都寧願它能成為具有經濟價值的廣告文案，而不願放任其衍生為鼓舞群眾的詩句。縱有，也是無關痛癢、缺乏巧思的呼喊。在這些時刻，詩人的能耐被看得越來越低。湯舒雯這首〈守夜〉是一首難得的亮眼之作，既具技巧，也懷藏寫作者該有的抵抗性，如村上春樹所說：「在高牆與雞蛋之間，我永遠站在雞蛋一方。」能為寫作者贏得尊重的唯有其作品。

加菜三

有人在耕種民主這嘆詞，譬如
啊民主
整個下午霧來了，雪也從心裡飄起來
選戰的人馬猶豫在渡口

譬如
民主啊
我也在其中
……

——鯨向海〈我的一票投入光影之隙〉

與民主化的腳步相映，政治詩曾大行於一九八〇年代，然而隨著抒情傳統的回歸，這樣容易陷於劇烈、口號的主題，漸漸為詩人所放棄。可是，政治猶在持續著。鯨向海這首〈我的一票投入光影之隙〉寫下民主社會中，選舉活動的荒謬，以及選舉帶來誤謬的對立，其實選民不分黨派，皆是「冰冷島嶼上生病的羊／沿著風雪的危牆，集體磨蹭

／直到歲月變得薄稀」荒謬的選舉如同無效的取暖，不過是互相消耗。選擇這首詩作，並非為高中生灌輸對政治、選舉的不信任（這點應該從新聞上已經學到很多），而是學習如要批判諷刺，如何提煉出有力且有可看性的文句，而非憤怒口語的堆砌。

加菜四

我滿懷愧疚地進去
站在一片空曠的林心
瞭望著荒廢的伐木現場
試圖憑弔那些仍殘留在地底的根莖

它們死了
以屠殺很久之後的死去
繼續在現場腐壞

在現場，在旅人的歡笑中
繼續被忽視
被遺忘
——劉克襄〈大雪山林場〉

環保教育作為教育部通令的六大議題之一，卻罕見生態詩入選。劉克襄長久穿行於山林河岸，對生態的細膩觀察都能轉化為真切的文字。那些我們視而未見的生命，在劉克襄筆下都能重新活回來。〈大雪山林場〉一詩即是，生態劫難我們不是不曾見過，只是沒有正視它存在。

加菜五

水位正在下降
是誰偷走了河的深度
是沿岸拋擲的垃圾
還是沉水淤積的泥沙

天空看不見樹在開花
水面看不見鳥在寫字
雲都閉戶回了家
雨也遺忘自己的歸處

水位繼續下降
暗暗偷走倒映的山巒
教山路踐踏山林
山腳矮化山巔

——陳義芝〈遙遠的河〉

這是另一首適合高中生閱讀的生態詩，命名為「遙遠的河」並非單指距離的遙遠，也指我們對此河關心程度的遙遠。臺灣多山多河四面環海，然而仔細一想，我們對山河海全都極為陌生，遙遠的河不過只是一個面向，而身在下游、不見上游的我們，只能被動地淪為「遙遠的泡沫」。

加菜六

你父你母養育過你的生，現在仍養育著你的死
如風中白楊葉的戰慄仍在艾德蒙頓初夏
從前你來的六月也是後來你走的六月
不再仆跌的道路不須打理的屋子
這小小的骨罈竟是你再生的搖籃

一隻黑鷹飛在高寒的林梢像幽靈
你駕駛的紅色跑車突然又闖進我夢裡預警
那是重來探訪的訊息嗎？黎明的光
告訴我，我怎能再和你說話
說至死方休的話

——陳義芝〈焚燬的家書〉

縱然我個人推崇詩人關心外在社會的理想性，卻也無法否決抒情是新詩最佳的主題。〈焚燬的家書〉是詩人經歷了喪子之痛，一字一句細細刻下的血淚，充滿父親對子女的

愛與懊悔，對正值青春期、親近同儕更勝於家人的高中生而言，傳遞這刻骨銘心的親情，新詩無疑是極佳的載體。

加菜七

有天我從夢中驚醒
確認我這一生已經
無法成為一個有用的人

但是我曾經和上帝或者佛祖對話
在另一個夢裡
當我醒來後有一段時間
我無法想出另一種人生
能比現在這樣更好

……
在這個世界上如果有什麼
能比天上的月亮更美
那就是水底的月亮
——隱匿〈更好的人生〉

在競爭激烈的高中時期，互有勝負的人生階段，當遭遇了挫折，除了學古代被貶的文人發發懷才不遇的牢騷之外，我們還能教給那些不小心跌倒的孩子些什麼呢？人生最慘的不是別人沒有發現你的好，而是你自己不曉得你哪裡好。隱匿〈更好的人生〉即是如此轉隅為闊的好詩，適合為感覺挫敗的人們轉換看待人生的角度。

加菜八

即使最愛的某些人，陷落時光裡的某些片刻
或者消失了
即使只有一天

只有一天中的某一片刻我都不能失去
愛的勇氣
即使愛是疲倦的——
像神愛世人一樣，因為世人不斷逸出常軌
我將向時光學習義無反顧
即使我也會陷入某些片刻而茫然
甚至走錯方向，遲到半天
而且淋了雨……

——李進文〈每一天都是最後一天〉

新詩的感染力除了用來激盪人心之外，還極適合進行人生態度的分享與遊說。雖然李進文這首〈每一天都是最後一天〉原本可能是自我說服或價值確認的作品，寫作的同時，作者也在調整自己。然而當作品寫就之後，便成了能與讀者們分享的心路歷程。〈每一天都是最後一天〉宛若極長的格言，帶領讀者在字句間經歷曲折的心思轉換，最終抵達那個大悟的片刻。

加菜九

日子空
手空
眼前無人
屋子原是空（透天的
）心也空
夜裡山裡夢裡青蛙喊著過來過（來過來過來過
我說如果隔著只是唉隔著如果
只一疋藍綢布我們）翻騰的海
夜裡山裡夢裡　　——陳育虹〈中斷〉

女詩人遠比男詩人少，而女詩人之中，能明顯展現出女性語調者又更少些，女性詩人的中性語調似乎弱化了其存在感。讀宋詞，我們都能明顯察覺李清照那不同於男性詞人的特質，而綜覽詩壇，這樣特質明顯的女詩人似乎屈指可數，陳育虹應是其中之一。選擇這首〈中斷〉的另一原因，則是其透過斷句分行製造情緒的中斷與不順暢，以斷續的節奏營造出煩躁混亂的情緒，總說新詩應是可誦的，這樣的作品極能突顯其聲音的效力。

加菜十

父親，我可以對你坦白嗎？
我是G的。
我和你有多少分相像？
你也是G的嗎？
如果有一天我也愛上一個像你的男人
你能夠原諒我嗎？
受困苔蘚蔓生的城市
從健身房浪跡到游泳池的旅程
眼神交換之際
突然綻放的肉體

我如何保持安靜
「我愛你」
絕非埋葬在兩人間的私事

——鯨向海〈致你們的父親〉

女性的聲音微弱如前述，然而在越來越重視性別友善的社會，對於同志的存在，多數人卻似乎仍不願意承認或談論。細數當今詩壇，同志詩人不少，其中具有傑出寫作才華者亦極多，透過詩作進入他們的內心世界，豈非邁向性別平等的極佳途徑？電影《為巴比祈禱》曾為眾多異性戀觀眾敞開一扇通向同志世界的窗，以親情渡（同志）愛情，鯨向海〈致你們的父親〉亦如是，愛無等差，何以性別絕之。

加菜十一

七十日了
我們死守在深邃的黑暗
聆聽煤層與水的對話

週而復始的闃靜如錄音帶永恆
鉅細靡遺地播回我們的呼吸
玫瑰在唇間
蟲蛆在肩頭
偶然闖入的螢火叫我想起
來時的晨星
基隆河蜿蜿蜒蜒

——陳黎〈最後的王木七〉

長篇敘事詩的消殞遠勝於長篇小說，幾乎是無人創作了，可能受文學獎篇幅若有若無的限制太久，也可能因為缺乏有耐心閱讀的讀者。若能從高中時期就培養讀者發現長篇敘事詩的魅力，或許這一切便有轉機。長達二百三十五行的〈最後的王木七〉描述一九八〇年發生於瑞芳的礦場災變，以死者之一的王木七為主述者，描述礦工們之辛勞，以及家眷們生活的貧苦。以礦災為契機，漸向這職業族群的苦難開展。長篇敘事詩的敘事能力，及其段落經營的技巧，亦是一般篇幅較短的詩作少見的。

加菜十二

最後一道加菜，容我貪心點，一口氣放三首詩。總說新詩以抒情為大宗，敘事輔之，然而屏除此類以文意敘述的文字使用方式，現代主義與後現代主義嶄新的文字操作，卻較不受課本編委們青睞。唯龍騰版選錄了林亨泰現代主義的作品〈風景No.2〉，可惜未有其他版本選錄後現代主義的詩作，如：陳黎〈戰爭交響曲〉，僅僅由「兵、乒、乓、丘」四個字組成的長篇圖像詩，借字體外型代替字意成為敘事主體（健全的「兵」，負傷的「乒」、「乓」，象形墓碑的「丘」），聲音的表現同時也兼顧到了（鏗鏘有力的「兵」，如槍擊聲短促的「乒」、「乓」，以及擬風吹聲的「丘」）；或如陳黎的另一首創作〈腹語課〉，以字形醜陋且讀音污濁的「惡勿物務誤悟鎢……」等字，對映至於括弧內的心聲「（我是溫柔的……）」，形成外表與內在的強烈對比，巧思如是；李長青諷刺政黨的〈國民黨〉，該詩主體是一大片留白，僅只最後一行寫下「注：／／本詩內容一片空白」，其言外之意已相當明確。

給高中生的七篇加菜小說

這份名單的系統性，來自於背後隱伏的一道脈絡：「政治性」。政治成為小說書寫的主要源頭是常態，認為文學遠離政治是一種毫無根據的假定。嚴格說來，眾人之事為政治，個人關於存有的思考也是一種政治。因為個人往往不只是個人，個人本身也代表了一個時間點、一個斷代的存在切片。個人的思維產生與運作的來源、邏輯，都必然與政治本身息息相關，即使表面再怎麼無涉於政治的文學，它表現出的冷感皮相，也同時出賣了它自身「選擇」了一種立場的姿態。

是以，面對高中生的國文課本，小說的加菜安排了「政治性」的考量，用意無他，只是希望能在漫長的盲目與陳舊的道德建制過程裡（國小國中高中的國文？），認識到在那些部分以外，文學還可以作為一種裂開「和諧」的出口，而不再只是服膺於「保守」的被閹割物。

敏銳的讀者或許會發現，這份名單中的作家群政治傾向複雜多樣、彼此甚至有著相對、或者無關的政治態度；比方卡夫卡相應於極權式的國家（父）想像，和大江健三郎應對右派跟保守國族主義的態度，兩者是不同的兩個議題。因此，這份名單的「政治性」，不單單只是表露作家個人的政治理念，更先決的考量，是他們的「政治」中共同關切的某些事，與某些表現的模式——人道關懷及其所展現出的距離感，和「為什麼我要被逼著變形」的控訴。

以下將逐文推薦略談：

加菜一：卡夫卡〈判決〉

〈判決〉是卡夫卡生前發表的名篇。小說的主角是一個年輕有為的兒子，他有個屢不得志且人在異鄉的摯友，他們之間的書信往來是那位摯友唯一照亮孤獨的火光。主角因此不敢在信中和摯友提及自己的好事，不管是事業的成功、還是即將迎娶的新娘；他在信中「始終僅限於寫些無關緊要的、一如人們在安閑裡的星期天獨自遐想時，雜亂地堆積在記憶中的瑣事。」這本立意良善，包括他對待自己的父親也是相同，儘可能避免使老父感覺到自己年邁體衰、無能為力的難過。

但是主角這樣的「善良」，卻在一次與老父親對話的情況下被拆穿。老父早就與他的朋友通過信，將他在信中沒說的全說了，兒子這才發現自己一直以來用以穩定自己生活的修辭，早就瓦解了，剩下的都是他的朋友，一個人待在遠方，心裡懷揣著一絲希望主角能夠坦誠的希望，持續地與他通信——而父親，同時又厲聲地審判了主角這種偽善、以及「佯裝」孝順的對老父的羞辱；事實上，兒子的一切都出自善心，且孝順至誠；老父的憤慨不只來自兒子的好意所導致的顛倒結局，還來自他無法容忍兒子已經「長大」、即將成為下一位父親的事實。

最後，父親判決兒子投河。兒子也真做了，死前留言「**親愛的父母親，我可一直是愛著你們的。**」如此張力，源自於父和子之間難以容忍彼此的存在；卡夫卡同時譴責了兩者，譴責了兒子為了維持心理平衡所說的善意謊言、又譴責了父親過度的執拗與專制的集權。〈判決〉一篇已經可見卡夫卡日後書寫其他名篇的原型：近乎毫無道理的指控，卻可以使人負罪——而這，是對集權制度的指控、同時也是對人存有之境的銳利指陳。昆德拉用一句話完美地說出了卡夫卡的小說核心：「**被控者（被迫）尋找他（不存在）的錯誤。**」

加菜二：舒茲〈蟑螂〉

舒茲一向擅於描述夢般美麗的城市街景、季節光影。他的小說們開頭也幾乎都是從寫景開始，景中混著他主觀的意念：在牆壁上漫延的爬藤、籬笆端的小花、牆磚上被夜的光線暈染的影跡，凡此種種，潛藏著一種即將變形的荒涼。

〈蟑螂〉是一篇主角父親慢慢從家裡退去了位置，變成一隻蟑螂的故事。篇幅很短，但卻是《鱷魚街》一篇中比較明確地變形的入門之作。我們雖無從得知主角的父親遭遇了何種內心挫敗，才會逐漸蟲化，卻能從此處體會到舒茲的仁慈與殘酷：太濃重的，他不忍說；可是死了過程，他卻要我們細細地觀看。整本《鱷魚街》的父親們（或者說是同一個父親），都在衰弱、逐步地遁逃到「人類不會去的地方」；成為蟑螂、成為鳥。或成功、或失敗後再被羞辱。但不管結局如何，父親（們）從未停下逃離的腳步。

他（們）究竟在逃離些什麼？《鱷魚街》裡變形的，也不止父親，尚有其他親族。若深究其共性，或許是經過兩次世界大戰的舒茲（他卻來不及見到戰爭結束，就被納粹黨軍射殺），對於「活著」與「成長」這兩件孩童無法感知的事物，進行數次深邃思考而留下的晶黏足跡。

加菜三：芥川龍之介〈河童〉

一個精神病患對採訪者的自白：他曾去過河童國。河童國相對於日本國，我們所居處的現世，乍看之下並沒什麼不同。一樣的文明、工業發展，他們會去聽音樂會、寫詩、讀小說與繪畫，也有競選、戰爭、工業科技的發明。但中間還是有些地方怪怪的，比方他們沒有罷工的河童，因為工人河童是可以食用的：「難道你們的職工就一聲不響地等著被宰嗎？」「鬧也沒用，因為有『職工屠宰法』嘛。」而他們的小孩，還在娘胎將要出世前，父親得要爬到母親的兩胯間，問一問陰道裡的孩兒：「你好好考慮一下願不願意生到這世界上來，再回答我。」

這類與現世不同的細節，便是小說著力針對的議題所在，小說從河童的身處環境諷刺人世現實的力道也由此而生。不妨這麼看，河童會是我們世界發展而成的極端。比方說，沒有罷工是因為勞工被「吃」掉了的世界不會真的降臨——或許吧？起碼不是被物理上的「吃」掉。

人真的會變成河童嗎？讀完小說，我們都不知道，但敘事者——那位精神病患——卻從河童之國逃了出來以後，在人世又待不下去，最後想要回到河童國，可是他沒能真正地待在河童國，因為他被現實的人們關到精神病院去了。

只是，當訪談人與精神病治療所的人們，還能夠將主角對河童國有著鄉愁的這件事，當成是精神病徵兆的想法，還能持續多久？我們的世界真的和河童國不同嗎？或者只是河童國的退化——一個還沒「進化」完全的世界？

加菜四：安部公房《砂丘之女》

作為日本戰後前衛文學的代表，安部公房的小說始終在面對「存有」這個複雜的問題。《砂丘之女》是他的代表作，也是在臺灣最為人熟知的一本小說。小說裡描述了一個想要尋找新品種昆蟲的主角，為了得到發現者專有的命名權，不惜花費大量時間去尋找那只昆蟲。尋找的路上，他到了一個被砂掩埋的小村，所有人都在砂裡活著，他們每天都要星夜鏟砂，否則就會被砂子淹沒，喝的水、吃的食物、用的衣服上頭不是浮著鐵銹，就是滿滿粗礪的砂子。主角本來只是經過，卻被強制性地留了下來。

他追尋昆蟲，卻反而落入了陷阱。四面砂壁，他無處可逃，只好和一名在同個砂坑的女子一起生活，直至最後女子懷了他的孩子，被接出去生產時，其他村人留下的繩梯就掛在他面前，他想出去只要攀上去就好……他卻只探頭出砂丘看了一看，又回到丘裡。

這樣的故事，表露出一道深刻而濃重的無力感。人和昆蟲互為一體、彼此沒有不同。無論再怎麼艱難的環境，人類都能生存——這種概念，在小說裡卻不是明亮的褒義，與之相反，這是堅實吐露出人類所堅持依賴的高等思維，皆是幻覺；文明與城市生活的印記，使得一個人逐漸地變成了「另一個」，總有一天，你會與自己毫不相關。這是《砂丘之女》對於存在的思考之啟示：我們所有的生活與發展，並沒有讓我們變得更好，卻也沒有讓我們更壞，就只是活著。

加菜五：大江健三郎〈飼育〉

〈飼育〉是大江健三郎的名篇。承前面的安部公房，大江曾在接受諾貝爾文學獎的致詞上說：「如果安部公房先生還活著，獲得這個殊榮的絕對是他，而不是我。」由此可見在大江的心裡（尤其是大江如此「政治性」的心靈），安部的小說具有的地位與力量絕對不凡。

扯遠了。回到〈飼育〉。

〈飼育〉專注在二戰時代，一個黑人士兵遇難，落到了一個山村。被山村裡的人們依照國家的方針囚禁起來。值得注意的是，山村因為地屬偏遠，對外的政治管道皆由縣轄的書記來負責，這裡更顯現出在戰爭時小民與整個國家（發動戰爭的主謀）的地理空間、權力空間有著完全不對等的巨大落差。

這個被囚禁的「黑鬼」成了山村裡男人女人小孩們之間嘻笑獵奇的玩物，他們甚至牽了一頭母羊給黑鬼。黑人士兵初來也是表露出「非人」的模樣，甘於玩物與寵物般的對待，關在籠裡、屎尿混在一起，讓人餵食。可是黑人士兵還是決定要反抗，反抗被強迫「變形」為動物的遭遇，想要取回一點點為人的尊嚴，最後卻反而扭曲成了一個「卑鄙之人」的形象。

可見同為戰爭犧牲品的村民、黑人士兵之間，存在著一種無可逆轉的印象落差：那位士兵，從被捕獲的那刻起，就不再是個人了。

大江冷酷而充滿批判性的寫法，反覆再三地保持著若即若離的距離，既讓讀者跟著一起譴責、又讓讀者彷彿被獵奇式的奇觀吸引。受譴責的不只是國家、連被犧牲的人們、甚至包括可能在裡頭閃過一絲絲殘忍念頭的讀者，都被大江的意念牢牢地釘著。

加菜六：舞鶴〈悲傷〉

舞鶴的書要選進高中國文課本可以說是不可能——只要「我們這些維多利亞時代的人們」（傅柯《性意識史》第一卷），仍然掌握著道德戒令與純潔和諧的話語權，就不可能有被選入的一天。

那為什麼這裡要提出來？我總以為，這份書單如果真的有影響的可能，那就是讓有興趣的高中生們，自己依著上頭的篇目，一份份去找、一份份避開父母師長的眼光來讀。

舞鶴的書寫特徵不脫兩個層面——或者你也可以說是同一件事——就是色情與政治。〈悲傷〉是這位異質（且讓許多人尷尬的）小說家於淡水潛居十年以後的作品，它光怪陸離地表現了某一種現代主義的「現在進行式」：放逐，永恆的放逐。

〈悲傷〉裡的兩位主角，都是從生活與現實當中潰敗下來的人。他們眼中的世界，很奇怪的，和我們從小教育所知的世界有很大的不同。我們活在一個乳溝也要上馬賽克的現實裡，裡頭的角色們卻連臺灣連翹都能看見對方祖宗十八代跟女孩初經來潮的血；如果放在保守的人們眼前，他們肯定又要為了這樣的小說能列於文學教育當中大驚小怪——其實，生育與性愛，本就密不可分。又為什麼要以「淫穢」之語譴責？

更何況，「悲傷」之所以為〈悲傷〉，有其道理。所有的性冒險、性愛的特徵與情色的直覺聯想，都是小說裡不可替代的鄉愁。因為小說裡的人們就是活在一個直接面對、赤裸裸大剌剌地表現出它生殖面貌的土地上。只可惜，文明、政治上的崩潰與國族認同的流離，必定使得在其中較「高挫折」的子民，都患上了精神分裂症。至於那些得以倖免的，或許都在哪處安居樂業地不相信此世有何亂，耿耿於懷且斤斤計較的都是主角自殘的血敗了他祖宗的風水。

於是，「悲傷」指的便是從正常退敗成「不正常」的撤退路線。舞鶴飽脹著性隱喻與詩意的肉汁語言，使得故事說來特別怵目驚心。始終都想著傳宗接代與逃避政治現實的主角第二號，見了自己女兒後，倒頭栽在田地裡作一根水筆仔去也；從大學生變成自己跑去精神病院吃白食的主角第一號，則找了個公廁收費的工作，永遠留在外頭，心裡也沒想著要去哪裡，也不知道要回去哪裡。

「不回去也好。」是他的最後一句話，彼時，他正躺在一個在他頭頂尿尿的流鶯身旁，依偎而溫暖。

加菜七：袁哲生〈送行〉

面對土地與故鄉與歷史的態度，袁哲生以他的作品告訴了我們，那種種如鄉野傳奇般的怪離敘事，其實都是我們正在發生、或是剛剛發生的事。只是我們選擇了「不相信」，也就假裝其不存在。

〈送行〉是袁哲生較為特異的作品，小說顯然不想講一則完整的故事，而只是用鏡頭和人情的反應帶著我們的視角往前走。文字寧謐且安靜，列車移動的聲音，老奶奶要憲兵幫忙認字的微弱嗓音，父親睡著的呼吸聲，都是小說裡著墨的細節，而這些、這些，交構出來的是不過幾歲的敘事者（或者說是鏡頭攜帶者較準確），慢慢認識現實並且漸漸長大的過程。

張大春在評審感言裡說得好：「不知所終。」這句是這篇小說的關鍵，來去的人們我們都無法知道每一個人最後的結局如何，是以結局再不是重點，重點只在於遇見的當下，彼此看到了什麼事。生命中的某些微細段落，當事人可能早已忘了，可是旁觀者卻留下了長期的印象，甚至影響他往後的日子。

這篇小說是這份名單裡最難以查知政治所在之處，也沒有明顯的變形——然而，之所以選這篇文章入名單，理由也在這裡（那個微細而隱匿的政治關懷）：它關切的是，我們。

鏡頭不停變換，事件一件一件平淡無味地發生。像秒針向前進一般無味。無味意味著故事可以永遠說下去，而且，就只是說下去。

給高中生的六篇加菜劇本

話劇（Drama）是源起自古希臘文明，繼而在文藝復興時期發展確立的一種以對話為主的戲劇形式。它在十九世紀後半流傳到東亞的日本、中國，稍後在二十世紀初期來到臺灣。話劇在臺灣的歷史，雖然由於戲劇演出的現場性與集體性特質，屢屢受到統治者的干預、介入，使其發展受限，然而百餘年間劇作家卻也累積了可貴的成果。以下即介紹古今中外的話劇劇本六種，作為進入話劇世界的敲門磚。

加菜一：「莎劇」

四百多年前西方的文藝復興時期，在人文主義興起的背景下，莎士比亞創造一批因為人類自身的慾望、罪惡或性格的缺陷而導致命運無可挽回的悲劇人物：理性感性兼具卻臨事猶豫躑躅的《哈姆雷特》、權欲野心戰勝道德良知的《馬克白》、被邪惡挑唆起妒火弒妻而在發現真相後自刎的《奧賽羅》、因為剛愎自用而付出親情代價也為國家帶來災難的《李爾王》……，這些性格鮮明的人物與其遭遇，四百多年來，通過翻譯與改編，跨越地理疆界、穿透時間長流，不斷在世界各地獲得新生。如今，不論地域、族群、語言的差異，「莎士比亞」幾乎是戲劇的代名詞，也是當代人類共享的文化資源。然而，莎士比亞傳世劇作有三十八本，究竟該從哪本閱讀起好呢？除了上述四大悲劇之外，《仲夏夜之夢》、《羅密歐與茱麗葉》、《威尼斯商人》等，都是大家耳熟能詳的故事，從中選擇一本自己喜歡或感興趣的，就從這裡開始。

莎劇，是認識戲劇藝術的一個絕佳起點。鑑賞的時候，不妨多加留意人物是如何透過話語與行動展現其性格，人際關係如何被建立起來，它跟大環境的關連是什麼，衝突與戲劇張力來自何處，又如何堆砌出高潮導向結局。

加菜二：易卜生《玩偶家族》

銀行家海爾默的妻子娜拉一心相信自己擁有幸福美滿的家庭，為了維護這份幸福美滿，多年前她瞞著丈夫違法借貸，從那時候開始她暗地裡努力自行還債，然而當要東窗事發之際，娜拉原本自信滿滿認為海爾默終將理解、護衛自己，沒想到卻遭到海爾默激憤冷酷以待，娜拉這才發現，原來自己長年來一直跟一名陌生人同床共枕……，戲劇最後在娜拉推門離去的聲響中落幕。《玩》劇創作於一八七九年，自首演以來，婦女覺醒的深刻主題經久不衰，是誰說，娜拉的關門聲響迴盪百年！全劇以回溯過去的方式點滴揭示當下的真實，當主旨顯現時，戲劇也就結束了。對於那些潛藏在人物對話之下的潛臺詞，讀者恐怕必須反覆再三閱讀才能得其況味。另外，劇作家藉以塑造娜拉性格的非語言細節亦值得留意，那些顯示在舞臺指示中的情緒、舉止與小動作，整體營造出外表看似單純實則內在層次豐富的娜拉。

加菜三：曹禺《雷雨》

這齣戲劇創作於一九三三年，翌年發表於巴金擔任編委的《文學季刊》，同年底於浙江春暉中學首演，是標誌中國話劇成熟的里程碑作品。劇作家以資本家周樸園一家的悲劇，為正值土崩瓦解的中國傳統封建家庭塑像，仿若一曲時代輓歌。周太太蘩漪為了挽回跟繼子周萍之間的不倫之戀，招來魯媽責其將女兒四鳳帶走（四鳳是周家的女佣也是周萍的新歡）。魯媽到來此一事件推動情節開展，走向錯綜複雜的同時，也一步步揭開周家不為人知的秘密，導致最後主要人物們非死即瘋的結局。讀者在欣賞這齣戲劇的時候，在追逐複雜的人物關係的同時，不妨將關注也置於劇作家對人物的塑造上。特別是周樸園、蘩漪與魯媽這三個主要人物，在戲劇最後，他們心愛的人／子女幾乎都無辜地死去了，留下他們悔罪地活者。究竟他們的悲劇源於何處？跟封建社會的價值、跟人物本身的性格、以及跟那不可掌控的命運之間的關連各是什麼？小心不要將父權人物周樸園簡化為封建樣版，劇作家立體刻劃人性，正是這齣戲劇得以歷久不衰，至今一再上演、改編的原因之一。

加菜四：林摶秋《醫德》

此劇編創於日治末期的一九四三年，原以日文寫成，三年後由「人劇座」劇團在臺北市中山堂採臺語首演。劇情敘述農婦阿惜難產，婆婆這廂頻頻求助神明庇佑媳婦順產，丈夫金旺那廂找來的孔方醫生卻掐準時機漫天要價，小姑月美則從學校找來生產經驗豐富的慈惠老師到家協助……，情節就在產婦陣痛的哀嚎呼救聲與眾人鬥嘴爭勝、討價還價聲中推進，俐落地在嬰兒發出明亮的哭聲中落幕。全劇情節集中而緊湊，節奏輕快活潑，俚俗的語言使全劇洋溢庶民生活色彩，人物之間的對話富含臺灣閩南話所特有的語韻機趣。整體對失德醫生、農家迷信的諷刺謔而不虐，是一齣精巧的獨幕傑作。

加菜五：簡國賢《壁》

這齣臺語劇編寫於一九四六年，同年由「聖烽演劇研究會」在臺北市中山堂首演。劇情敘述貪得無厭的奸商錢金利欲收回隔壁房產作為囤積米糧的倉庫，藉故強逼失業工人許乞食搬家的故事。舞臺上藉由一堵牆壁隔開貧富兩個世界，一邊是錢金利一家過著朱門酒肉臭的奢華生活，一邊是許乞食一家貧病交加飢寒交迫。欣賞這個劇本的時候，必須理解演出當時的戲院主流是歌仔戲、通俗新劇、新歌劇、歌舞劇等一類娛樂至上的戲劇，劇作家關注當時社會貧富懸殊的問題，因而《壁》劇並不遵從主流演劇善惡有報的陳規俗套，最後許乞食以老鼠藥摻和在食物中，毒死母親與兒子然後自殺，隔壁錢金利一家則是杯觥交錯進行著舞會狂歡。許乞食死前搥壁吶喊「壁啊、壁，為什麼這層壁不能打破呢？嗚！壁呀！壁！」，而臺語的「壁」除了字面上的意涵，尚且與欺騙的「ㄅ一ㄚˊ」同音，這是社會底層無力者對當權者的死生控訴。劇作家通過戲劇演出，揭露社會病灶，意圖激發觀眾省思自身處境，產生改革社會的動力。

加菜六：賴聲川《紅色的天空》

「老」是什麼樣的人生階段？人們如何面對自己的老去？又如何面對老去的他人？當臺灣逐漸邁入少子化、高齡化社會，我們是否還能輕易將「老去」視為遙遠的未來？是否還能容忍老人是「在等死」、是一群「無用之人」一類的話語輕易出口？《紅》劇是賴聲川早期劇作中一齣由劇團集體創作最後由他剪裁定稿的作品，首演於一九九四年臺北國家戲劇院。戲劇自老人院的生活取材，由八位老人的各種生活片段黏著拼貼組成，包括他們如何面對老去的事實、處理跟家人的關係、發展彼此的情誼，以及院方與社會又如何看待與維繫跟老人們之間的關係等。此劇的舞臺指示尤須留意、想像，譬如劇本要求演員演出時不化老妝，以及舞臺前方倒數計時的數位鐘與舞臺後方由枯而榮的大樹等，都與戲劇主題遙相呼應，構成人物對白之外的「舞臺語言」，傳遞劇作的重要訊息。

＃十四首加菜詩

詩作	作者	出處
鎮魂	羅智成	《夢中書房》，二〇〇二年二月，聯合文學。
守夜	湯舒雯	太初有字 http://mypaper.pchome.com.tw/0525/post/1321858199
我的一票投入光影之隙	鯨向海	《犄角》，二〇一二年七月，大塊文化。
大雪山林場	劉克襄	《巡山》，二〇〇八年八月，愛詩社。

詩作	作者	出處
遙遠的河	陳義芝	《邊界》，二〇〇九年五月，九歌。
焚燬的家書	陳義芝	《邊界》，二〇〇九年五月，九歌。
更好的人生	隱匿	《冤獄》，二〇一二年九月，有河文化。
每一天都是最後一天	李進文	《除了野薑花，沒人在家》，二〇〇八年二月，九歌。
中斷	陳育虹	《之間》，二〇一一年七月，洪範。
致你們的父親	鯨向海	《犄角》，二〇一二年七月，大塊文化。
最後的王木七	陳黎	《小丑畢費的戀歌》，一九九〇年四月，圓神。 http://dcc.ndhu.edu.tw/chenli/poetry3.htm
戰爭交響曲	陳黎	《島嶼邊緣》，一九九五年十二月，皇冠。 http://www.hgjh.hlc.edu.tw/~chenli/poetry6.htm
腹語課	陳黎	《島嶼邊緣》，一九九五年十二月，皇冠。 http://www.hgjh.hlc.edu.tw/~chenli/poetry6.htm
國民黨	李長青	《江湖：臺語詩集》，二〇〇八年十月，聯合文學。

#七篇加菜小說

小說	作者	出處
判決	卡夫卡	葉廷芳譯，《卡夫卡短篇傑作選》，二〇一二年六月，志文。
蟑螂	布魯諾·舒茲	林蔚昀譯，《鱷魚街》，二〇一二年十一月，聯合文學。
河童	芥川龍之介	文潔若譯，《羅生門》，二〇〇一年月，遊目族文化。
砂丘之女	安部公房	吳憶帆譯，《砂丘之女》，二〇〇七年九月，志文。
飼育	大江健三郎	林水福、陳諭霖譯，《飼育》，二〇一一年八月，聯合文學。
悲傷	舞鶴	《悲傷》，二〇〇〇年，印刻。
送行	袁哲生	《靜止在樹上的羊》，一九九六年六月，觀音山出版社。

#六篇加菜劇本

劇本	作者	出處
莎士比亞全集	莎士比亞	梁實秋譯，《莎士比亞全集》，一九九〇年，遠東。
玩偶家族	易卜生	呂建忠譯，《易卜生戲劇集 第二冊》，二〇一二年十二月，書林。
雷雨	曹禺	全文連結：http://0rz.tw/WvWYy
醫德	林摶秋	汪其楣等著，《國民文選．戲劇卷I》，二〇〇四年五月，玉山社。或林摶秋原著、黃書倩譯、林摶秋譯校，〈醫德〉，《臺灣文藝》新生版第六期，一九九四年。
壁	簡國賢	汪其楣等著《國民文選．戲劇卷I》，二〇〇四年五月，玉山社。
紅色的天空	賴聲川	《賴聲川：劇場》第四冊，一九九八年，元尊文化。另推薦DVD：表演工作坊劇場經典系列（DVD）《紅色的天空》，一九九八年，群聲、木棉花聯合發行。

Top 2 開學！體檢高中國文課本(5)

喔？原來你也在這裡——十三個國文課本的隱藏參數

目前高中國文課本主要有三民、南一、翰林、康熹、龍騰五個版本，《秘密讀者》編輯部統計各版本國文課本選文的模式，並且整理出以下不為人知的「隱藏參數」……

#編輯部整理

1、教育部列出了「建議」的三十篇古文清單（見九九國文課綱）。雖非強制，但這三十篇全數入選，顯示了親、師、生、編者四方的獨漏焦慮。但是這三十篇大考其實不一定會考……

2、三十篇選文當中，「唐傳奇」並未規定篇目，但所有版本都選了杜光庭〈虯髯客傳〉；「聊齋志異選」也未規定篇目，但所有版本都選〈勞山道士〉。

3、不在三十篇選文範圍內，但全部出版社都有選的諸子：「論語選」、「孟子選」、「老子選」、「莊子選」、「韓非子選」。

4、不在三十篇選文範圍內，但全部出版社都有選的古典詩文：白居易〈琵琶行并序〉、蘇轍〈黃州快哉亭記〉。

5、現代文學必選篇章？——賴和〈一桿稱仔〉、魯迅〈孔乙己〉、洪醒夫〈散戲〉、琦君〈髻〉、徐志摩〈再別康橋〉、鄭愁予〈錯誤〉。這些文章入選了全部的版本，好像這些文章都同等經典一樣。

6、除了翰林以外，每一個出版社都選了詩人楊牧——但是沒有一個出版社選他的詩。它們都選〈十一月的白芒花〉。同時，沒有任何出版社選夏宇的詩。於是，這兩位當代最有影響力的臺灣詩人雙雙缺席……

7、以小說見長的鍾理和，他的小說只被南一挑中〈貧賤夫妻〉；另外有三個出版社選了他的散文〈我的書齋〉。不過衡諸他的實際情形，這篇故作堅強以符合發表標準的散文事實上確實可以當作小說讀。——因為「豁達」、「安貧樂道」是一個被強調的價值，所以我們的課本當然也就不會選鍾理和真實表達了自身慘境的、泣血一般的書信。

8、

以同一作者為單位來說，蘇軾可說是國文課本之王：他的詩文一共在五個版本入選了八次。其次是陶淵明的七次、鄭愁予的六次。由此來看，若以入選課本為職志，詩文兩棲似乎可以提高機率。

9、

余光中、林文月和張曉風是課本編者們最有志一同、卻也最意見分歧的三位作家：五個版本都選了他們，卻分別都選了不同的篇章。余光中在五個版本有五篇文章（〈尋李白〉、〈雨聲說些什麼〉、〈等你，在雨中〉、〈白玉苦瓜〉、〈我的四個假想敵〉）；林文月在五個版本有四篇文章（〈翡冷翠在下雨〉、〈記憶中的一爿書店〉、〈溫州街到溫州街〉、〈只是一株細瘦的山櫻〉）；張曉風也是五個版本有四篇文章（〈詠物篇〉、〈我在〉、〈給我一個解釋〉、〈許士林的獨白〉）。

10、中國四大奇書排行榜：《水滸傳》（五家）＞《紅樓夢》（三家）＞《三國演義》（一家）＞《西遊記》（0家）。（《金瓶梅》也是0家）

11、不計次數，約有超過兩百篇不同的文章至少被一個版本選入，而其中有四十四篇文章達成全版本入選的成就，另外也有十六篇文章入選了四家。而每一個版本的課本三年下來大概會有九十到一百篇文章，也就是說，不管你選哪一個版本，大概都會有三分之二是一樣的。

12、

承上題。其中，中文現代小說總共只佔了10篇（白先勇2、黃春明2、朱天文1、金庸1、洪醒夫1、張愛玲1、魯迅1、賴和1）、往往兩三篇併成一課的現代詩只佔28篇（瘂弦3、向陽3、鄭愁予2、洛夫2、席慕蓉2、林泠2、瓦歷斯・諾幹2、徐志摩1、夐虹1、陳秀喜1、莫那能1、紀弦1、林亨泰1、周夢蝶1、杜潘芳格1、白萩1、卞之琳1、馮至1、陳義芝1）、現代劇本0篇。如果外星人撿到我們的國文課本，很可能會以為當代文壇最不重要的文類就是現代小說，制霸文壇的都是古典散文家。

13、總共有8篇外國翻譯的作品出現在四個版本的國文課本裡（三民未選入翻譯作品）。分別是芥川龍之介2篇、海明威1篇、褚威格1篇、泰戈爾1篇、梅士菲爾1篇、馬丁路德・金恩1篇、理查・費曼1篇——他們沒有什麼不好，只是從中我們無法發現任何系統性關係。

Top 3 聽出版市場說話(1)

二〇一三・文學評論者的關注熱點

#編輯部整理

日期	事件名	說明
2/1	《短篇小說》易手	二〇一二年引起轟動的雜誌《短篇小說》由於原經營者不願繼續經營，故自第五期起，由印刻出版社接手，總編輯由初安民擔任。

日期	事件名	說明
3/ 15	文化人發起「不要核四，五六運動」	由柯一正、吳乙峰、戴立忍、林志儒、鄧安寧、小野等人發起，每週五晚上六點固定在自由廣場舉辦活動表達反核立場，於二〇一五年二月六日結束。其間，伊格言亦出版了反核小說《零地點 Ground Zero》，並且在其中一場活動進行演說。
4/ 1	〈莫召奴〉抄襲事件	《短篇小說》第六期刊登抄襲向田邦子〈隔壁女子〉的篇章〈莫召奴〉。第七期刊登季季、傅月庵比對兩文的意見，為近年極少數主辦單位勇於承認並致歉的案例。
5/ 20	黃錦樹、唐捐散文辯論	黃錦樹於五月二十日發表〈文心凋零？〉一文，引發唐捐〈他辨體，我破體〉等文回應，延續並深化了二〇一二年「神話不再」事件引發的散文文類特質之辯論。
7/ 2	《文訊》舉辦「文訊三十：世代文青論壇接力賽」	七月為《文訊》三十週年，舉辦了一個多達百位寫作人參與的論壇，與會者回顧文學環境變遷、抒發文學態度，允為盛事。
7/ 23	《秘密讀者》創刊	《秘密讀者》於這一天宣布創刊，發表發刊詞〈一個誠實的機會〉，並於兩個月後出版第一期，陸續進行各項文學實驗與書評推廣。

日期	事件名	說明
10/ 2	〈黑心貨〉抄襲事件	《聯合報》文學獎極短篇組〈黑心貨〉涉嫌抄襲黃麗群〈成家〉。由於評審仍維持原議，堅持不承認抄襲，引發了廣泛的辯論和爭議。
11/ 15	日臺作家東京會議	東京大學「中國文學研究室」及「臺灣趨勢教育基金」主辦，十一月十五日會議主題「黃金的公孫樹」，受邀參與會議發表的臺灣作家有白先勇、駱以軍、陳雪、童偉格、王聰威、甘耀明、楊富閔、伊格言；日方參與學者茅野裕城子、溫又柔、星野智幸、砂田麻美。
12/ 1	《聯合文學》改組、宣布雜誌改版	《聯合文學》改組，雜誌改由聯經經營。同時宣布改版，翌年一月號起將改變開本、全彩印刷，舊的規格在第三五〇期走入歷史。
12/ 9	宋澤萊獲國家文藝獎	宋澤萊獲國家文藝獎，並由前衛出版社出版《大地驚雷》精選集四冊。
12/ 12	《臺灣文學史長編》出版	由國立臺灣文學館主持編撰的臺灣文學史書寫計畫，分時段、分主題組成共三十三冊的專書，由三十六位學者執筆、二十餘位學者審定。

Top 3 聽出版市場說話(2)

也許文學與世界正在對話，而我們沒聽懂

#陳英哲

世界本來就不同於我們的想像，在現在聽起來，像是更深一記提醒著我們當下與這一整年所不斷跟一起生活的世界白熱化爭奪的生存正義。這些隨手可得的現成例證，經過提問過程與實際發生事件，讓我們不得不為各自所相信的世界所辯證與發聲。但這在二〇一二年出版且隔年仍然熱銷的《思考的藝術：52個非受迫性思考錯誤》中，卻被歸納為一種思考錯誤：「現成偏誤」。身在出版與文學界中的人認為，因為在這個產業的

核心與經驗，書籍銷售在二〇一三年的衰退，勢必跟國人閱讀習慣、年收入比、生活支出上漲等許多當然性的影響有關，買的書少了。其實這也又跟《思考的藝術》中另一樣錯誤吻合，稱為「控制的錯覺」，而身在其中的人經常更容易看不見其中道理。從銷售結果論與當年出版寫作方向論出版，其實是對知識產業相當不合理的推估與評斷，跟把知識產業、出版產業、娛樂產業等完全分割一樣地不理智。身在這個產業有機會更有智慧地看待文化本身，卻繼續埋頭於自怨自艾與怪罪於客觀環境，這個過去幾千年來獨攬知識與文化的工作階層，看似無頭蒼蠅般無助放棄，而我們也只能被動地從銷售數字回推那些遺憾與鄉愿。

華文創作，散文復興

喜愛逛書店與關心文學的讀者，理應感覺到二〇一三年是近三年來，無論是文學本身或是出版看似稍有復興潮的一年。但細數這一年手上真購入的書量，卻又比過去保守一些，以前會直接購入的書，當下也會讓它們擺書店架上一陣子再說。二〇一三年上半年開始的散文狂潮，一長串文壇長期關注與等待的名字，都陸續繳出功課，黃麗群、楊索、楊富閔、柯裕棻、王盛弘、張惠菁、張維中、阮慶岳、王聰威、郝譽翔、瓦歷斯．諾幹等過去幾年讓讀者期待許久的作者，甚至有陳列與木心二位經典名家出版大套書，讓純文學讀者在二〇一三年有饗宴豐盛之感。

二〇一三年華文創作中搶進全銷售榜中的書，應是簡媜《誰在銀閃閃的地方，等你：老年書寫與凋零幻想》顯露二〇一三年出版總銷售看到華文創作火力仍然，雖然她並非華文創作中當年銷售最佳。也讓人回想起八〇、九〇年代，其實華文文學的大宗一直是散文。各大通路的年度銷售在這個月底前會陸續公布，就算每年公布的名次與內容不盡相同，線索還是有的。此刊物讀者對於簡媜的書界定應該有質疑，但筆者收到的題目是年度書市回顧，所以勢利世故油條一點。殊不知，真正大贏家是肆一，《想念，卻不想見的人》與《那些再與你無關的幸福》二本出版日期間隔不到六個月的書，雙雙出現在年度暢銷排行榜上最前面的名次。這個過去應該屬於彎彎或是九把刀的位置，二〇一三年拱手讓出。

暑期前以華文創作與人文閱讀為主的閱讀關注，在暑假後，親自來臺的吉田修一優雅擄獲文學愛好者的目光，當然還有透過閱讀他的書，一次愛盡日本與臺灣二地的（大叔）滿足感。眾出版社此時似乎被年度業績報表驚醒，第三季苦苦追趕前半年遠遠落後的業績。當下同時有劉寶傑、柯文哲、村上春樹、宮崎駿（其實是原作者堀辰雄）、丹・布朗（Dan Brown）、臉書執行長雪柔・桑德伯格（Sheryl Sandberg）等有「銷售感」的書幾乎同時上市，可惜親愛讀者們的提袋率與出版的精彩度不成正比，只叫出版人紛紛苦惱詢問，到底讀者現在想要什麼？

不再延年，卻要返老

健康養生類書在二〇一三年其實與文學、人文書暢銷主題關聯很大，骨盤枕狂銷，還有推廣視力回復神奇眼球操，中川和宏二〇一二年與二〇一三年在臺灣有采實、橡實、新自然主義、天下遠見等四家出版社出版相關系列，過去多談延年益壽的訴求，二〇一三年訴求卻多以「變年輕」、「抗老」、「回春」為主題。現在的人勢必認為自己年紀與所做的事情失落與不滿，身體年齡超過過去社會對達到人生目標期待，理所當然覺得，對於年輕產生更寬鬆的定義。這些多出來的時間，對自己夢想與作為的探索與理解，組成了二〇一三年很大一塊的出版市場，包括：《跟任何人都可以聊得來》、《不懂帶人，你就自己做到死！》、《新腦內革命：春山茂雄71歲，擁有28歲青春的不老奇蹟！》、《TED Talk 十八分鐘的秘密》、《比打工度假更重要的11件事》等。與華文文學的重點書有著神奇的吻合度與對照，單想想剛才提出的散文名單，二〇一三年以家人家族與自身土地成長為主題的散文，人與時代不斷地在找尋某種立於過去的錯支纏結，或是路途上可能發生的不同可能性，當然還有藉由文學與他人所建構起對自身的探索與認識，經由這些認識，找到可以達成的心目中的目標。

系列威脅減弱，趨勢不成氣候

無論是翻譯還是華文創作的大眾文學，二〇一三年的佔比相較於過去，一下少了很多，系列書因為在銷售榜上重複出現，印象多重深刻，如：「骸骨之城」、「混血營英雄」、「波西傑克森」、「格雷的五十道陰影」、「特殊傳說」、「冰與火之歌」、「深夜食堂」、「白虎之咒」、「謎情柯洛斯」等。光這個名單看似佔比量大，但出版種類比過去三年還少許多。反觀過去經常有的更大量養生飲食、商業理財書在排行榜上，二〇一三年不同種類單書卻紛呈出現，不讓某一類出版類種專美於前。甚至因為二〇一三年總營業額偏低預期值，造成文學類書在佔比上可能還比過去更高，只是這個結果應該歸因於不見以前多本令人印象深刻的心靈養生、商業理財、心理勵智、語言學習等重點銷售，因為這四種書的知識傳播，也的確因為網路媒體的狀態，可替代性高，將書籍可能造成的求知風潮，變成社群軟體中大家互相傳閱的短訊文章，與許多未經求證與不謹慎思考所製造出的流言蜚語。

出版這個產業所仰賴的過去銷售趨勢專業，也因此在二〇一三年無從與過去營運經驗有所連貫，看在業界人士眼裡，理所當然認為讀者對閱讀的渴望漸小，因為總營業額與過去暢銷經驗的累積，已經不能用熟練的方式執行複製，開始慌亂焦慮於對此產業的未來想像。讀者買書的習慣，也不再有大趨勢的方向，因為同主題類型的書，在排行榜上不再是一整群一起出現，而只有最重要或最多討論的單書。

文學毒藥造就出版社眼光

舊書與詩集，大約是許多追求流行與新知的出版社們最大的噩夢，舊書之所以是舊書，因為又臭又硬又長、過時還不知精進。但近三年來在臺灣書市的經典重出，無論是華文或是翻譯文學有多本皆以重量級之姿跨入暢銷排行榜，擠下理應追求新潮時尚的重點新書。或是每幾年在時尚界就吹起復古風，二〇一三年與電影結合的《大亨小傳》、《悲慘世界》繼續吃香，雖然《大亨小傳》的版本將近十個，但還是以有電影封面的遠流版為最大宗。會讓許多出版社驚訝的，應該是《大亨小傳》原文英文版當年銷售在臺灣超越許多知名新書。漫遊者與博客來合作週年慶《小王子》獨家版本；《流浪者之歌》有漫遊者、遠流雙胞，《風起》有新雨、新經典雙胞，麥田出版楊照翻譯《老人與海》都是二〇一三年在經典出版上吸住讀者目光的重要出版訊息。太宰治的《人間失格》也毅然又出現在暢銷榜上。

二〇一三年詩集市場出版力道不如前二年，雖然已是二〇一二年出版的書，新雨版波特萊爾《惡之華》卻穩穩繼續佔著二〇一三年排行榜位置不放，與前二年《辛波絲卡詩集》狀態相同，看來許多讀者的書櫃上，每年還是應該有一本詩集的位置。二〇一三年還有一個值得令人驕傲與鼓勵的是——基本書坊出版，小峰寫的《不是我想掰彎你》在當年暢銷排行榜上也維持一段時間，確立過去常被認為是小眾書寫的特色出版社，其實具有一定的商業能力。

失去對知識的敏感度

大眾傳播媒體目前被視為已經失去與引領消費，以及與閱聽人溝通的能力。出版產業的營運遇上的難關，是產業目前失去必須負擔的經營知識思考的規格，如同這個產業也屬於的大眾傳播媒體，只能處於被動與結果論推斷的狀態，忽略該細究這些結果與產業內新的聲音與對知識的追求獵索。當前市場若沒有在書中包含中心思考清楚、資訊整理紮實，加上在書外表與書介可以直接跟讀者溝通這個商品能夠帶給他們的收穫與價值，這個商品有著必然失敗的理由，可惜許多出版商卻仍然過度矜持在將知識神秘化或貴族稀有化的時代。書所代表的知識整理與價值，在現在這個對於一切都無法掌握，更需要具系統知識的時代，其實擁有比過去十年更大的市場與需求，只是知識產業內的執事者對此嚴重漠視，忘了他們在進行的是知識的整理與經營，反而只在乎反映於本來就處於被動讀者的表面需求。現代人對事物的好奇，比視一切都宿命與理所當然的年代高上太多，而出版業要如何再度掌握知識的主權，成為存活的絕對關鍵。

Top 3 聽出版市場說話(3)

真實的勇氣

#唐小宇

二〇一二年書市獨立出版欣欣向榮、互助合作，在二〇一三年臺北國際書展上再度以「讀字小宇宙」驚豔四座。二十顆大小行星代表二十家獨立出版社環繞著四方，每家出版社都彷彿是一個星系，充滿能量，蓄勢待發，彷彿為二〇一三年書市預言了一個好的開始。三月，簡媜《誰在銀閃閃的地方，等你：老年書寫與凋零幻想》出版後，二〇一三年猶如散文盛典，一本接連一本直至年末羅毓嘉《棄子圍城》，令人目不暇給，相形之下，詩和小說的出版及銷售情況黯然失色。六月，兩岸服貿協議在出版業引發的爭議餘波盪漾，但這並非書籍銷售持續衰退的主因，臺灣書市尚未真正受到電子書影響，國人的閱讀習慣仍未完全變革，大家還是習慣逛書店（無論實體與網路）翻閱紙本書，但當消費者賺的錢沒有變多，又有比「閱讀」更吸引人且實惠的多樣休閒消遣選擇時，賣書這件事——尤其是實用性質不高的文學類書籍——變得愈來愈難。

電影助陣，經典復興

在二〇一三年幾部經典文學電影熱映推波助瀾下，經典重出風潮不減，出版社把原有舊書修訂改版，包上電影書衣旋即暢銷熱賣。不見得人人都會看完厚達三巨冊的《悲慘世界》，但電影《悲慘世界》絕對是農曆春節人人必談的話題，熱度一路延燒至奧斯卡獎頒獎典禮結束（原為票房毒藥的《派特的幸福劇本》也同時在電影口碑和奧斯卡獎效應雙重發酵下殺出重圍）。但野人文化極為用心，《悲慘世界》熱賣之外，二〇一三年又大手筆讓好幾部文學經典首見臺灣書市，未必是人們耳熟能詳，但會是文學讀者的心頭愛——福婁拜《情感教育》、左拉《婦女樂園》、森茉莉《父親的帽子》、《奢侈貧窮》。這些作品不見得是文學中的鑽石，但絕對是值得品閱的珍珠。

《大亨小傳》電影導致中外文電影書封版皆暢銷，搶下電影書封版權的遠流出版與師大譯研所「經典新譯計畫」趁勢追擊，《梅西的世界》一推出即是電影書封版，文學跨界電影似乎成為保證書籍銷售的不二法門，看誰能先佔得先機。新經典文化版的《大亨小傳》縱然書迷推崇備至，又有村上春樹為文助陣，仍不敵這波令人目炫神迷的電影浪潮。

電影大師宮崎駿宣布收山之作《風起》原著，新經典文化以電影原版海報、優良的翻譯品質、充沛且精準的行銷能量與方針，一路力壓新雨出版的版本，在市場上表現亮眼，但兩家出版社夾其電影話題所坐收的市場效益可謂雙贏。這股《風起》熱也由百田尚樹《永遠的0》接棒，讓讀者們繼續獲得追尋夢想和方向的勇氣！

年末《飢餓遊戲：星火燎原》、《戰爭遊戲》兩部話題大片紛紛接檔，原著再度火紅，而《格雷的五十道陰影》未演先轟動，不止三部曲長銷不墜，接續的電影話題勢必將這部火辣羅曼史熱潮一路燒到電影播畢為止（即便後續出版的類型作都無法達到「格雷系列」的聲勢），連全球華語授權有聲書都現身書市！

天價版權金，市場趨勢？

二〇一三年書市幾部翻譯文學大作都創下版權交易的新高價，除了十月親自來臺宣傳的吉田修一《路》、還有年末接連出版的村上春樹《沒有色彩的多崎作和他的巡禮之年》、丹・布朗（Dan Brown）《地獄》，出版社皆拼死宣傳造勢，連捷運燈箱廣告都不放過，鋪天蓋地，業績壓力之沉重絕非一般翻譯文學書籍所能想像，先得做足面子才能撈回裡子。這對未來的出版趨勢會造成另一波惡戰還是苦戰，尚不得而知，只有出版業冷暖自知。卡勒德・胡賽尼（Khaled Hosseini）新作《遠山的回音》和《羊毛記》續集《塵土記》都在二〇一四年臺北國際書展首賣，後者更是二〇一三年翻譯文學銷售頂尖之作，幾乎與國外書市接軌，小兵立大功，在洪仲丘案時迅速替換書腰文案，及時結合小說內容與社會議題，鸚鵡螺文化行銷手法精準細膩，令人歎服。作者休豪伊（Hugh Howey）也親身來臺，西方獨立出版的科幻傳奇三部曲已如瘟疫般預備在亞洲蔓延。

華文創作，散文盛典

二〇一三年像是在舉辦華文散文盛大的祭典，所有讀者能想像得到的散文名家幾乎全無缺席，連小說家也來跨界，從年初到年尾——房慧真、周芬伶、徐國能、簡媜、楊索、張惠菁、柯裕棻、瓦歷斯．諾幹、陳列、郝譽翔、言叔夏、張維中、王盛弘、廖玉蕙、蔣勳、木心、羅毓嘉，以及小說家如珠玉般連篇精鍊的散文佳作——張亦絢、黃麗群、蘇童、王聰威、馮唐、畢飛宇、楊富閔。

其中仍以家族情感書寫為大宗，「如何造就小說家如我」的童年母題，蘇童和畢飛宇兩位頂尖中國小說家淡淡寫來，動人非常，讓人一窺異鄉小說家的來時路。散文向來是華文中銷售力道最強的文類，除平易近人，貼合讀者生活，讓人感同身受，滿足常人對「作家」的好奇外，出版社在行銷策略上也較能借力使力，作家本人現身說法，再加上社群網路的用心經營，與一眾粉絲的密切互動，開拓銷售書籍的新局面——作家自身的臉書，即是最好的行銷平臺。

二〇一三年《誰在銀閃閃的地方，等你：老年書寫與凋零幻想》也成為華文純文學擠進年終各大暢銷排行榜前列的唯一代表，觀照老病的溫柔書寫，兼容並蓄的情感，面對全球高齡化議題，簡媜獲得多數讀者最大的共鳴，反映在最實際的市場銷售數字上。

肆一的微戀人絮語

大眾文學二〇一三年殺出新面孔，蔡康永、九把刀、藤井樹、張小嫻、橘子、彎彎等人通通退位，肆一憑《想念，卻不想見的人》與《那些再與你無關的幸福》攻下前列過往在暢銷排行榜上原有的席次，年末再預備以《可不可以，你也剛好喜歡我？》攻頂，什麼小日子、短篇小說、小確幸、宮鬥戲碼通通過氣，在大眾的市場裡競爭就是如此慘烈且汰換迅速，肆一充滿勵志的微愛情絮語老少咸宜，溫暖多少寂寞心碎人，當然，出版社和作家臉書的行銷包裝功不可沒，讓向來著力於生活風格出版的三采文化此次跨足大眾文學一舉成功。

小說、詩與其他——真實的勇氣

出版畢竟不是慈善事業，在翻譯文學和華文散文二〇一三年勃發的出版趨勢下，華文小說以及詩的出版空間與資源勢必受到縮減，但可喜的是我們仍能看到許多精湛絕倫之作。伊格言《零地點GroundZero》結構完整，流暢易讀，聚焦反核議題，召喚社會良心，小說家投入社會運動，展現文學與社會可以像這樣如此緊密並牽動人心，從不脫節。劉梓潔《親愛的小孩》在通俗與文學性之間取得絕佳平衡，現代臺灣都會男女版的《傲慢與偏見》，非常期待其後的影視改編，吸睛度絕對不遜不知要播到幾百集的《風水世家》，又不會有傳統偶像劇過度理想浪漫、不切實際的問題。創作不輟的詩人楊牧以《長短歌行》持續探索詩的無限可能，二〇一三年臺北詩歌節各式各樣「跨界」活動，無疑展現詩最活潑的生命力。旅居波蘭的臺灣詩人林蔚昀實為兩地重要的文化橋樑，二〇一三年不只推出波蘭文直譯《給我的詩：辛波絲卡詩選 1957-2012》，更讓波蘭詩人泰斗首見中文書市——《走路的藝術：魯熱維奇詩選 1945-2008》。最詳盡、最全面的認識「垮掉的一代」入門書《打字機是聖潔的：最完整的垮世代傳記》也於二〇一三年出版，只可惜書市仍未出現艾倫．金斯堡（Allen Ginsberg）中譯作品。

紀錄片《看見臺灣》熱映、票房屢創佳績，《南風》則用血淋淋的鏡頭逼我們直視看不見的臺灣。《憂鬱的邊界：一個菜鳥人類學家的行與思》走出經驗與人為的邊界，對抗遺忘與狹隘的地方主義。《我的涼山兄弟：毒品、愛滋與青年流動》細細爬梳少數民族的文化脈絡，揭露失敗的國家政策下造成的社會痛苦，指出國際救援組織對地方文化的忽略導致的污名反撲，將關懷的眼光帶往長久被歧視與忽略的邊陲之地，冷靜且微觀鉅視地敘述海洛因與愛滋病在涼山蔓延的真實肇因。《拒絕被遺忘的聲音：RCA工殤口述史》則屬於所有對抗主流歷史的行動者。

以上這些書籍或許市場效益微弱，但都再再傳達寫作、文學，乃至於出版最真實的勇氣。

Top 3
聽出版市場說話(4)

形式停滯之年：二〇一三年臺灣小說的一種讀法

#Minami

相較於散文在二〇一三年名家、新秀迭出的熱鬧，臺灣小說在這一年的出版相對來說風頭不算太健。由於數量不多、諸作水準之間的落差也很明顯，二〇一三年要選出最佳的幾本小說並不太難，大約不出伊格言《零地點》、劉梓潔《親愛的小孩》、王定國《那麼熱，那麼冷》和何致和《花街樹屋》諸作（在某種特殊的閱讀品味之下，也許還可以納入顏忠賢的《寶島大旅社》）。這些作品當然都各有擅場，放在任何年段都可以算是優秀的作品。但如果我們從敘事形式或文學意義上的「創新」角度來觀察整體小說創作的情形，二〇一三卻幾乎可以視之為停滯之年、過渡之年，最好的幾本小說並非在不同的領域各自有所斬獲，而是有集中於特定成熟完整之寫法的現象。這樣的停滯過渡跟小說寫得好不好不見得有絕對的關係，只是在描述小說家們銳意突破的力道不甚強勁；當然，小說並不僅有求新求變一種目的與價值而已，但用這種視角去思考二〇一三年的小說創作表現，或許能更接近一種「文學史」的評估——究竟有哪些小說採取了新的嘗試？它們是否繼承或開創了小說藝術的領土？

前後現代一次「不」滿足

先從小說與知識的關係說起吧。張大春曾有一篇文章，標題為〈衝決知識的疆界〉，認為小說具有開拓人類認知與記憶的能力。這個論題意外地適合拿來思考二〇一三年的幾本小說，包括張大春自己的《大唐李白：少年遊》、東年的《愚人國》和李喬的《散靈堂傳奇》。這三本書雖然在核心關懷、文化政治的立場和文字風格都有巨大的差異，但共通點是它們均各自引用了（狹義的）各種知識文獻，使得他們的文體有很大的篇幅比例「不像小說」。

張大春《大唐李白：少年遊》是三作當中文字最佳者，也是比較具可讀性的一本——如果讀者不存著「我正在閱讀小說」的心思、期待的話。這本書以李白的少年時代為背景，行文中穿插著唐代風土的考證、大量詩文的引用與詮釋，讀來如同評傳、史傳。由於這些元素佔去了大多數的篇幅，所以整本小說呈現的情節非常稀少，於是主客混淆，讀者感到的並不是「那些元素使得小說更血肉豐厚」，反而是「情節只是為了讓作者可以寫出那些元素的放置架」。同樣把小說情節當作「放置架」的，還有東年寫得更其粗糙的《愚人國》。《愚人國》的故事框架是一名外國女研究生寄住在（一個剛好就是作者本人的）臺灣長輩家中，於是展開一連串關於臺灣文史的踏查、對話。如果說《大唐李白：少年遊》還有一個「傳記」的敘事形式的話，《愚人國》則僅有篇幅稀少的「對話錄」體裁，是讓讀者更難當作一篇小說來閱讀的文史資料選輯。此書的形式非常簡單，每一個段落都是一小段角色之間的對話，然後由對話引出一個臺灣文史主題，並且進行長達數頁的資料引用和論述。它的人物單薄，文字枯燥而無表情，在論述上也不若《大唐李白：少年遊》那樣能提供許多常人所不能知的見解。李喬的《散靈堂傳奇》開頭還維持著非常傳統的故事形式，敘述一名新興宗教領袖蕭阿墨的一生。但到了小說中後段的「招魂安靈法會」開始之後，作者一連引用了十多名本土派文化人、學者在這場法會上的招魂詞。這些文化人全部真有其人，甚至包含李喬自己。每一段招魂詞前面，僅有數行「小說家、文化評論人李喬」、「臺灣文學研究者，許素蘭先生的招魂」等頭銜介紹，便引入長達數頁、甚至數十頁的招魂詞全文。

在二〇一三年的今天，讀到上述這些形式的三本小說，是十分令人困惑的。在這些作品裡，與其說是小說衝決了知識的疆界，不如說小說被強塞了過多的知識，形成了一種難以卒讀的形式崩散狀態。有心的讀者或許可以用兩個表面上截然相反的概念來理解它們：它們可能是極具**後現代**精神的作品，對於文體的跨越、變造進行實驗，試著突破我們對小說敘事的既定印象，所以才這樣摻入了大量「不屬於小說的雜質」；或者它們其實是非常**前現代**、非常傳統的小說觀念的產物，以「重建現實場景」這樣素樸的寫實主義信念為核心，力求真實，所以才採取了這種違反主流美學價值的寫法。但是這兩個概念最終都無法拯救這三篇小說，將它們詮釋得讓人心悅誠服：若要理解成後現代文體實驗，這種「實驗」早就有許多前例，它們並未寫出前人成就之外；若要理解成寫實主義的重建觀，就是走上一條早就被證明行不通的路了——「寫實」也需要一種精巧的建構，而不是「看見什麼寫什麼」地抄摹。

在這三本書當中，比較可堪玩味的是李喬的《散靈堂傳奇》。對熟知臺灣文學史早期小說的讀者來說，這本書的許多地方都讓人聯想到在那「白話漢文」尚不流利、對於「小說」這一文類還懞懂無知，因而作品總是缺乏技巧、摻雜著不和諧雜音的日治時代。弔詭的是，那是「寫實主義」的信念最強的年代，但正因為上述的特徵，那些作品很少擁有單憑作品就讓讀者身歷其境的寫實效果。經過長遠的文學史累積，這些作品形成一種容易指認出來的風格之後，讀者在閱讀到這些缺乏技巧的作品時，往往很容易相信這樣的小說是貼著「真實事件」而寫，只是寫作者的能力未逮而已。「粗糙」反而成為「真實」的旁證。閱讀李喬《散靈堂傳奇》也會有這種感覺，特別是在大段搬抄招魂詞的章節——它粗糙已極地引入了真實人物，並且用很笨拙的方式介紹那些人；而且那些人招魂的對象還真的都符合各自的關懷（例如許素蘭招魂的對象是「亞細亞的孤兒」胡太明）。然而睽諸作者的說法，這篇小說的內容，包含那些招魂詞，竟然全部都是虛構的。——這種文體並不純然是因為要迎合現實材料而寫壞了。相較之下，雖然未必高明，但這至少是更有努力書寫一篇小說的誠意、努力去虛構的一本書了。

形式操作的生食與熟食

而真正比較近似於在敘事形式上有所實驗、操作的，則是李喬同年的另一本《V與身體》。《V與身體》的敘述聲音雖然雜然錯置，並不好讀，但概念本身卻是很簡單的：這是一本敘事者和他自己的器官們不斷爭吵、對抗的小說。小說的創意在於，不管這個敘事者和其他人如何互動、正在進行哪一段故事，他身體的許多器官紛紛會就敘事者的行為發表意見，甚至進行杯葛。在某些章節裡，敘事者的器官會取得較長篇幅的話語權，向讀者說明一些與該器官相關的生理學知識。此書最精彩的章節是敘事者赴中國大陸嫖妓一章，人的精神與肉身相互依賴卻又相互乖離的關係寫得頗有興味。然而整體來說，這個創意其實並不足以撐起這麼長篇幅的小說，大多數的章節只是重複著器官會議上的爭吵而已。論者有稱此書為「後設小說」者，也有拿巴赫汀「多音交響」來解釋者，其實都是背離文本的溢美之詞。無論就何種定義來說，《V與身體》都不能算是後設小說，它缺乏那種「同時虛構並且揭穿自身的虛構」的靈巧手段，也根本沒有那種企圖；而拿「多音交響」的概念套它也是不倫不類，並不是發聲的角色多就是「多音」。而這本小說之所以難讀，也並不是因為它實驗出了新的文體，只純粹是因為它的角色眾多、且敘事方式雜亂而欠缺設計。以作者的八十高齡交出這樣的作品，企圖和嘗試都是令人敬佩的，但評論是面對讀者的，敬佩不能成為誤導讀者的理由。

相較於《V與身體》半生不熟的形式操作，黃錦樹的《南洋人民共和國備忘錄》則是對小說形式熟極而流的輕鬆演出。這一系列的短篇小說以虛構的「南洋人民共和國」歷史為背景，重寫、塗抹了二十世紀下半葉的馬來西亞，幾乎每一個篇章都藏有歷史與文學的典故。「後設」、「文本互涉」等詞彙在黃錦樹手中已經和「實驗性」絕緣，形成一套有自己的歷史指涉、美學效果和敘事功能的小說方法。如果說有比較可惜的地方，那或許就是這套小說方法對黃錦樹而言實在過於理所當然了（特別是在容易小巧騰挪的短篇小說體裁中），以致於這本書雖然有水準之上的表現，卻也無法讓讀者感到太多驚奇。

而從形式上來說，二〇一三年進入門檻最高、最難讀的小說，應屬顏忠賢的《寶島大旅社》。它的難讀倒並不是因為文字艱澀或時空的跳接，而純粹是物質性的原因：八十萬字的巨大篇幅。在這座文字叢林裡，讀者找不太到清晰的情節主線，而是被一個個沒有情節必然性的意象轟炸。切割下來讀，有非常多的段落本身是很美的，但加起來的時候卻讓人困惑。作者似乎也沒有精心營構大的、整體的佈局的企圖，許多段落的開頭往往就是「我想起」、「我回憶起」、「另一個夢」……這樣可以任意轉接場景的發語詞。這樣的敘述形式是非傳統、非線性的，雖然還稱不上實驗性，但至少是在形式上有所操作的（而出之以「不操作」、「沒有主線」的外觀）。這種寫法我們很難說它不好，但更難說出：這樣真的是好的嗎？我們該如何評估哪些段落是有效的，而哪些段落其實是多餘的？而這樣寫出來的八十萬字，真的勝過四十萬或一百六十萬字的版本嗎？

竟然是傳統寫法勝出

在刻板印象中，臺灣的「純文學」小說擅長的是現代主義式技藝，充滿象徵、費解的句式和複雜的時空流動。但與這個印象相反，二〇一三年最好的幾部小說幾乎都是故事完整清晰、轉折與高潮能帶動讀者情緒起伏的作品。伊格言的《零地點》可以作為最佳代表。這本打著鮮明反核旗號的小說，以核四工程師林群浩為重心，使用了輕盈而有助於快速推進情節的第三人稱全知觀點，將小說分為核災前後兩個時點分別敘述。這兩個時點遙相呼應，相鄰的章節往往互有關聯，彷彿讀者和林群浩一起經歷了這場搶救記憶的旅程。這篇小說具有許多吸引讀者的元素——暗影重重的陰謀論、甜美的愛情、恰到好處的知識置入（在正確的使用方式之下，知識也可以是娛樂元素）、以及各種讓讀者會心一笑的，對當前名人的調侃。《零地點》有清晰且動機明確的開場、舉重若輕的伏筆、具有足夠說服力的轉折，和育幼院這個出乎意料的結尾。除了尾聲處賀陳端方的「說明」是結構上比較不漂亮的瑕疵外，這本小說幾乎沒有什麼好挑剔的。更重要的是，無論在倫理、文學的政治功能或文本中實際表現來看，它其實才是標準的「寫實主義」小說。它有明確的介入意圖，也有足夠的說服力和可能性，與之相比，前此大部分的「寫實主義」小說實在太不寫實了，缺乏「激勵讀者相信」的能力。它或許不會是一本能以「深刻」而在文學史上成為經典的作品，但它本來就是意圖面對當下勝過於未來的，相對於這種公共性，「經典」之成立與否已經不是最重要的事了。

何致和的《花街樹屋》和花柏容的《被挾持的影子》也都是首尾具足、故事明確的小說。《花街樹屋》從成年的敘事者回憶年幼時和另外兩個朋友「搶救猩猩」的往事，鋪陳和情感都很細膩。以第一人稱視角書寫的抒情段落，文字卻能控制得宜而不流於濃厚的炫技。故事從其中一名朋友的自殺開始，透過回憶整起事件，從旁暗示了一種無出路的、失去自由的苦悶。被淹死在沙洲、從未解下枷鎖的猩猩形成了一個精巧而不過於渲染的象徵。《被挾持的影子》和《花街樹屋》在幾個重要關節非常相似——同樣都是一起朋友的自殺事件，想要表達的抗議主題也很類似。不過，《被挾持的影子》的表現卻略遜於《花街樹屋》。它借用了偵探小說的框架，但沒能精簡地把焦點集中在這個框架上，許多第一人稱的獨白、沉思顯得略微遲重，結局的轉折也比較生硬，不若《花街樹屋》那般水到渠成。但即使如此，小說的中段以後仍然極富可讀性，懸疑感營造得很成功。

綜上所述，二〇一三年最佳的小說，全是符合傳統（甚至通俗的）定義下的標準故事形式：在一定時空範圍內，以極少數人物的動機和行動為重心，發展出來的一個完整事件。然而，這並不是沒有意義的。它或許缺乏形式上的大膽突破，但它有它面對讀者的效果和所能表達的意念。而且從長遠的文學史來看，事實上，完美執行這麼「簡單」的標準形式的作品並不多，臺灣有太多小說借用了便宜行事的拼貼和家族史，在整體敘事結構的營造上偷懶。即便在二〇一三年也有幾個失敗的例子，比如被細節淹沒而無敘事推進動力的鄒永珊《等候室》，比如給出不錯的設定卻後繼無力的謝鑫佑《五囝仙偷走的秘密》。更多臺灣的「純文學」作品則是如顏忠賢《寶島大旅社》或吳鈞堯《遺神》那樣，從構思起就不曾考慮寫成一個規模剛好形成一本書的完整故事；這不見得是壞事，但確實會增加讀者進入的難度。因此，出現這些在傳統形式有優越表現的作品，或許本身是一件可喜的、安靜的突破——它們對我們證明了，臺灣作家也有能力完美駕馭這樣的形式了，而在我們的過往想像中，那似乎是暢銷的翻譯小說才能擁有的特質。就此而言，雖然二〇一三並不算是臺灣小說的豐收之年，但也許已經開始為可能的豐收蓄積能量了。

Top 3 聽出版市場說話(5)

我們的福爾摩沙呢？

#阿虎

自從《看見臺灣》上院線以來，及至獲得金馬獎最佳紀錄片，正視臺灣環境儼然成為議題。百年來，福爾摩沙幾乎不在，恣意破壞成為住在這裡的人們與大自然之間唯一一起參與的盛宴，因而如何維護及反省，的確值得探討與關注。然而，除了環境的臺灣逐漸遭受侵蝕，文字的福爾摩沙，到哪裡去了？

二〇一三年一開始，我們等待哈利波特系列作者J．K．羅琳（J.K. Rowling）的

《臨時空缺》，而後是《悲慘世界》、《大亨小傳》、《風起》電影上映，原著小說果然隨之風起。七、八月一過，開始等待村上春樹以及《地獄》的救贖，在這一年，甚至曾經期待《超譯尼采Ⅱ》，眾多讀者等待這些翻譯作品上市。又或是當《獵殺紅色十月號》作者湯姆．克蘭西（Tom Clancy）、《白色巨塔》作者山崎豐子過世時，對其懷想與瞻仰的思緒表現在作品的能見度上。而這一年，卻未見多少眼神關注或期待臺灣作品。

甚至連旅遊書的出版亦紛紛選擇踏出國門。幾年前，與環島相關的書何其多，無論步行、自行車、開車、火車、打工換宿、三天兩夜等，樣貌多元，可取所需。可惜不敵廉價航空，島內旅行的主題逐漸淡去，只見東京旅遊全攻略、京阪神制霸各佔書店平臺一大片，其間唯見幾本臺南、高雄的樣子。

於是我想起大約在兩年前，當華文作品一度只重內心獨白、喃喃自語之際，書市上出現了幾本描寫自身家族的作品，或是幼年生活的回憶集。這些故事直接剖開隱晦的傷口，向人們揭示美滿家庭的必要之惡，藉此讓作者自己勇於凝視過去，又或是讀者們透過這些文字，得以回到過去某個年代、一段屬於作者與讀者的共同記憶。對我而言，吳明益《天橋上的魔術師》已為這類書寫集大成，當然我並不覺得後來撰寫同樣題材的作品膚淺，只是，以書寫記錄過去某個年代及歲月的作品在短時間之內一擁而上，讀者的選擇相對單一，以致於後來當我翻閱類似作品時，總不自覺在心中有所疑問：是否有人能夠為當下而書寫，為我們所擁有的生活而書寫，為我們所熟悉的日子而書寫？描寫記憶、記錄家族、重述一段歷史，並不是錯的事，人們終究可以透過這些文字獲得另一種觀點及共鳴進而反思。然而除了過去，「現在」呢？

依著這般渴望當下與日常，我期待起吉田修一的《路》。透過這部作品，我想明白臺灣，更想知道外國人筆下的臺灣生活是一幅什麼樣的風景，臺灣的人情世故，吉田修一將如何書寫。然而，即便熱愛且熟悉臺灣者如吉田修一，在描繪人們的思緒時，仍少了些「什麼」，而這些「什麼」，也唯獨生活在臺灣的作者才能填滿，可惜在二〇一三這一年，我們卻等待不到（或許根本未曾給予關注的眼神）有人下筆。

我記得自己第一次讀到《聽風的歌》時，覺得有趣的原因之一，在於光是一個暑假、一處酒吧以及酒保傑，便能衍生出影響人生的某段故事，或是《路》，以人人熟悉的臺灣高鐵為背景，再形塑出你我他的旅程。其實生活的每一幕風景、每一個無名小卒，都可能是故事的場景與主角，誰能夠為這些場景以及場景裡的人們為文？我們需要寫實派的作者，為我們記下此時此刻在這塊土地上發生的一切，我想透過他們的文字，理解自己現在過的是什麼樣的日子。

二〇一三年，對臺灣而言，是一個特別的年，這一年，是社會運動如火如荼展開的一年——反核、洪仲丘案、大埔事件、全國關廠工人連線……許多當事人，似乎都有話要說，而這些我們關心的議題，我們心裡的想法，我們抗爭的理由，不是外人足以透徹描寫的，只有生於斯、長於斯的人才能全面書寫，然而，卻只見網路上諸多文章抒發己見，至今未見一人可以為這段日子著書立傳。然後，我們又經歷了二〇一三年十一月三十日，這一天，一場莫名所以的、號稱三十萬人次的遊行光明磊落地賞了臺灣自由、平等人權一巴掌。令人不寒而慄的另一個事實是，許多學生對於親身參與這次集會的緣由不知所以然，而這可能是他們生平投入的第一場社會運動，卻不清楚所求為何。多期待有人能為這可悲的事實寫下一頁，以文字見證在二十一世紀的福爾摩沙所發生的集體霸凌人權運動。

也是在這一年，「臺灣鄉民代表字」的票選中，赫見「鬼島」一詞榜上有名。一切彷彿發生得太快，人們都還來不及消化，但至少我們知道，在這座島上，有好多的故事可供書寫，有好多的心情必須抒發，並成為一本書。或許我們也不應該太過急切，或許能夠書寫的人並未顧影自憐，他們仍未下筆，只因內心正在燃燒，他們需要時間沉澱、蘊釀。在這裡，我們有羅毓嘉，我們有楊富閔，我們有朱宥勳，還有許多細心觀察生活的人們，他們手中都握有一支筆，期待他們在二〇一四年寫下一段傳奇，哀悼二〇一三年的正義、憤怒、無知、荒謬與茫然，期許他們在二〇一四年時，為逝去的二〇一三年發聲，讓這一年，不因時間的消磨而日見斑駁。文字的福爾摩沙，你可以被期待。

#尾聲

尾聲

讓我們找地方聊聊文學

#卡印

（《秘密讀者》編輯委員）

這社會長久流傳一種帶有貶低的說法，常常將書評乃至文藝批評，視為書籍的附屬品，也就是說要是沒有這些作家的作品自然也就沒有書評，似乎就認定了書籍與書評間的主從關係。這樣的想法也多少遮掩了書籍是否需要書評的問題或是書評的發明是否具備了社會功能。在詩歌領域，有著「戴著腳鐐跳舞」的說法，在過去多用來說詩歌創作受到音尺等格律所限制尋求自由表達、脫篇而出的掙扎，但某種程度我想用來說明書評也不為過了。當一篇限制於討論著作作品的文章的書評，是不是真的受限於書本中作者的內容而舉步維艱，或是這個限制有其任務？而書評在限制之外是否只停在於貶低或是讚美一本書籍呢？

回顧秘密讀者二〇一四的企劃，大體主要可分為四個部分：專題企劃、人生相談室、單篇書評投稿以及編輯委員排班帶讀的共讀會。

在專題部分，從一月的中國詩專題到年末的十個關鍵字，其中〈遊戲的敘事〉與〈當動畫開始思考〉是一般文學雜誌鮮見的專題，這類試圖抹除大眾與純文學界線的專題，的確帶來一些新鮮感；但又或者說在這個文學大眾與菁英的假議題外，文學的優劣與分析不在於讀者的多寡這個變因上。在〈遊戲的敘事〉專題中，雖言表面上是討論「敘事」，但眼尖的讀者事實上會發現對於文本的討論以及視覺小說的論點尚屬入門層次，甚至超文本與多重文本的討論似乎可以值得再深入下去。〈當動畫開始思考〉的專題則著眼動畫作品的社會文本，一方面替宅文化辯論，一方面則是開展動畫作品背後的政治象徵。這兩個專題，閱讀的方式讀者並不會太陌生，並有為作品辯護的意味，彷彿試圖扭轉社會對其的負面印象。像研究文化史著名的學者 Robert Darnton 說過：「閱讀並不總是處處完全一成不變，而是擁有一段歷史。」[1] 某種程度我認為《秘密讀者》這一年多少帶著這個意識針對專題策劃。很明顯不只〈遊戲的敘事〉與〈當動畫開始思考〉這兩個專題，

《秘密讀者》有大半的專題事實上幾乎帶著不同的解釋策略同時問題化了平常的閱讀行為，比如〈中國詩專題〉丟出華語簡、繁間的翻譯問題、〈作家的第一篇小說〉討論是否作家的少作與後來作品有連續的關係？〈不靠行的作家〉中所暗示的作家姿態與文化資本的生產與再生產，或在〈停滯在——臺灣、文學、史〉更是直接討論現在臺灣文化生產體制，表達以臺灣文學為核心開展文體與體制的不滿。這一年《秘密讀者》專題整體上多討論文本的外部為多，誠如〈你已經死了，文學〉所言，可以進一步思考的——

> 總而言之，文學受到網路工具的挑戰，其優勢地位的面具已經被揭下來。使用者造詞、改寫、重新詮釋的力量比過去的文學大很多，對於發表者來說就是語言的出發與傳遞，類似故事接龍那樣開放下去直到意義爆炸。

在幾個專題互映下，這個論斷顯然不一定讓人同意。是否文學是因為網路工具的挑戰，優勢地位更為明顯，而更進一步以此理由鑲嵌在各式政府補助？而大眾文學的空間就受制於這樣的意識型態下，錯過了討論？當我們在討論這些文化現象，我們應該更進一步討論什麼？

書評作為一種對話平臺，去年〈不靠行的作家〉挑起了爭議其實還歷歷在目，但可惜的是這個專題停在吳明益「不靠行」說法的爭議上，好像警惕著我們「劇評可以毒舌，待人必要親和」。何献瑞、羅浥薇薇與許倍鳴是否因為專題的出現帶來更多讀者無從得知，畢竟專題中針對他們文學作品的討論不是這個專題最重要的部分，成為話題的機會或許被掩蓋過去了。不過真的以「劇評可以毒舌，待人必要親和」為名的臉書粉絲專頁，相反地卻多是「待人親和」，不怎麼毒舌，以提供日劇資訊為主。這種第一線與讀者討論並發酵話題的方式，是書評雜誌的下個可能嗎？我無法定奪，但也許《秘密讀者》的生產模式，也不該停留在切割線上雜誌作為生產場、臉書頁面作為轉載平臺，臉書與線上雜誌的互動的生產模式在書評雜誌如何可能，值得我們自己思考。不過對於讀者來說，一本文學書的購買是否在於文學價值？一本暢銷書除了是本好書之外，是因為讀者知其價值或者是為了具備共同話題而投其所好的層次？原本《秘密讀者》帶著反對書評淪為商業市場的廣告的意識，或許這個問題更適宜放在評論如何鑲嵌在社會系統中，讓評論可以帶動文學作品的討論？畢竟尖銳犀利是文學批評本身常帶有的特質，但書評如何以媒體的方式思考，同時帶動起閱讀的再生產，帶領讀者深讀？

說到這個，試圖帶著讀者閱讀臺灣作品，也可說是「共讀會」的企圖吧。過去《秘密讀者》共選了十本書。黃碧雲的《烈佬傳》、唐捐《蚱哭蜢笑王子面》、言叔夏《白馬走過天亮》、陳列《躊躇之歌》、王盛弘《大風吹：臺灣童年》、許倍鳴《百年》、孫梓評《善遞饅頭》、黃麗群《海邊的房間》、丁允恭《擺》。對我而言，總有一點遺憾，這點企劃似乎溫溫弱弱沒有達到原本的預期。是不是沒有香港悲慘地圖、是不是饅頭沒有有機、是不是憂鬱貝蒂不夠醜之類的歪想？從造成話題，而是單純把共讀會簡單為一篇書評，時至如今看來好像少了點了歪讀，太正經了。雖然《秘密讀者》在專題面側重於文學空間的問題開展開來了，但在「共讀會」的部分似乎就缺乏了縱橫的延伸帶來的樂趣，不過這也是目前報刊書籍策展的問題。雖然「人生相談室」補足了這點互動性的不足，臺灣文學作品可否跟日劇、韓劇對話、食品安全可不可以跟飲食作品並置等諸如此類的企劃，停留在認識作家、各種形式重現作品之外，顯然《秘密讀者》的編輯力與策劃力尚未質變書評的面貌。但我想如何以書評形式展開並帶動書單式的閱讀或許值得文化工作者一同思考。

在文類分部，書評方面，縱觀去年詩歌的評論完全是少數，僅有陳黎、唐捐、孫梓評與鄒佑昇的作品被討論。要以超過一千五百字的篇幅討論詩集，本身就帶了點難度，或許反映了批評術語在這文體的缺乏，如何真的討論詩歌的意義、音樂性、社會性與表演性？《秘密讀者》仍等待優秀的稿件投稿，但或許在這裡也更突顯了其實《秘密讀者》

在二〇一四年對於作品美學面、文學性討論面的匱乏，因為散文作品的確書評作品更少，而散文美學的術語與評斷更是匱乏。

某種程度上，書評不僅僅是作者與讀者的交匯處，也是文學批評與文學史的處所。詩人奧利嘉．雷契柯娃在〈事物的邏輯學〉一詩，有個詩段是這樣寫的：

他逃向世界，如同跑向共用的院子——
廣大，闃無一人，
他違反事物邏輯學的
秘密協定。

某種程度也能借來說明批評者與書評的關係吧。《秘密讀者》在過去四月號曾經有人在〈當詩歌回到藝術的行列〉中提到批評的尷尬角色便如阿岡本所說的，是探索那既不能被放置也不能把握的知識邊界，如島嶼圍繞的海浪，水手與大海顛簸的力量之關係。但往往要保持這「秘密協定」，確保作品之不可進入的條件與獨立又得仰賴著解釋評論與文本之間必定存在的角力。書評正是這樣的場所。只是書評單純提供一本書好、壞的評斷顯然有點過時，但書評透過一定的細讀提醒作者表現力與否、讀者無法判斷的細節又顯得重要。在目前臺灣高教制度下學者更是帶著腳鐐，書評所能呈現各種維度的書評更為受限。從整體臺灣文學的生產，書評如何從既有的書籍宣傳到更積極的討論平臺，同時也成為學術討論的起點，從書評到期待臺灣作品能透過書評除了在文學性、乃至思想與文藝學交會的路上似乎還很遙遠，更難以期待書評能作為文藝學與文學思想交匯的場域。

目前《秘密讀者》的編制有點像是美國五、六〇年代的讀者訂閱圖書俱樂部（The Readers' Subcription Book Club）與中世紀圖書俱樂部（The Mid-Century Book Club），仍呈現較高比例上編輯委員的書評作品。但我想如果要期待書評為一種社會制度、各種閱讀受眾溝通的場域，總還有開頭的簡單法門。我記得 Tim Parks 曾在〈讀者的武器〉講的，讀者大可以從書本的左右空白作起簡單筆記比較，給予一些評論，佳句、好壞段落等等判斷。而後試圖思考這文學性背後的效果是如何構成的，或是詩句句法中的特殊、或帶來的陌生感。而又或者小說裡頭角色特殊的個性是否符合一般經驗常識。《秘密讀者》仍歡迎各式的投稿，如有論述上路數上的問題也會回覆給投稿者。對於《秘密讀者》自身而言，自然希望能更進一步聚焦各類臺灣文學作品，讓我們找地方聊聊文學。

註

三 Darnton, "First Step Toward a History of Reading" , in the kissing of lamourrette: Reflections in Cultural History(London: Faber&Faber, 1990) p.187

#關於《秘密讀者》

IDEAL

一個誠實的機會

#朱宥勳

在文學寫作裡，如果有一個影響力最大、卻又最少被討論的觀念，我想，會是「誠實」。對當代寫作者來說，「寫實主義」早已不是最重要的信念，但「誠實主義」仍是：作家和讀者們彼此共享一個默契，即相信，最好的那種作品，必然是真正發自作家內心顫動的作品。最近一年來「神話不再」的散文「真實與否」之爭議，無論正反方，其實都還以這個默契為中心；對一方來說，散文的虛構是內心不誠實的代表、對另外一方來說，表面細節的虛構可以是抵達內心誠實的途徑。面對文學作品，每一個人的這種態度都是非常堅定的。

但如果我們拿這樣的態度來檢視臺灣的文學書評，卻將導致雙方的尷尬。作為一個文學讀者，你上一次毫無保留地相信書評是什麼時候？你最近一次誤信書評而買下一本令你想立刻轉手的書是什麼時候？作為一個寫作者或評論者，你上一次毫無違心之論地對一本書作出評價又是什麼時候？

你上一次見到一篇誠實的書評是什麼時候？

我們的文學版面充斥著各種不誠實的書評，每一個身在其中的人都可以告訴你成打的原因。比如說，人情壓力。為了生存，不敢說文壇大老的壞話；為了友情，不能說同輩作者的壞話；為了人緣，不願說新秀作者的壞話。而且文學版面非常有限，報紙副刊每日的主文只能收三千字以下的文章，還不見得每份報紙每天都有副刊；文學雜誌的每一頁都已經計畫好了，能夠供給純粹而嚴肅的評論的空間就變得很少。既然很少，每一個位置都很珍貴——這就意味著，它會優先供給最近一兩個月出版的書，因為據說超過這段保鮮期，書就幾乎很難賣動。而出於一種文學人相濡以沫的情感，我們都知道，出版艱困、賣書實難，每一個願意投身於此的人都是同伴，這樣一來，誰忍心對剛上市的書施以刀斧？又有誰有心力去重讀那些去年才出過的書？它們才一歲，好像就立刻變成純粹的文學史料了。

但是，書評不應該是這樣子的。它應該是環繞在作品四周，最誠實且敏銳的聲音。對於沒讀過某書的讀者來說，書評起碼要是可以信任的良心推薦，它要能夠指出某書屬於哪一個類別、到底表現得如何；對於讀過某書的讀者來說，書評應該能夠刺激他／她再多想一些，並且縱橫連結到其他類似的作品上。但這一切能夠成立的前提，卻被整體文學環境的某些問題拖沉了。最後，這些書評也日漸失去了威信，變成一種類似於業配文的文類，終而使得文學環境少了一塊可以著力之處。

這就是我們創辦《秘密讀者》的理由——我們希望給文學書評一個誠實的機會。

《秘密讀者》將是一本純粹的文學書評月刊，目標就是容納各種誠實的文學書評。我們採取一種帶有幾分傻勁的應對方式。人情壓力是切實評論最大的阻力嗎？那我們就把所有文章都匿名審查、匿名發表，同時也確確實實地專注於文章本身的意見，不要被評論者的聲名影響。版面不足嗎？我們就採取比較不受成本牽制的電子書形式，只要真的有話可說，評論者可以寫到把話完全說清楚為止。

《秘密讀者》的概念來自「秘密客」，這是一種常用於餐廳等服務業的評鑑模式。沒有名字、沒有身分的評鑑者像個普通顧客一樣來到餐廳，用他默默無名的敏銳穿透店家可能的刻意迎合，往往能比那些有名有姓的美食評論家發現更多真實的東西。文學閱讀不也正是如此嗎？書本對每一個人開放，每一個人都是它的秘密客，差別只在於你可能沒有地方大聲說出來。《秘密讀者》或許可以幫上一點忙。

我們的整個文學圈都深深地被「名字」給牽制住了，一般讀者很難進入文學傳播媒體，彷彿只有那些耳熟能詳的作家、學者、得獎者的話才值得聽；而這裡面的每一個人都相當清楚，有名字的人彼此互相幫襯，絕對比互相砥礪來得輕鬆、「有益」。是的，我也承認我做過這樣的事情。但是，該是讓這個情況有個出口的時候了。在我剛開始寫作的時候，我覺得說出「文責自負」四個字是一件驕傲的事，那代表你對自己觀點的信心和認真。然而，現在我覺得這四個字實在太沉重了。當一篇指向權勢者的、切實的批評文章掛上了某個人的名字，這篇文章所引來的怒氣就會衝著那個人而去，它可能意味著各種發表機會的喪失、各種惡意攻訐的開始。寫作圈裡有許多善良的人，但這裡的結構並不是一個善良的圈子。於是，「文責」變成了不是對觀點的負責、考訂和論證，「自負」的不是據理而來的回應，而恰恰是這些以外的東西。弔詭的事情就發生了，認真而尚無「名字」的年輕寫作者為了寫下去，只能選擇不要寫。一個同輩的寫作者告訴我，當看到一篇前輩的爛小說時，他總是在告訴自己，不要批評它，不要罵它，面對這種垃圾最好的方法，就是當作它不存在，提都不要提。因為，如果不想說謊，只有沉默能夠保持誠實。

無論怎麼想，這都不對。

我們已經不是能夠期待整個世界都「對」的天真年紀了，但我們也還沒有到能夠容忍所有事情都不對的地步，這就是我們現在這本小小的《秘密讀者》創辦的理由。二〇一三年的九月二十日，我們將發行第一期免費的試刊號。如果你願意，歡迎你一起加入我們。在這裡，所有的人都一樣是沒有名字的秘密讀者，只有文章的觀點可以代表那一篇文章。我們可以一起讀一點你正想著要讀的書，也可以一起來聊聊你讀過的那些書——極端厭惡或極端喜愛的。我們期待所有尖銳的、正面撞擊的評論，這並不是因為我們缺乏對其他寫作者的同情心，而是因為我們相信，唯有對一部爛作品能有真正的憤怒，才會對一部好作品能有真正的熱愛。對一個作家最好的敬意是讀他／她，想他／她，評價他／她；而不是欺騙他／她。

如果你也相信這些事情，歡迎你加入《秘密讀者》。或讀或寫，讓我們再給我們的文學一個誠實的機會。

二〇一三年七月二十二日

徵稿辦法

《秘密讀者》長期徵求文學評論、人文與社科著作之書評稿件，不限評論對象之文類（小說、散文、詩、劇本、論述、非文學寫作……）、年代（不限於新書）和篇幅（可評論單篇作品，只要評論稿件達到本刊字數底線兩千字）。

來稿字數須在兩千字以上。若有超過八千字的稿件被採用，則將拆成兩期連載發表。來稿文章，請附上評論對象之出版項（作者、書名、出版社、出版年份）或公開發表資訊（作者、篇名、發表報刊或網址、發表時間）。若徵引之資料有可供參考的超連結，亦可隨文附上，由本刊編輯編入內文當中。

每篇稿件敬奉薄酬五百元，及當期電子書一冊。拆成兩期連載發表的長文，則視作兩篇文章。

所有稿件將由《秘密讀者》的編輯委員共同審稿。自本刊回覆收到稿件起算，三週內將告知是否留用稿件。

錄取稿件一律匿名發表，但在每一期中，會有一個編撰委員的頁面，作者可提供任意筆名與本刊所有編輯委員、當期其他作者共同列入這個頁面。（所有編輯委員均會列名，故編撰委員頁面的列名人數會遠超過發表篇數，杜絕以排列組合猜測作者的可能性）

由於匿名刊載，《秘密讀者》謝絕可能引起法律問題和人身歧視言論的稿件，但歡迎對作品本身直言的文章。

文章刊出後，除非涉及法律問題而必須配合司法調查，《秘密讀者》主編有責任為所有文章的作者保密。即使編輯委員，也將在不知文章作者的情況之下審稿，整個流程中只有負責處理行政事務的主編會知道作者。

基於推廣長書評的立場，《秘密讀者》歡迎由他處已發表之短稿擴寫而成的稿件，但請在投稿時先附上初次發表處以供編輯委員審稿時查對。未附原發表處、或者投稿文章與初次發表時相比，未有相當程度之擴充、改寫時，本刊有權利不予刊載。

亦歡迎以發表過之學術論文的論點投稿，但《秘密讀者》並非學術刊物，請改寫成適宜一般文學讀者閱讀的篇幅和書寫方式。

書評作者投稿、並且經過通知留用之後，即視同作者同意《秘密讀者》將文章內容刊載於各平臺之電子書當中，並且同意本刊有限度的摘引文字於網路或紙本媒介作為讀者試讀之用。

無論是批評或讚揚，本刊歡迎對任何作品直接而有力的價值判斷！

其他未盡事宜，本刊得隨時補充之。

書評投稿信箱：anonymousreadersmonthly@gmail.com

讀裁讀儕的肚臍：秘密讀者 Greatest Hits 第 1 號
秘密讀者編輯委員會　編

作　　者　石克拉、印　卡、朱宥勳、朱弱星、阿　虎、唐小宇
梅亞美、雪　盲、陳英哲、陳黎黎、黃致中、黃崇凱
詹閔旭、蔡宜文、蕭鈞毅、謝三進、顏雪雪
elek、Fran T. Y Wu、Minami、Mori（照姓名筆劃排列）
責任編輯　鄭清鴻
封面設計　蘇品銓
美術編輯　張蘊方
出 版 者　前衛出版社
10468 臺北市中山區農安街 153 號 4 樓之 3
Tel：02-2586-5708
Fax：02-2586-3758
郵撥帳號：05625551
E-mail：a4791@ms15.hinet.net
http://www.avanguard.com.tw
出版總監　林文欽
法律顧問　南國春秋法律事務所林峰正律師
出版日期　2015 年 08 月初版一刷
總 經 銷　紅螞蟻圖書有限公司
臺北市內湖區舊宗路二段 121 巷 19 號
Tel：02-2795-3656
Fax：02-2795-4100
定　　價　新臺幣 450 元

Printed in Taiwan　ISBN 978-957-801-772-6

國家圖書館出版品預行編目（CIP）資料

讀裁讀儕的肚臍：秘密讀者 Greatest Hits 第1號／
石婉舜等作. -- 初版. -- 臺北市：前衛，2015.08
面；　公分
ISBN 978-957-801-772-6（平裝）
1.書評
011.69　　104010193